혜담지상 스님

방거사 어록 강설

불광출판부

방거사어록강설

•• 머리말

　방거사는 성이 방(龐)이고 이름은 온(蘊)이다. 때문에 방온 거사라 부르기도 하지만, 고래로부터 방거사라고 일반화되어 왔으며, 중국의 유마거사라고 칭송되는 인물이다. 『유마경』에는 부처님 당시 바이샤알리에 있으면서 부처님의 여러 제자들을 압도하고 마침내 문수보살과 당당하게 대론한 유마 거사의 풍모가 설시되어 있는데, 방거사의 삶이 이 유마거사와 비견되기 때문이다.

　방거사가 재세하던 8세기 중반에서 9세기 초까지는 마조(馬祖) 선사나 석두(石頭) 선사가 선풍을 크게 드날리고 있던 때다. 거사도 석두 선사를 친견하고 마조 선사 문하에서 수행하여 그 법을 이었는데, 재세하면서 당시에 유명한 선사들의 날카로운 기봉을 통쾌하게 꺾거나 때로는 당당하게 맞서 조금도 흔들림이 없었다. 때문에 당대(唐代)의 불교를 선(禪)으로 특정 짓는데 많은 영향력을 선문(禪門)에 끼쳤다. 그러나 그는 법을 얻고도 승려가 되지 않고, 재가 거사로 일생을 보냈다.

　거사의 부친은 형양(衡陽)의 태수(太守)를 지냈다고 전해지고 있는데, 이는 그의 가계가 대대로 유학을 배웠고 학문으로 입신한 집안인 것을 알 수 있다. 이는 그가 단하(丹霞) 선사와 함께 젊어서 유학을 공부하고

4

둘이 함께 과거를 보러 가던 중 행각하는 스님을 만나 벼슬에 뽑히는 것보다 부처가 되는 것이 좋다는 말을 듣고 마음을 돌려서, 두 사람이 행각승의 지시를 따라 마조 선사에게로 달려갔던 것에서 알 수가 있다. 이렇게 발심한 거사는 수만 수레에 상당하는 가재(家財)를 배에 싣고 동정(洞庭)에 있는 상강(湘江)에 저어가서 그것을 전부 물 속에 가라앉혀 버리고, 성 밖에 작은 집을 장만하여 거기서 대바구니를 만들어 그것을 팔아서 생계를 이었다고 한다.

그가 재물을 물에 던지려 할 때 사람들이 말렸다. 다른 사람들에게 주든지, 불사에 쓰라는 것이다. 그러나 그는 말하기를 "내가 이미 나쁜 것이라 생각하고 버리면서 어찌 다른 사람에게 주랴, 재물은 이것이 심신을 괴롭히는 근원이라." 하였다고 한다. 거사의 선사상을 잘 말해주는 부분이다.

『방거사 어록』은 당시 양주(襄州)의 자사(刺史)였던 우적(于頔)이 편집한 것이다. 지금 현재 볼 수 있는 가장 오래된 간본은 숭정간본(崇禎刊本)인데, 이것은 명나라 말기인 숭정10년(1637)에 천주라산(泉州羅山)의 서은원(棲隱院)에서 출판된 것으로 상·중·하 3권으로 되어 있다. 그러나 우리나라에서는 아직까지 간행된 흔적이 보이지 않는다.

임제선의 정맥을 잇고 있다고 주장하는 한국불교에서 왜 1200년 동안 『방거사 어록』을 한 번도 간행하지 않았는지 참으로 의심스럽다. 또한 간화선의 주창자인 대혜 스님이 『서장(書狀)』에서 "다만 온갖 있는 것들을 비우기를 원하고〔但願空諸所有〕, 결코 없는 것들을 채우지는 말라〔愼勿實諸所無〕."는 거사의 임종게(臨終偈)를 인용하여, "다만 이 두 글귀만 알면 일생 참선하는 일을 마치게 될 것이다."라고 극찬하고 있는데도 불구하고, 간화선을 수행의 근본법으로 자리매김하고 있는 우리 불교계에서 무슨 까닭에 그 동안 본 어록을 간행하지 않았는지 필자는 이해할 수가 없다.

필자가 방거사를 처음 알게 된 것은 범어사 강원에서 『서장』을 배울 때였다. 어느 날 거사가 석두 선사에게 자신의 심경을 드러낸, 즉 "나날의 일은 무엇이라고 할 것이 없어, 다만 스스로 슬금슬금 잘도 옮겨가는구나. 어느 하나 가질 것도 버릴 것도 없어, 어디에서 무엇을 하든 어긋남이 없네. 왕사니 국사니 누가 칭호를 붙였는가? 이 산중은 티끌 하나 없는 곳, 신통이니 묘용이니 무엇을 말하는가? 물 긷고 나무 나르는 일 바로 그것인 것을."이라는 게송을 접하게 된 때다. 이때 필자는 너무나 황홀하고 기뻐서 잠을 이루지 못할 지경이 되었다.

세상에 이렇게도 훌륭한 말이 있을 수 있단 말인가! 방거사야말로 내가 찾던 도인이라는 생각이 들었다. 그리고 더 이상 강원에서 문자공부를 하는 데 흥미가 나지 않았다. 더 이상 구할 것이 없다는 생각이 들었다. 그러나 수행이라는 것에는 차제(次第)가 있었다.

그 뒤 정해진 수행과정을 밟으면서도 방거사는 항상 필자의 머릿속을 떠나지 않았다. 거사가 마조 선사에게 "일체의 존재와 상관하지 않는 자, 그것은 어떤 사람입니까?"라고 묻자, 마조 대사가 "자네가 저 서강(西江)의 물을 한 입에 다 마시고 나면, 그 때 그것을 자네에게 말해 주겠다."라고 대답한 부분까지 왔을 때는 거사와 마찬가지로 필자도 불법의 현묘한 이치를 깨달은 것처럼 착각이 들기도 하였다. 그래서 겁도 없이

6

본 어록의 번역을 시도해보기도 했다. 그러나 역시 역부족이었다. 약산 선사의 제자들에게 말한 "참 멋진 눈이다. 한 송이 한 송이가 다른 곳에는 떨어지지 않는구나!" 라는 거사의 말에서 한 발자국도 내디딜 수가 없었다. 은산철벽이었다.

그로부터 십 수 년이 흘렀다. 그리고 다시 이제는 번역이 아닌 강설을 시도하여 이렇게 단행본으로 내놓게 되었다. 조금은 주제넘은 짓이라는 생각을 지울 수 없다. 혹여 필자의 강설이 방거사나 당대(當代)의 큰스님들의 뜻을 왜곡하지는 않았는지 걱정이 앞서기 때문이다. 그럼에도 불구하고 집필을 시작한 것은 방거사 입멸 1200주년을 2년 앞두고(거사의 입멸일은 서기 808년 7월 8일이다.) 거사를 우리 시대에 조명하여, 방거사를 통하여 선종 본래의 모습인 당대의 선풍이 오늘날에 재생되는 데 보탬이되기를 바라기 때문이다.

아울러 작금 교계에서 일고 있는 간화선을 둘러싼 소모적인 논쟁에 앞서 참선(參禪) 본래의 참구법으로 회귀하는 계기를 마련해 보고자 하기 때문이다. 제방의 모든 선지식의 경책을 삼가 바란다.

나무 마하반야바라밀

불기 2550년(병술) 7월
검단산 각화사 목우실(牧牛室)에서
혜담 지상 합장

•• 일러두기

1. 본 강설의 저본(底本)은 숭정10년(1637)에 천주라산(泉州羅山)의 서은원(棲隱院)에서 출판된 숭정간본(崇禎刊本)의 상권이다.
2. 본문의 번역과 강설은 일본 축마서방(筑摩書房)에서 소화 60년에 발행한 『방거사 어록』의 교정본을 따랐다.
3. 한문 고어의 번역에 즈음해서는 위 『방거사 어록』의 집필자인 이리야 요시타카(入矢義高) 선생의 주석을 의지했다.
4. 『전등록』과 『조당집』의 인용문은 동국역경원에서 발행한 것을 따랐다.
5. 『임제록』의 인용문은 불광출판사에서 2005년에 발행한 무비 스님의 『임제록 강설』을 참고했다.

8

●● 차례

9. 송산(松山)과의 대화

10. 본계(本谿)와의 대화

11. 대매(大梅)와의 대화

12. 대육(大毓)과의 대화

14

세상 사람들은 재물을 중하게 여기지만

나는 순간의 고요함을 귀하게 여긴다.

재물은 사람의 마음을 어지럽히고

고요함은 진여의 성품을 나타낸다.

龐居士語錄詩頌序

居士의 諱는 蘊이요 字는 道玄이니 襄陽人也라 父任衡陽太守하다 寓居城南하고 建庵修行於宅西하다 數年全家得道하니 今悟空庵是也라 後捨庵下舊宅爲寺하니 今能仁是也라 唐貞元間에 用船載家珍數萬麼於洞庭湘右하여 罄溺中流하니 自是生涯는 惟一葉耳라 居士는 有妻及一男一女하니 市鬻竹器하여 以度朝晡하다

해석

방거사어록 시송(詩頌) 서문

거사의 이름은 온(蘊)이고 자(字)를 도현(道玄)이라 하며, 양양(襄陽) 사람으로 아버지는 형양(衡陽)의 태수(太守)를 지냈다. 그는 형양의 남쪽에 살았으며, 암자를 거처의 서쪽에 세우고 불도 수행에 힘써 수년 뒤에는 가족 모두가 깨달음을 얻었다. 지금의 오공암(悟空庵)이 그 곳이다. 후에 그는 암자의 아래쪽에 있던 옛 집을 희사하여 절로 만들었는데, 지금의 능인사(能仁寺)가 그 곳이다. 당(唐) 정원간(貞元間)에 수만 수레에 상당하는 가재(家財)를 배에 싣고 동정(洞庭)에 있는 상강(湘江)에 저어가서 그것을 전부 물 속에 가라앉혀 버렸다. 그로부터는 흐름에 떠다니는 한 장의 나뭇잎과도 같은 생애였다. 거사에게는 처와 일남 일녀가 있었고, 죽세

18

공을 만들어 팔아서 나날의 생활을 꾸려나갔다.

강설

1) 서문에 관하여

이 서문은 본 강설이 저본(底本)으로 한 숭정간본(崇禎刊本)의 책머리
에 실려 있다. 숭정간본은 명나라 말기인 숭정10년(1637)에 천주라산(泉
州羅山)의 서은원(棲隱院)에서 출판된 간본으로 상·중·하 3권으로 되어
있는데, 이것이 현재 볼 수 있는 가장 오래된 간본이다.

우리나라에서는 아직까지 간행된 흔적이 보이지 않기 때문에 접할
수가 거의 없고, 또한 비교적 용이하게 접할 수 있는 『대일본속장경(大日
本續藏經)』의 「방거사 어록」에는 이 서문이 실려 있지 않다.

2) 거사의 가계(家系)

거사는 성이 방(龐)이고 이름은 온(蘊)이다. 때문에 방온 거사라 부르
기도 하지만, 고래로부터 방거사라고 일반화되어 왔다. 또한 자(字), 즉
그냥 쉽게 부르는 이름이 도현(道玄)인데, 글자의 의미로 생각해 볼 때,
오늘날 우리들이 수계 후에 받아서 쓰고 있는 재가자의 불명(佛名)이 아
닐까 여겨진다. 다시 말하면 거사를 보통 도현 거사라고도 부르지 않았
을까 하는 생각이 든다.

거사는 양양 사람으로 아버지는 형양의 태수를 지냈다고 서문은 밝
히고 있다. 그러나 이것을 증명할 수 있는 문헌적인 근거는 이 서문을 제

외하면 전혀 찾아 볼 수 없다. 다만 이 서문에서 밝히고 있는 그의 가계
(家系)에 관해서 두 가지 점을 유추해볼 수는 있을 것 같다.

첫째는 본문인 '5-1'에서 설명하고 있는 것처럼,『조당집(祖堂集)』권4
에는 단하 스님이 방거사와 함께 과거를 보러 가다가 행각승을 만나 출
가하게 되었다고 기술하고 있다. 따라서 이 기술은 거사가 단하 스님과
같은, 유학(儒學)을 공부하여 입신양명(立身揚名)할 수 있는 신분이었다는
점을 말해주는 것이라 할 수 있다. 즉 그의 부친이 한 고을의 태수를 지낼
만한 가계임을 은연중에 말하고 있는 것이다.

다음으로 방(龐)이라는 성의 가계가 옛날 한대(漢代)로부터 양양의 명
족이라는 사실이다. 예부터 양양의 명족인 방씨 가운데에 특히 유명한
인물이 후한(後漢) 때의 고매한 은자(隱者)였던 방덕공(龐德公)이다. 그런
데 송대(宋代)의 선문헌(禪文獻) 가운데에 거사를 이 방덕공의 자손이라고
기술하고 있는 문헌이 제법 있다는 것이다. 그러나 지금으로서는 그 어
떠한 것도 위의 두 가지를 방증할 만한 자료는 없는 것이 또한 사실이다.
때문에 우리들로서는 이 서문의 내용을 그대로 받아들일 수밖에 없다.

거사의 집은 그의 부친이 태수로 있는 형양성의 남쪽에 있었다. 그러
나 거사는 그 집에 살지 않고, 집 서쪽 위에 암자를 세우고 거기서 불도
수행에 힘썼다. 그리고 수년 뒤에는 가족 모두가 깨달음을 얻었는데, 명
나라 말기에 형양성에 있던 오공암(悟空庵)이 바로 그 암자라는 것이다.
또한 거사는 후에 자신의 옛 집을 희사하여 절로 만들었는데, 능인사(能
仁寺)가 그 곳이라고 한다.

개인의 집을 희사하여 사찰로 만드는 행위는 중국에서뿐만 아니라,

우리나라에서도 불교가 전래된 이래 계속되었고 현재도 이어지고 있다. 여기에는 승속의 구별이 없었다. 『삼국유사』에는 원효 스님이 출가 후에 자기 집을 희사하여 초개사(初開寺)로 만들었다는 기술이 있는가 하면, 홍덕왕 때에 재가신도인 손순(孫順)이 역시 자신의 옛집을 내놓아 홍효사 (弘孝寺)로 만들었다는 기록이 있다.

이렇게 자기의 집을 희사하여 절로 만드는 데는 두 가지 정황이 있을 것 같다. 첫째는 원효 스님처럼 수행하여 깨달음을 얻은 후, 그 깨달음의 경지를 보다 많은 사람들이 얻을 수 있도록 도량을 만들어 부처님 은혜 에 보답하는 경우이고, 둘째는 부처님 전에 재물보시를 함에 의해서 복 을 지어 불은(佛恩)에 감사하는 입장이다. 지금 방거사의 입장은 비록 그 가 재가이긴 하지만, 원효 스님의 경우와 맥을 같이한다고 여겨진다.

이와 같은 이유에서 거사는 오공암과 능인사라는 사찰 두 곳을 창건 했다. 그리고 이 사찰은 현재도 남아 있는 것 같다. 청나라 동치(同治) 11 년(1872)에 간행된 『형양현지(衡陽縣志)』권9에 의하면 "능인사는 현성의 남쪽에 있었다. 당 덕종(德宗)의 정원연간 초에 형양의 방온이 저택을 희 사하여 절로 만든 것이다. 그 후 그것을 무생암(無生庵)이라고 불렀지만, 현재는 방공사(龐公祠)라는 이름으로 되어 있다. 그 안에는 딸 영조의 화 장대가 있다. 경내의 석류나무는 겨울에도 꽃이 핀다. 이 사당은 지금도 영험이 많다."고 기술되어 있다. 또 건륭(乾隆) 28년(1763)에 간행된 『형주 부지(衡州府志)』권28에는 "방공사(龐公寺)는 청천현(淸泉縣) 현성의 남쪽에 있고, 원래는 방거사의 집으로서 무생암이라고 했다."고 기록되어 있다. 물론 두 지리지 사이에 기술의 차이는 다소 있지만, 이 서문에서 말하는 오공암이라는 이름이 무생암으로 바뀌어 있는 점은 일치하고 있다.

3) 재물을 강물에 버리다

거사는 당나라 정원간(貞元間 : 785~798)에 수만 수레에 상당하는 가재(家財)를 배에 싣고 동정(洞庭)에 있는 상강(湘江)에 저어가서 그것을 전부 물 속에 가라앉혀 버렸다. 필자가 이『방거사 어록』강설을 집필하고자 한 데에는 여러 가지 복합적인 이유가 있었지만, 그 가운데 하나가 바로 오늘날의 무늬만 수행자인 수행자들에게 방거사의 이 부분을 올바르게 알려주고 싶은 염원이 있었다. 왜냐하면 재물을 탐하는 마음을 가슴 속에 품고는 결코 진정한 수행자가 될 수 없기 때문이다.

거사가 언제 출생했는지는 밝혀져 있지 않다. 그러나 뒤의 본문 설명에서 알 수 있는 것처럼, 거사가 임종한 해는 원화(元和) 3년(808)이 거의 확실하다. 그렇다면 거사가 상강에 모든 재물을 가라앉혀 버린 때는 임종 전 23년에서 10년 사이가 된다. 그리고 본문에 등장하는 인물들 가운데 전기를 알 수 있는 스님들과의 법거량을 살펴보면 거사의 출생년도가 730년대라고 유추해 볼 수 있다. 즉 거사가 전 재산을 강물에 버린 때는 그의 나이 30, 40대라는 계산이 가능하다. 다시 말하면 거사는 깨달음을 얻은 후에 자기의 전 재산을 강물에 버린 것이 된다. 왜 버렸을까? 그리고 그것이 사실일까?

먼저 사실 여부를 살펴보자. 필자가 과문한 탓인지 모르지만, 우리나라에는 방거사에 대한 연구가 전무한 형편이다. 이유는 잘 모르겠지만, 그 흔한 논문 한편 없는 것이 우리의 실정이기 때문에 우리나라 불교계

의 입장은 유보할 수밖에 없다. 다만 중국이나 일본의 학자들 대부분은
거사가 처음 수만 수레에 상당하는 가재를 가진 재산가였다는 것을 의심
하고 있다. 왜냐하면 거사의 임종을 지켜본 우적이 편집한 본 어록의 본
문에 이러한 기술이 없고, 더구나 본문 가운데 그가 마을에서 멀리 떨어
진 산중의 움막집에서 죽세공을 만들어 팔면서 살았다는 것을 기술하고
있기 때문이다.

　그러나 필자는 서문에서 기술하고 있는 것을 그대로 인정하는 견해
를 가지고 있다. 여기에는 세 가지 이유가 있다. 첫째는 서문과 본문에서
공통적으로 밝히고 있는 거사의 이력이다. 즉 서문과 본문이 똑 같이 거
사가 양양에서 태어나 형양에서 살았다는 점이다. 만약 그가 원래부터
죽세공으로 살아가는 초근목피의 가난뱅이였다면 구태여 양양에서 태
어나 형양으로 이주할 까닭이 없기 때문이다. 거기에는 이유가 있었다.
즉 부친이 형양의 태수가 되었기 때문이었다.

　둘째로 그의 부친이 형양의 태수, 즉 지방장관을 지냈다면 거사가 부
유한 집안의 출생이라는 것을 의심할 필요가 없기 때문이다. 만약 그가
명문가의 출신이 아니었다면, 당시의 봉건사회 관습상 여러 큰스님들과
심지어 자사인 우적이 거사를 그렇게 극진히 대우했겠느냐 하는 점이다.
단지 견성(見性)한 도인이라는 이유만으로 하층민이 상류사회에서 칭송
되는 것은 어렵기 때문이다.

　셋째로 본문의 '26-1'에, 승속(僧俗)이 함께 애도하면서 '선문(禪門)의
방거사는 비야리성의 유마 거사가 다시 온 것'이라고 입을 모았다는 기
술이다. 『유마경(維摩經)』에 나타나 있는 유마 거사는 대부호로 비야리성

제일의 장자이다. 부처님 당시 막대한 부를 가진 유마 거사가 부처님의 십대제자들을 훈계하며 가르침을 펴고 있다. 따라서 방거사가 원래 대부호가 아니었다면, 즉 지혜만 가졌다면 유마 거사에 비견되어 말해질 수 없기 때문이다. 이러한 이유가 있었기 때문에 송·원대의 선 문헌에서 그가 막대한 재산을 강 가운데 배와 함께 빠뜨렸다는 것을 특필하여 찬탄하고 있는 것이다.

다음으로 거사가 무슨 까닭에 자기의 전 재산을 강 속에 버렸을까 하는 점이다. 그가 재물을 물속에 가라앉히려 했을 때, 많은 사람들이 이구동성으로 말렸다. 불쌍한 사람들에게 주든지 불사에 사용하라는 말이었다. 그러나 그는 대의명분(大義名分)이 있는 그러한 말들을 따르지 않았다. 그 때 거사가 한 대답을 『정법안장수문기(正法眼藏隨聞記)』권4에서는, "내가 이미 원수라 생각하고 버리면서, 어찌 다른 사람에게 주겠는가? 재물은 몸과 마음을 근심하게 하는 원수이다."라고 기술하고 있다. 또한 거사는 『방거사 어록』하권의 게송에서,

> 세상 사람들은 재물을 중하게 여기지만〔世人重珍寶〕
> 나는 순간의 고요함을 귀하게 여긴다〔我貴刹那靜〕.
> 재물은 사람의 마음을 어지럽히고〔金多亂人心〕
> 고요함은 진여의 성품을 나타낸다〔靜見眞如性〕.

고 읊고 있다.

수행자인 거사에게 있어서 재물은 심신을 괴롭히는 원수였다. 그 원

수와 같은 재물을 다른 사람에게 주어서 그 사람을 괴롭힐 수는 없다는 것이 거사의 입장이다. 이러한 그의 신념은 『대승계경(大乘戒經)』에서 설하는, "차라리 큰 불구덩이에 들어갈지언정 재물을 탐하지 말라."는 부처님의 말씀과 맥락을 같이 하고 있다.

거사의 이 신념에는 재물이라는 것이 수행을 방해하는 가장 큰 적이라는 깨달음이 자리잡고 있음은 재론할 필요가 없다. 그런데도 현금의 우리들의 수행행태는 어떠한가? 도(道)와 돈을 혼동하고 있지는 않은지 의심스럽다. 출가수행자든 재가수행자든 재물에 대한 집착을 끊지 않고, 아니 끊으려는 생각도 하지 않고 선방에 앉아있는 것은 아닌지 의심스럽다. 더구나 일부이긴 하지만 재물을 위해서 선원(禪院)이라는 간판을 걸기도 한다. 지장선원이나 관음선원 같은 이름들이 그것을 말해준다. 이름 있는 선사(禪師)가 천도재에 열을 올리고, 해제 여비를 많이 주는 선원에는 방부 들이기가 하늘의 별따기만큼 어려운 실정이다. 그야말로 무늬만 수행자가 참된 수행자인 척 인심을 호도하고 있다.

그러는 사이에 우리들은 모두 물신교(物神敎)의 신도가 되고 말았다. 배금주의자가 되어 물질적인 부(富)에 최고의 가치를 부여하는 사이비 종교의 신도가 된 것이다. 『중아함경(中阿含經)』에는 "너희가 세속적인 욕망을 추구하는 모양은 횃불을 들고 바람을 향해 달리는 사람과 흡사하다고 할 것이다. 속히 버리지 않으면 불꽃은 곧 네 전신을 불사르고 말 것이다."라고 설하고 있다.

그런데도 우리들은 부처님의 말씀을 믿지 않고, 오히려 불교의 허울을 쓰고 물신교를 맹신하고 있는 것이다. 이러한 물신교 신도들이 우리

사회를 힘들게 만들고 말았다. 국리민복을 위하여 정치인이나 정부의 관료가 되는 것이 아니라 돈을 벌기 위해서며, 국민의 보다 편리한 문화생활에 보탬이 되기 위하여 사업을 하는 것이 아니라 단지 떼돈을 벌기 위해서 사업가가 된다. 그들은 또한 자기 자식을 물신교로 인도한다. 그들에게는 자식들의 개인 소질이나 진정한 삶의 행복 따위에는 관심이 없다. 돈을 많이 벌 수 있는 곳이면, 그래서 물질적으로 부를 누릴 수 있는 직장이 보장되는 곳이면 무조건 지고의 가치처가 된다.

불교는 인간의 진정한 행복이 결코 물질적·향락적인 것에 있지 않다는 사실을 직시하라는 가르침이다. 정신적인 행복의 바탕이 없이 쌓은 물량 축적이 얼마나 허무하게 붕괴되는가를 분명히 보여주는 것이다. 따라서 수행자는 행복을 물질적·향락적인 것에서 찾고 있는 세태를 향해서 '그것이 아니다' 라고 말하는 사람이어야 한다. 그냥 질주하는 물신교라는 자동차에 브레이크 역할을 하는 사람이어야 한다. 그런데도 모두가 브레이크가 아닌 가속 페달을 밟고 있다.

어떤 특정 존재가 모든 인류를 온전히 지배한 것은 유사 이래 오늘날의 재물이 처음이다. 서구에서는 중세를 암흑기라 부르고 있다. 신(神)이 모든 것을 지배했다고 해서 붙여진 이름이다. 그러나 그 때에도 동양에서는 신이라는 존재가 인간을 지배하지 못했다. 그러나 지금의 물신(物神)은 65억 인간 전체를 지배하고 있다. 인종과 종교와 세대를 구별하지 않고 폭력을 행사하고 있다. 이렇게 물신의 폭력에 지배당하고 있으면서도 우리들 스스로 이러한 사실을 알지 못하고 있다.

여기에서 방거사는 그 많은 자신의 재산을 강물에 던지면서 우리들

26

에게 '수행과 재물은 결코 병행될 수 없는 것'이라고 경고하고 있다. 1200여 년 전에 벌써 물신으로부터의 해방을 말하고 있다. 이 얼마나 대단한 인물인가! 그런데도 우리 불교계는 그동안 왜 거사를 도외시했을까? 참으로 알 수 없는 일이다. 거사는 이렇게 전 재산을 강물 속에 버리고, 그 후부터는 흐름에 떠다니는 한 장의 나뭇잎과도 같이 살았다. 물위에 떠다니는 한 개의 나뭇잎처럼, 소위 파도에 따르고 파랑에 맡기는 생애였다. 철저한 무소유(無所有)의 걸림 없는 대자유인으로 평생을 산것이다. 그러나 그가 유일하게 가진 것이 있었으니, 가족인 처와 일남 일녀가 그것이다.

唐貞元中에 禪律大行하고 祖教相盛하며 分輝引蔓하여 觸所皆入이로다 居士乃先參石頭하고 頓融前境하며 後見馬祖하여 復印本心하다 擧事通玄하니 無非合道하다 有妙德之洪辯하여 合滿字之眞詮하다 其後에 倫歷諸方하여 較量至理하다

해석

당 정원(貞元)·원화(元和) 때는 선종과 율종이 매우 번성하고 조사의 가르침이 번영하여 그 광휘는 사방에 미쳤고, 그 넝쿨은 팔방에 뻗쳐서 어디든지 들어가 있었다. 거사는 먼저 석두 선사(石頭禪師)를 참견(參見)했는데, 금세 지금까지의 심경이 얼음 녹듯 녹아버렸다. 그 뒤 마조 선사(馬祖禪師)를 친견하여 다시 본심의 자각을 얻었다. 이리하여 모든 이치의

깊은 뜻을 궁구해서 도와 계합되지 않는 것이 없었다. 문수보살의 지혜와 같은 위대한 변설을 갖추어 완벽한 가르침인 대승의 진실한 말씀과 합치하였다. 그 후 각지의 선원을 찾아다니면서 지고(至高)의 이치를 겨루었다.

강설

4) 선(禪)의 융성기

거사가 살았던 때는 8세기 중반에서 9세기 초에 걸친 소위 중당(中唐)이라 불리던 시기였다. 이 중당과 그 앞인 성당(盛唐)의 시기에는 불교사에 있어서 큰 변화가 발생한다. 성당기의 불교는 장안(長安)과 낙양(洛陽)을 중심으로 해서 왕후나 귀족의 비호를 받으면서 고원한 교리의 탐구에 힘을 쏟았고, 그러한 고답적인 수학(修學)만을 가지고 불교의 목적지에 도달하려는 것이었다. 따라서 거기에는 민중의 교화라는 불교 본래의 종교 활동은 거의 찾아볼 수 없었다. 그러나 그 즈음에 안사(安史)의 난이라는 것이 일어났고, 그 난은 사회적인 큰 변혁을 가져 왔다. 장안과 낙양은 황폐해지고 귀족계급은 몰락했다. 그리고 뒤이어 생겨난 신흥관료들을 따라서 불교도 그 체질을 변혁하지 않을 수 없었다. 또한 두 도시 중심의 사회상은 자연히 분해되어 각 지방으로 활동무대가 분산되었다. 이러한 사회적 변화 가운데서 선종(禪宗)은 강서(江西)·호남(湖南)에 새로운 기반을 구축하고 불교의 새로운 기풍을 도모하게 된다.

이때 6조 혜능 조사에 의하여 꽃이 피기 시작한 선종은 마조 선사(馬

祖禪師)의 등장으로 강서에서 선불교의 꽃을 활짝 피우게 된다. 소위 홍주종(洪州宗)의 등장이다. 그리고 선종은 이후 당대의 불교를 선종으로 자리매김할 정도로 큰 활약을 하게 된다. 방거사도 이 마조 선사의 문하에서 배우고, 그 법을 받은 한 사람이 된 것이다. 이러한 시대상황을 서문은 '당 정원(貞元 : 785~798)·원화(元和 : 806~820) 때는 선종인 조사의 가르침이 번성하여 새로운 선풍의 진흥이 최고조에 달하여 천하를 풍미한 시기였다.'고 기술하고 있다. 이 점에 관해서는 필자 개인적인 소견을 뒤에 다시 구체적으로 논해보고자 한다.

5) 거사가 참견(參見)한 선지식

자기 집 서쪽 위에 암자를 세우고 수행하던 거사가 공부 길에 나서 먼저 찾아간 스님이 석두 선사(石頭禪師)다. 자세한 사항은 본문에서 다루기로 하겠지만, 거사는 석두 선사를 친견하자 바로 그 때까지 자신을 누르고 있었던 의혹들이 얼음 녹듯 녹아버린 것이다. 그러나 석두 선사 밑에서 깨달은 경지는 역시 부족한 점이 있었던 모양이다. 거사는 다시 마조 선사(馬祖禪師)를 친견하여 본심의 완전한 자각을 얻게 된다. 이때의 경지를 견성(見性)이라 불러도 좋을 것이다.

견성을 하고 보니 자신의 마음이 도와 계합되지 않는 것이 없었다. 자신의 마음이 곧 도이고 도가 곧 마음이 된 것이다. 그 후 거사는 유희삼매의 삶을 이어간다. 문수보살의 지혜와 같은 위대한 변설을 갖추어 각지의 선원을 찾아다니면서 당대의 대선지식과 법거량을 하면서 대자유인의 경지를 겨루게 된다.

元和初에 方寓襄陽하여 棲止巖竇하다 (今鹿門 南二十里 有居士
岩) 時에 太守于公頔이 擁旄廉問하고 采謠民間하다가 得居士篇하여
尤加慕異하다 乃伺良便하여 躬就謁之하다 一面周旋에 如宿善友라
旣深契於情分하며 亦無間於往來하다

해석

원화 초에 그는 양양으로 이주하여 암굴에 거처를 마련했다. (지금의
녹문산 20리 남쪽에 거사암이라는 것이 있다.) 그 때 태수인 우적공(于頔公)이
절도사로 재임 중이었는데, 이 지방의 민요를 채집하다가 거사의 시편을
입수해서 더 한층 경앙하는 마음이 깊어졌다. 그래서 좋은 기회를 보아
몸소 만나 보았는데, 한 번 만나 서로 얘기를 나누어 보니 마치 옛 친구
와 같았다. 이리하여 마음으로 깊이 서로 통하는 데가 있어서 상호간의
교제도 끊어짐이 없었다.

강설

6) 우적(于頔)과의 만남

거사는 원화 초에 양양으로 이주하여 거처를 녹문산 20리 남쪽에 있
는 암굴에 마련했는데, 그 즈음에 본 어록을 편집한 우적을 만나게 된다.
당시 우적은 절도사 겸 양주자사였는데, 민정을 시찰해서 정치에 도움을
주기 위하여, 민심이 가장 잘 나타나고 있는 민요를 채집하다가 거사의
시(詩)를 듣게 되고, 마침내 거사와 친분을 가지게 되었다.

여기서 잠시 이 우적(?~818)이라는 인물에 관하여 살펴보자. 『자치통감(自治通鑑)』의 주에 의하면, 그의 선조는 중국인이 아니고 터키계 유목민 부족의 한 사람이었다고 한다. 당대(唐代)의 대다수 사료(史料)에서는 그에 대한 평가가 전부 냉소적으로 기술되어 있다. 그는 정원15년(799)에 오소성(吳少誠)의 반란을 평정한 공으로 관리로 중용되었으나, 권세를 등에 업고 불손한 행동을 많이 하여 백거이(白居易) 등 정의파들에게 자주 탄핵을 받기도 했다. 또한 임지에서도 폭정을 일삼아 백성들의 원성이 많았다. 이렇게 보면 그는 성질이 거친 야만인 같은 사람이라고 생각된다. 그럼에도 불구하고 그가 어떻게 방거사라는 무위무관(無位無官)의 한낱 재가수행자를 가까이하고, 거사의 사후 어록을 편집하기까지 되었을까?

여기에는 두 가지 점을 생각해볼 수 있을 것 같다. 첫 번째는 성정이 포악한 그가 자신의 잘못을 깨닫고 참회할 수 있는 한 번의 기회가 주어진 것이다. 다름 아닌 자옥 화상(紫玉和尙 : 731~813)과의 만남이다.

『조당집』권14에 의하면 우적이 양양의 태수로 있을 때, 그는 자기 관내의 모든 행각승을 체포하여 전부 죽여 버렸다고 한다. 그 때 자옥 스님이 이 소식을 듣고 그를 제도하기 위하여 혼자서 양양으로 갔다. 마치 부처님께서 닥치는 대로 사람을 죽이고 있는 앙굴리마라를 제도하기 위하여 그에게 가신 것처럼. 자옥 스님은 바로 체포되어 마침내 우적의 앞에 끌려 나갔다. 우적은 칼을 어루만지며 스님을 질책하며 심문했다. 그러나 스님은 생사를 넘어선 자리에 서서 당당하게 대응했을 뿐만 아니라, 상대방의 마음을 움직이는 멋진 법문으로 단번에 우적의 마음을 바꾸게

했다.

두 번째는 서문의 표현을 빌리면, "거사의 시편을 입수해서 더 한층 경앙하는 마음이 깊어져서 몸소 만나 보았는데, 한 번 만나 서로 애기를 나누어 보니 마치 옛 친구와 같았다. 이리하여 마음으로 깊이 서로 통하는 데가 있어, 상호간의 교제도 끊어짐이 없었다."라고 저간의 사정을 밝히고 있다. 그러나 이때는 우적이 자옥 스님의 교화로 이미 불교에 상당한 호감을 갖고 있었을 개연성은 충분하다고 생각된다.

居士將入滅에 謂女靈照曰, 幻化無實이니 隨汝所緣이라 可出視日
早晚하여 及午以報하라 靈照出戶다가 遽報曰, 日已中矣로대 而有
蝕焉이니 可試暫觀하소서 居士曰, 有之乎아 曰, 有之니다 居士避席
臨窓이어늘 靈照乃據榻趺坐하고 奄然而逝하다 居士回見하고 哎曰,
吾女鋒捷矣로다 乃拾薪營後事하다

해석

이윽고 거사는 입멸(入滅)을 앞두고, 딸 영조에게 "모든 것은 환화이니 실체가 없는 것, 너 하기에 따라서 저절로 생멸한다. 잠시 나가서 해의 높이를 보아 두어라. 오시(午時)가 되거든 알려다오."라고 말했다. 영조는 문 밖을 나서자마자 급히 알렸다. "벌써 바로 한낮입니다. 게다가 일식을 하고 있습니다. 잠깐 나와서 보십시오."라고. 거사가 "설마 그럴리가?"라고 말하니, 영조는 "그러합니다."라고 말했다. 거사는 자리에서

일어나 창가로 갔다. 그러자 영조는 아버지의 자리에 올라 가부좌하고
그대로 숨을 거두었다. 거사는 뒤돌아서서 그것을 보고는 웃으면서, "딸
녀석이 꽤 민첩하구나!"라고 말했다. 그리고는 장작을 주워 모아 화장을
하였다.

강설

7) 입멸의 예고와 영조의 좌망

마침내 거사는 자신의 임종이 다가왔음을 알고 딸 영조를 불렀다. 그
리고 유언이라고도 할 수 있는 말을 한다. "모든 것은 환화(幻化)이니 실
체가 없는 것이다. 단지 너 하기에 따라서 저절로 생멸한다."고. 인간의
육체는 허깨비 같은 존재에 지나지 않는데, 그것이 그렇게 보이는 것은
그 사람의 인연이 만들어 낸 가짜의 모습일 뿐이다. 그러나 그러한 인연
조차도 그 자신의 실체를 가진 것은 아니다. 나의 육체도 그와 같은 것으
로서, 이제 환화처럼 사라져간다고 거사는 말하고 있는 것이다.

거사가 임종하고자 하는 시각은 오시였다. 왜 임종시간을 오시로 정
했는가에 관하여서는 본문 '25-1'의 강설에서 자세히 설명하고 있기 때
문에 여기서는 생략하지만, 거사는 그 시각을 확인하기 위하여 영조에게
해의 높이를 보고, 오시가 되면 알리라고 말한다. 본문의 강설에서 설명
하듯이 그 날은 공교롭게도 일식이 있는 날이었다. 때문에 영조는 일식
의 사실을 아버지에게 말씀드리고, 거사는 그것을 확인하기 위하여 마당
으로 나갔다. 그러자 아버지의 입멸을 알아차린 영조는 아버지보다 먼저

죽기 위하여 아버지의 선상(禪床)에 올라가 가부좌하고 숨을 거두었다. 마치 사리불 존자가 부처님의 반열반에 앞서 먼저 열반에 드는 것처럼.

經七日에 于公往問安하니 居士以手藉公之膝하고 流眄良久曰, 但願空諸所有하고 愼勿實諸所無어다 好住世間하소서 皆如影響이라 言訖에 異香滿室하고 端躬若思러다 公亟追呼하여도 已長往矣라 風狂大澤하여 靜移天籟之音하고 月過迷盧하여 不改金波之色이로다

해석

7일이 지나서 우공이 문안차 찾아왔다. 거사는 손을 우적의 무릎에 얹고 한참 동안 공을 물끄러미 보면서 말하기를, "다만 온갖 있는 것들을 비우기를 원하고, 결코 없는 것들을 채우지는 마십시오. 몸 성히 안녕히 계십시오. 모든 것은 그림자 같고 메아리 같은 것입니다."라고 말을 마치자, 기이한 향기가 방에 가득했는데, 거사는 단정히 앉은 그대로 침사(沈思)의 모습이었다. 공은 되돌리기 위해 급히 불렀지만, 이미 이 세상을 하직해 있었다. "바람은 큰 못에 거칠게 불어대지만, 천뢰(天籟)의 묘음(妙音)은 그 가운데를 살며시 옮겨가고, 달은 수미산 봉우리를 건너가는데, 그 황금의 물결과도 같은 빛은 변함이 없구나."

강설

8) 거사의 임종

거사가 예정했던 입멸 날은 딸 영조의 죽음으로 인하여 바꾸지 않을 수 없었다. 딸의 장례를 치르는 등 시간이 흘러서 본래 생각했던 입멸 날로부터 7일이 경과했다. 마침 태수 우적이 문안차 찾아왔다. 거사는 우적의 무릎에 손을 얹고-본문에서는 우적의 무릎에 머리를 얹었다고 되어 있다.-영조에게 했던 것처럼, 유언의 말 즉 임종게(臨終偈)를 말한다. "다만 온갖 있는 것들을 비우기를 원하고, 결코 없는 것들을 채우지는 마십시오. 모든 것은 그림자 같고 메아리 같은 것입니다."라고.

거사는 또한 우적에게 "몸 성히 안녕히 계십시오."라고 마지막 인사를 한다. 원문인 호주세간(好住世間)의 호주는 여행을 떠나는 사람이 환송 나온 사람에게 말하는 송별의 인사말이다. 이에 반하여 환송 나온 사람이 여행을 떠나는 사람에게 하는 인사말은 호거(好去)라고 한다. 지금의 이 상황은 우적이 인간세계에 남는 사람이고, 거사는 떠나는 사람이기 때문에 호주세간의 인사말을 하고 있다. 거사는 다만 여행을 떠나는 사람일 뿐이다. 거기에는 죽는다, 살아있다는 관념이 끊어져 있다. 얼마나 멋진 죽음인가! 그러나 거사는 여전히 단정히 앉은 그대로 마치 부처님이 열반에 든 그 모습을 하고 있다. 그렇지만 곧 말할 수 없는 향기가 방 안에 가득 찼다. 우적은 비로소 거사가 이미 임종한 것을 알아차리고 거사를 불러보았지만, 이미 이 세상을 하직해 있었다.

앞에서 밝혔듯이 이 서문은 서기 1637년에 간행된 숭정간본에 실려 있다. 그리고 서문의 필자 역시 스스로를 무명자(無名者)라 칭하여 이름을 밝히고 있지 않다. 따라서 서문이 언제 누구에 의해서 쓰여 졌는지를 알 수 있는 근거는 전혀 없다. 이렇게 베일에 가려져 있는 인물이 거사의 입멸을 회상하며 마치 조사(弔辭) 같은 게송을 적었다.

> 바람은 큰 못에 거칠게 불어대지만
> 천뢰(天籟)의 묘음(妙音)은 그 가운데를 살며시 옮겨가고
> 달은 수미산 봉우리를 건너가는데
> 그 황금의 물결과도 같은 빛은 변함이 없구나.

참으로 감동적이고 멋진 조사(弔辭)다. 마치 거사의 전 생애와 입멸을 한 폭의 수묵화에 옮겨놓은 것 같다. 환희와 비탄이 함께 숨을 쉬고 있다. 한 인간의 삶을 단 네 구절의 말로, 이렇게도 표현할 수 있구나 하는 탄성이 저절로 나온다.

필자는 그 동안 수많은 큰스님들의 영결식에 참석해 보았지만, 이처럼 감동적인 조사를 들어본 적이 없다. 무명자, 즉 이름 밝히기를 원하지 않는 어떤 사람은 누구일까? 우리나라 조선시대의 불교전적에는 저자를 알 수 없는 무명자가 유난히 많다. 여기에는 숭유억불(崇儒抑佛)의 시대상황 속에서 지식인들이 자신이 불자(佛子)라는 사실을 숨기기 위해서 스스로 이름을 밝히지 않는 경우가 많았기 때문이 아닌가 여겨진다. 그러나 지금 이 서문의 무명자는 조선시대의 무명자와는 사정이 다른 것 같다. 깨달음을 증득한, 즉 본래 거래(去來)와 명색(名色)이 끊어진 자리에 선 어

36

떤 스님이 거사를 위해서 서문을 지은 것이 아닐까 생각된다.

遺命焚棄江湖하여 乃偏陳儀事하고 如法茶毘하다 旋遣使人하여 報
諸妻子하니 妻聞之曰, 這愚癡女與無知老漢이 不報而去하니 是可
忍也라 因往告子에 見斸畬曰, 龐公與靈照去也라 子釋鋤應之曰,
嗄하고 良久亦立而亡去하다 母曰, 愚子癡一何甚也라 亦以焚化하니
衆皆奇之하다 未幾에 其妻乃偏詣鄕閭하여 告別歸隱하다 自後沈迹
夐然하여 莫有知其所歸者러라

해석

　"시체는 태워서 재를 강이나 호수에 버리라."는 유언을 따라서 세심하게 장례를 준비하고 여법하게 다비를 했다. 한편 바로 심부름꾼을 보내어 처자에게 알리니, 이것을 듣고 부인은 "저 바보 같은 딸과 미련한 늙은이가 나에게 의논도 하지 않고 가버렸으니, 도저히 참을 수 없는 일이다."라고 말했다. 이윽고 부인이 아들에게 달려갔는데, 마침 아들은 화전을 일구고 있었다. "방공은 영조하고 먼저 가버리고 말았다."고 하니, 아들은 들고 있던 삽자루를 놓고 "애-" 하는 쉰 목소리로 응답은 했지만, 곧 선 채로 숨을 거두고 말았다. 어머니는 "시원찮은 자식, 어쩌면 이렇게도 미련하단 말인가!"라고 말하고 역시 화장을 했다. 이것을 듣고 사람들은 모두가 기이하다고 했다. 얼마 뒤 부인은 마을 안의 집집을 찾아다니며 작별 인사를 하고 자취를 감추고 말았는데, 그 후 그녀는 어둠 속

으로 흔적도 없이 사라져 어디로 갔는지 아무도 아는 이가 없었다.

강설

9) 거사의 부인

거사는 자신의 시신을 화장하여 재를 강이나 호수에 버리라는 유언을 남겼다. 마지막까지 본래무일물(本來無一物)의 경지에 있었다. 비록 거사였지만, 스님들과 마찬가지로 여법하게 다비식을 거행했다. 그리고 이렇게 장례를 치르고 있는 동안 부인에게 심부름꾼을 보내어 거사의 임종을 알렸다. 그러자 부인의 입에서는 기상천외의 일성(一聲)이 나왔다. "저 바보 같은 딸과 미련한 늙은이가 의논도 하지 않고 가버렸으니, 도저히 참을 수 없는 일이다."라고 말한 것이다. 이 세상 어디에 죽는 날짜를 의논하고 죽는 사람이 있는가? 그런데도 부인은 딸 영조와 남편인 방거사가 자신에게 의논하지 않고 자기들 멋대로 세상을 하직한 일에 대하여 섭섭한 감정을 감추지 않고 있다. 역시 생사를 초탈해 있는 부인이 아니면 할 수 없는 말이다.

그런데 부인은 딸과 남편을 바보 같은 딸〔愚癡女〕과 미련한 늙은이〔無知老漢〕라고 평하고 있다. 여기서 말하는 우치와 무지라는 말은 같은 의미로, 그 단어 속에 수행자가 취해야 하는 근본적인 마음자세를 담고 있다. 이와 관련하여 『전등록(傳燈錄)』권28에는 약산 선사(藥山禪師)와 남전 선사(南泉禪師)가 같은 말을 하고 있다. 먼저 약산 스님은 "요즈음 내 앞에 나타나 있는 사람은 모두가 잡된 일을 좋아하는 이들〔修行者〕 뿐이다. 치

둔(癡鈍)한 사람을 찾으려 해도 한 사람도 볼 수가 없다."라고 설하고 있다. 다음으로 남전 스님은 "요 근래 선사는 퍽 많으나 치둔한 사람을 찾으려면 보이지 않는다. 아주 없다는 것이 아니라, 퍽 드물다는 것이다."라고 말하고 있다. 이 두 스님의 말씀은 깨달음을 구하기 위하여 외곬으로 치닫는 그런 우둔하다고 할 정도의 수행자는 드물고, 오히려 잡된 일에 빠져있는 엉터리 수행자가 많음을 한탄하고 있는 것이다.

부인은 남편 방거사와 딸 영조가 현상계에서 벌어지는 온갖 물질적·관능적 삶을 버리고, 오직 불도만을 구해서 전력투구하던 그 모습을 찬탄하고 있는 것이다. 바로 무늬만의 수행자가 판치는 현금의 우리들 모습을 역으로 꾸짖는 말이라고 할 수 있다.

지금 우리 불교계에는 무늬만의 수행자가 범람하고 있다. 짐짓 자신은 하루에 한 시간도 참선을 하지 않으면서 신도들을 향해서는 참선법을 설하는가 하면, 선객(禪客)이라고 자처하면서 종단의 정치나 사회문제에 골몰하고 있다. 수행이 무엇인지도 모르면서 통일문제, 환경문제, 빈곤문제 등에 소위 올인(all in)하는 것이 진정한 수행자의 길이라고 항변한다. 자신이 주지로 있는 절의 대웅전 지붕에는 몇 년째 온갖 잡초가 석 자나 자라고 있는데도, 북한의 기아문제로 자기 이름을 언론에 부각시키는 것이 종교인의 길이라고 하면서 수행자가 아닌, 성직자로 불리기를 더 바란다. 부처님은 수행자로 살기 위하여 나라 전체를 버리셨다. 부처님 당시라고 해서 카필라국에 사회적인 문제가 어찌 없었겠는가?

10) 거사의 아들

방거사 부인은 바로 거사의 죽음을 전하기 위하여 아들에게 갔다. 아버지와 동생(?)이 세상을 하직했다는 어머니의 말에, 마침 화전을 일구고 있던 아들은 삽자루를 놓고 "애-" 하는 쉰 목소리로 응답하고는 곧 선 채로 숨을 거두고 말았다. 어머니는 아들의 주검 앞에서도 역시 '어리석고 미련한 자식'이라고 아들을 평하고 있다. 즉 외곬으로 수행만 한 자식이라는 말이다. 그리고 아들 역시 그 어머니가 화장을 했다. 영조와 거사의 죽음, 그리고 아들이 죽는 모습들을 전해들은 모든 사람들은 모두가 그 놀라운 사실이 믿기지 않았다.

누군들 기이하게 생각하지 않을 수 있겠는가! 거사와 영조의 좌망(坐亡), 그리고 아들의 입망(入亡)을. 그것도 생사의 시간을 자유자재로 선택할 수 있었던 바로 이웃사람들인 도인들을. 생사가 본래 없는 불교의 근본에서 보면 별것이 아닐 수도 있지만, 현실적으로 그러한 일들이 일어난다는 것은 희유한 일이기 때문이다. 지금도 중국에는 여러 곳에 좌망을 한 스님들의 법신(法身)을 개금하여 모신 등신불(等身佛)이 있다. 그러나 우리나라에는 좌망을 했다는 사실을 전하고는 있지만 등신불은 없다. 혹자는 이 문제를 중국과 한국의 기후적인 차이 때문이라고 설명하고 있다.

11) 방파(龐婆)의 회향

아들의 장례까지 마친 얼마 뒤 방거사 부인은 마을 안의 집집을 찾아다니며 작별의 인사를 하고 자취를 감추고 말았다. 그리고 그 후 그녀는 어둠 속으로 흔적도 없이 사라져 어디로 갔는지 아무도 아는 이가 없었다. 기록상에도 그녀의 행적은 묘연하다. 어디에서 어떻게 살다가 언제 죽었는지 전하고 있지 않다. 다만 『선종송고연주통집(禪宗頌古聯珠通集)』 권14에는 다음과 같은 기록이 있다.

"방거사 부인이 재(齋)를 올리기 위하여 녹문사(鹿門寺)에 들어서니, 유나(維那)를 맡고 있는 스님이 '지금 재를 올리고 회향하는 것은 어떤 취지냐?'고 물었다. 그러자 부인은 머리에 꽂혀있던 빗을 뽑아서 상투 뒤에 꽂고서 '이것으로 회향은 마쳤습니다.' 라고 말하고는 그대로 나가버렸다."

회향이란 지은 바 공양의 공덕을 자신이나 죽은 자를 포함한 다른 사람의 복으로 돌려주는 것이다. 지금 부인은 머리 위에 꽂혀 있던 빗을 머리 뒤로 바꾸어 꽂은 것으로 회향해 마쳤다고 했다. 주는 자도 받는 자도 베풀어지는 물건도 없는 삼륜청정(三輪淸淨)의 회향이다.

居士尋常曰, 有男不婚하고 有女不嫁하며 大家團圞頭에 共說無生話로다 其餘玄談道頌이 流傳人間이나 頗多散逸이다 今姑以所聞成編하고 釐爲二券하여 永示將來하고 庶警後學하노라 世謂居士卽毘耶淨名이라하니 殆其然乎아 無名子書하다

해석

거사는 평소에 읊조리기를 "아들은 있어도 장가들지 않고, 딸은 있어

도 시집가지 않는다. 온 집안이 화목하게 부처님의 진리를 서로 얘기한다."고 하였다. 이 외에도 그 현묘한 말과 도를 읊은 시송(詩頌)의 종류가 세간에 말로 전해져 있으나, 흩어져서 일부가 빠진 것도 꽤 많다. 이번에 우선 들어 알고 있는 것만을 하나로 묶어서 2권으로 편집하니, 먼 장래의 선물로 하여 후학들을 격려함에 도움을 주고자 한다. 세간에서는 '거사는 저 비야리성의 유마 거사가 다시 온 것'이라고 전해지고 있는데, 그대로임에 틀림이 없을 것 같다.

  이름 밝히기를 원하지 않는 어떤 사람이 쓰다.

龐居士語錄(방거사 어록)

節度使 于頔 編集(절도사 우적 편집)
優婆塞 世燈 重梓(우바새 세등 중자)

1. 석두(石頭)와의 대화(對話)

1-1 일체의 존재와 상관하지 않는 자

襄州居士인 龐蘊의 字는 道玄이니 衡州衡陽縣人也라 世本儒業하다
少悟塵勞하고 志求眞諦하다 唐貞元初에 謁石頭禪師하고 乃問하대
不與萬法爲侶者는 是甚麼人이닛고 頭以手로 掩其口한대 豁然有省
하다

해석

　　양주(襄州)의 거사인 방온(龐蘊)은 자(字)를 도현(道玄)이라 하며, 원래
형주(衡州)의 형양현(衡陽縣)에서 태어났다. 대대로 유학자(儒學者)를 배출
한 집안이었지만, 그는 젊었을 무렵에 인생의 번민에 봉착하여 지고(至
高)한 진실의 이치를 구하려고 뜻을 세웠다.
　　당나라 정원년(貞元年)의 초기에 먼저 석두 선사를 알현하고 "일체의

존재와 상관하지 않는 자, 그것은 어떤 사람입니까?” 하고 여쭈었다. 그
러자 석두 선사는 손으로 거사의 입을 막았다. 거기서 그는 막힌 것 없이
밝게 깨달은 바가 있었다.

강설

1) 거사의 발심(發心)

　양주(襄州)의 거사인 방온(龐蘊)은 자(字)를 도현(道玄)이라 하며, 원래
형주(衡州)의 형양현(衡陽縣)에서 태어났다고 어록은 밝히고 있다. 즉 거
사는 성이 방(龐)이고 이름은 온(蘊)이며, 자(字), 즉 그냥 쉽게 부르는 이
름이 도현(道玄)이라는 말이다. 그런데 그의 출생지와 살았던 곳의 지명
이 서문과는 조금 차이가 난다. 그 이유는 양주도 형주도 당시는 산남동
도(山南東道)라고 하는 행정구역에 속했으며, 그 수부(首府)는 양양에 있
었기 때문이다.

　거사는 만년에 어떤 사정 때문인지 그 때까지 살고 있던 형양에서 양
양으로 이사를 하여 교외의 산중에 있는 조그마한 움집에서 살다가 생애
를 마쳤다. 그래서 양주의 거사라고 하지만, 그의 본적 혹은 출생지가 형
양이었다고 하는 실증은 없다. 이미 서문에서 밝힌 것처럼, 아마도 방(龐)
이라고 하는 이 지방의 명족과 같은 성이었다고 하는 것에서, 그리고 그
의 아버지가 형양의 태수였다고 하는 통설에서 그를 형양 사람이라고 한
것이 아닐까 여겨진다. 그러나 형양에 살던 무렵의 행적에 관해서는 이
석두 선사(石頭禪師)와의 만남이 최초의 기록이어서, 그 이전의 일은 일체

알 수가 없다.

　또한 거사의 가계는 대대로 유학자(儒學者)를 배출한 집안이었지만, 그는 젊었을 무렵에 인생의 번민에 봉착하여 지고(至高)한 진실의 이치를 구하려고 뜻을 세웠다고 기술하고 있다. 이 역시 서문에서 거사의 집이 형양성의 남쪽에 있었으며, 거사는 그 집에 살지 않고 집 서쪽 위에 암자를 세우고 그 곳에서 불도수행에 힘썼다고 기술하고 있는 점과는 차이가 나지만, 이것은 진실한 이치를 구하기 위하여서 행한 방법이 어떠했는지를 설명한 것이라고 볼 수 있다. 그렇다면 거사는 암자에서 어떤 수행을 어느 정도로 했을까?

　거사의 발심동기에 관해서는 『조당집』권4에 다음과 같은 기술이 보인다. 처음 단하 스님이 방거사와 함께 과거를 보기 위하여 서울로 가는 도중에 어떤 행각승을 만나 차를 마시는데, 그 스님이 단하 스님에게 물었다.

　"수재(秀才)는 어디로 가시는 길입니까?"

　"과거를 보러 가는 길입니다."

　"참으로 공부가 아깝습니다. 어찌하여 부처를 뽑는 곳엔 가지 않습니까?"

　"부처를 어디서 뽑습니까?"

　"그렇다면 강서(江西)에 계시는 마조 대사에게 가십시오. 대사님이 지금 거기에 머물며 법을 설하시는데, 도를 깨달은 이가 이루 헤아릴 수 없습니다. 그 곳이 바로 부처를 뽑는 곳입니다."

　단하 스님과 방거사는 숙세로부터 근기가 수승한 사람들이었다. 때문에 바로 길을 떠나 마조 선사께 가서 예배하였다.

　이 『조당집』의 기술만으로는 거사가 그 때부터 발심을 했다고 단정하기는 어렵다. 다만 유학을 공부하고 과거에 응시하려고 가는 길에 행각승의 인도로 마조 스님을 친견한 후, 단하 스님은 그대로 출가를 했지만 거사는 다시 집으로 돌아온 것은 사실인 것 같다. 그리고 재가자로서 수행을 시작했다고 보는 것이 타당할 것 같다. 왜 거사는 단하 스님과는 다른 행보를 했을까? 어쩌면 그는 그 때 이미 결혼한 몸이었는지도 모른다. 때문에 가족을 버리고 출가한다는 것이 그에게는 용납되지 않았는지도 모를 일이다.

2) 일체의 존재와 상관하지 않는 자

　자기 집 서쪽 위에 암자를 세우고 거기서 혼자서 수행에 힘썼던 거사는 정원년(貞元年 : 785~798)의 초기에 석두 선사를 친견하기 위하여 길을 나선다. 연대를 계산해 보면, 거사가 수만 수레에 상당하는 재물을 배에 싣고 상강에 저어가서 그것을 전부 물 속에 가라앉혀 버린 그 즈음이라는 결론이 나온다. 재물을 강에 버린 것이 정원간이기 때문이다. 즉 "세상 사람들은 재물을 중하게 여기지만, 나는 순간의 고요함을 귀하게 여긴다. 재물은 사람의 마음을 어지럽히고, 고요함은 진여의 성품을 나타낸다."고 깨달은 거사는 자신의 모든 재물을 강물에 버리고 곧장 석두 선사에게로 달려간다.

　거사가 자신의 공부를 점검받기 위해서 먼저 찾아간 석두 선사(石頭禪師 : 700~790)는 법명이 희천(希遷)으로 처음에는 6조(六祖) 혜능 스님 문하

에서 참선을 하였다. 혜능 스님 입적 후 스님의 유명(遺命)에 의하여 청원
행사(青原行思 : ?~740) 밑에서 참선을 하여 법을 전해 받아, 소위 청원파
(青原派)의 제2세가 되었다. 그의 저서인『참동계(參同契)』는 짧긴 하지만,
격조 높은 선서로 이름나 있을 정도로 당시의 큰 선지식이었다.

　　거사는 이러한 석두 큰스님을 친견하자 바로 "일체의 존재와 상관하
지 않는 자〔不與萬法爲侶者〕, 그것은 어떤 사람입니까?" 하고 여쭈었다.
여기서 우리들은 당시에 이름 높은 선사였던 석두 스님을 친견하여 이
정도로까지 예리하고 고절한 질문을 할 수 있었다는 것은, 달리 말하자
면 독각자로서 그 나름의 진지한 수행이 쌓아진 결과라고 생각하지 않을
수 없다.

　　그렇다면 거사가 던진 의문인 '일체의 존재와 상관하지 않는 자' 란
무슨 뜻일까? 이것은 '일체의 존재와 같은 차원에 있지 않는 자' 라는 말
이다. 그러나 그것은 이것을 묻는 사람 자신이 먼저 존재자로서의 자기
를 완전히 초탈한 결과 찾아지는 것이어서, 어떠한 경우에 있어서도 절
대자 내지 초월자를 상정할 수 없는 것이다. 만약 그 절대자를 허락하면
그것은 또 새로운 존재자, 즉 만법 가운데 끼어드는 하나의 법밖에 되지
않기 때문이다.

　　석두 선사는 거사의 입을 막는 것에 의해서 일체 존재로부터의 차단
을 바로 보였다. 그러나 같은 물음에 대하여 본문의 '2-1'에서 보이듯이
마조 스님은 "자네가 저 서강(西江)의 물을 한 입에 다 마시고 나면, 그 때
그것을 자네에게 말해 주겠다."고 답하고 있다. 또한 조주 선사(趙州禪師 :
778~897)는 같은 물음을 어떤 스님으로부터 당하자마자 "비인(非人)" 하

고 답하고 있다. '사람이 아니다' 라는 말이다. '사람이 아닌 어떤 것(예를 들어 부처)인가' 라는 의미는 물론 아니다. 사람일 수 없는 그러한 것을 문제로 해서 무엇이 되는 것인가?라는 준열한 반문인 것이다.

3) 광덕 스님의 만법과 짝하지 않는 자

방거사가 처음으로 던진 "일체의 존재와 상관하지 않는 자, 그것은 어떤 사람입니까?"라는 이 물음은 후대에도 선 수행을 하는 많은 사람들에 의해서 질문되어 졌고, 또한 그 견해가 피력되었다. 근래에는 광덕 선사(光德禪師 : 1927~1999)가 스님의 설법집 『만법과 짝하지 않는 자』의 머리말에서 다음과 같이 쓰고 있다.

"미워하는 것이 무엇일까? 미워하는 자와 미움과 미움을 미워하는 자가 있다. 돌이켜보면 미움도 미워하는 자도 없는 것이다. 원래로 미워하는 자는 미워하는 자라고 할 수 없는 것이 아닌가. 미워하는 자는 미워하지 않는 자이다.

사랑한다는 것이 무엇일까? 거기에는 사랑하는 자와 사랑과 사랑받는 자가 있으나, 돌이켜보면 사랑하는 자는 사랑하지 않는 자다. 사랑하지 않는 자가 사랑하는 것이니, 결국 사랑하는 자는 사랑하지 않는 자이다.

미워하되 미워하지 않고 사랑하되 사랑하지 않는 자가, 사랑하고 미워한다. 사랑하지 않는 자가 사랑하고 미워하지 않는 자가 미워하니, 사랑도 미움도, 사랑도 미움이 아닌 것이다.

능히 사랑하고 미워하되 미워하지 않고 사랑하지 않는 자는 두 놈이 아니다. 그 놈이 그놈이다. 그는 있는 자로되 있는 자가 아니고, 없는 자로되 바로 있는 자이다. 온 우주를 삼키고 온 중생을 삼키고 온 불보살을 삼키고도 눈 깜짝하지 않으며, 우주로 호흡하고 중생으로 말하며 불보살로 활동한다. 거듭 말하지만 그가 그다. 우주도 중생도 불보살도 또 우주도 중생도 불보살도 아닌 자가 모두 함께 호흡하고 소리치고 무진활동을 전개하는 것이다.

이 모두와 함께하는 놈이 모두다. 우주와 중생과 불보살의 모두란 말이다. 한 호흡 한 맥박으로 산다. 그래서 만법은 만법이요, 한 법이요, 무법이요, 그래서 만법이다. 그러니 어디에 이 한 물건 아닌 자가 있다 할 것인가. 만법이 한 생명이요, 만상이 동일상이다. 만인 만 중생이 동일생명이다. 이래서 장 서방이 술 마시고 이 서방이 취한다. 중생이 고뇌할 때 보살은 함께 신음하고 괴로워한다. 모두가 동일자이기 때문이다. 도무지 있고 없는 만법이 절대체이며 동일성이며, 형상이 있고 없고 만상이 절대 동일상이다. 만상이며 절대상이며 동일상이란 말이다. 그러기에 이웃이 없고 벗이 없고 사랑할 남이 없고 미워할 남이 없고 주고받을 서로가 없다. 도무지 대(對)가 끊인 한 물건 동일자이기 때문이다.

이 동일자, 절대자가 본래자다. 본래의 만법이며 만상이다. 이루어지기 이전의 본래상이며, 천만 번 변해도 변치 않는 본래상이다. 원래가 그런 것이다. 우주가 열리기 이전에 그러했고, 천 번을 개벽해도 그러하고 다시 겁(劫)을 다한 미래에도 그러하다. 본래 이 한 물건밖에 딴 것이란 없기 때문이다. 딴 것이란 없는 본래의 한 물건, 이것을 무어라고 할까? 말을 여의고 생각을 여의었으니 이름도 말도 있을 수 없다. 그러나 이것이 영원한 현실이며 실상인 바에야 어쩌겠는가. 말을 하고 사유와 논리

로 무한성을 한정짓지만 그는 말도 이름도 아니다. 절대자, 무한자, 영원
자, 원만자, 자재자의 활동상이다.

이 동일자 원리에서 선(善)의 문이 열리고 자비의 체온과 활동이 흘러
난다. 모두와 함께 한 지극한 우정, 모든 생명을 키우는 뜨거운 사랑이
넘쳐나는 것이다. 아무도 대립된 자 없고, 아무도 남이란 없는 것이다.
무한자의 자재활동이 무한성을 가짐으로써 처처에 창조와 선과 평화와
환희를 꽃피우고 열매 맺는다.

이 도리는 본래의 것이며 원천적으로 불변의 것이며, 영원한 실존인
것을 기억하여야 할 것이다.

부처님의 가르침은 이 본래성에 눈뜨고, 아니면 본래성을 믿으며 본
래성을 열어 인간 모두의 진실상에서 눈매를 어지럽히지 않고 보아가는
것을 가르친다고 생각한다. 여기에는 만류 만인이 지극히 존엄할 뿐이
다. 영원 청정할 뿐이다. 무한 만능의 권능일 뿐이다. 무한 창조의 풍요가
너그러울 뿐이다. 무한 창조 원만성을 일체사 일체시에 개현하여 평화번
영의 국토와 역사를 열어간다는 말이다. 나는 다행히도 이 법문 중에서
약간의 믿음을 얻어 이 길을 걷고 있다."

4) 거사의 개안(開眼)

위에서 광덕 선사는 스스로 '일체의 존재와 상관하지 않는 자'라는
법문에서 불법에 대한 눈이 열렸다고 고백하고 있다. 방거사는 석두 선
사가 손으로 그의 입을 막음으로써 막힌 것 없이 밝게 깨달은 바가 있었
다. 지금까지 자신을 짓누르고 있었던 무거운 짐을 내려놓게 된 것이다.

수행을 하면서도 잘 보이지 않았던 부처님의 참 모습이 확연히 보이게 된 것이다. 이것을 선불교에서는 견성(見性)이라고 부른다. 자신의 성품을 아는 것이 아니라 분명하게 보았다는 말이다.

그런데 이 선수행(禪修行)을 통해서·깨달음을 얻기 위해서는 반드시 선지식의 지도와 점검이 필요하다. 지금 방거사의 경우에서 말하면 석두 선사의 입막음이 바로 점검이다. 그리고 이 점검은 줄탁동시(啐啄同時)가 가장 바람직하다. 병아리가 부화되려 할 때 알 속에서 쭉쭉 빠는 소리를 내는 그 순간에 어미닭이 병아리를 까려고 껍질을 정확하게 쪼듯이, 선 지식은 학인의 막힌 부분을 정확하게 간파하여 가장 적절한 대응을 해 주어야 하는 것이다. 그래서 참선 수행에는 눈 밝은 선지식의 힘이 절대 적으로 필요한 것이다.

그렇지만 요즈음 우리 불교계에는 그러한 선지식이 없다고 비평하고 한탄하는 말이 난무하고 있다. 심지어 결제기간조차 선 법문이 베풀어지는 곳이 드문 실정이다. 이러한 현실에서 어떻게 눈 밝은 수행자나 선객이 나올 수 있겠는가? 눈 밝은 스승이 없는 데서 눈 밝은 제자를 기대한다는 자체가 어불성설(語不成說)이기 때문이다. 그렇다고 해서 이러한 난국을 대처할 방법이 전혀 없느냐 하면 반드시 그렇지도 않다. 참선 수행자 스스로가 조사어록을 통해서 자신을 점검해 보는 것이다.

필자가 본 강설을 집필하고자 했던 이유 중에는 이 문제도 상당 부분 작용했다. 출가든 재가든 참선 수행자는 『방거사 어록』을 읽고 자신을 점검했으면 하는 염원이 있었기 때문이었다. 사실 『방거사 어록』은 다른 조사어록과는 내용면에서 차원을 달리하고 있다. 여타의 어록들은 선지식을 친견하여 법을 얻고, 이어서 제자들을 지도하는 법문이 주를 이루고 있다.

반면에 본 어록은 깨달음을 얻은 거사가 역시 깨달음을 얻었다고 평가되던 당대의 선지식과의 법거량이 주를 이루고 있다. 하수가 상수에게 배우는 법거량이 아니라, 동급의 선지식이 겨루는 법거량이다. 때문에 초심자에서 구참의 납자에 이르기까지 고르게 적용되는 선수행의 지침서라고 할 수 있다. 그러나 불행스럽게도 우리 주변에는 『금강경』은 고사하고 조사어록을 보는 것조차 백안시하는 선객들이 주류를 이루고 있다. 마치 좌선만 하고 있으면 모든 것이 해결된다는 터무니없는 과대망상에 빠져 있는 것이다. 조사스님들이 그렇게 열심히 조사어록을 편집했던 이유를 이 시대의 수행자들은 반드시 알아야 하지 않을까 생각된다.

1-2 일상생활이 바로 신통이고 묘용이다

一日에 石頭問曰, 子見老僧以來로 日用事作麼生고 士曰, 若問日用事인댄 卽無開口處이니다 頭曰, 知子恁麼일새 方始問子니라 士乃呈偈曰, 日用事無別이라 唯吾自偶諧로다 頭頭非取捨요 處處沒張乖로다 朱紫誰爲號요 丘山絶點埃로다 神通幷妙用이여 運水與搬柴로다 頭然之하다 曰, 子以緇耶아 素耶하니 士曰, 願從所慕이니다하고 遂不剃染하다

해석

어느 날 석두 스님이 거사에게 물었다.

"자네는 이 노승(老僧)을 만난 이후에 날마다 하고 있는 일이 대체 어떠한가?"

"나날의 일을 물으시면 입을 벌려 답할 것이라고는 아무 것도 없습니다."

"자네의 일상생활이 그와 같음을 내가 익히 알고 있기에 이렇게 묻는 것이 아닌가!"

이에 거사는 다음과 같은 게송을 한 수 지어 석두 스님께 바쳤다.

　　나날의 일은 무엇이라고 할 것이 없어

　　다만 스스로 슬금슬금 잘도 옮겨가는 구나.

　　어느 하나 가질 것도 버릴 것도 없어

　　어디에서 무엇을 하든 어긋남이 없네.

　　왕사니 국사니 누가 칭호를 붙였는가?

　　이 산중은 티끌 하나 없는 곳.

　　신통이니 묘용이니 무엇을 말하는가?

　　물 긷고 나무 나르는 일 바로 그것인 것을.

석두 스님은 고개를 끄덕이면서 물었다.

"그렇기는 하네만, 자네는 스님이 될 것인가 아니면 재가 수행자로 살아갈 것인가?"

이에 거사는 "원컨대 좋을 대로 하겠습니다."라고 대답했다. 그러나 그는 결국 스님이 되지는 않았다.

강설

1) 무소유의 삶

불법에 눈이 밝아진 거사는 석두 스님을 모시면서 한동안 수행을 계속한다. 그렇다고 선원에 앉아 좌선으로 하루하루를 보낸 것은 결코 아닐 것이다. 낮에는 채소밭을 가꾸기도 하고 땔나무를 나르기도 하면서 좌선을 병행했을 것이다. 이미 인간의 삶이 무엇인가를 터득한 그로서는 달리 취할 것도 버릴 것도 없는 무소유의 생활을 실천하고 있었을 것이다. 그러나 석두 스님의 입장에서는 거사의 그러한 생활이 조금은 안쓰러워 보였는지도 모른다. 우선은 가족을 거느린 가장이 절에서 잡일이나 하면서 수행만 한다는 것 자체가 걱정이 되었는지도 모를 일이다. 마침내 석두 스님은 거사에게 "자네는 이 노승(老僧)을 만난 이후에 날마다 하고 있는 일이 대체 어떠한가?"라고 물었다.

거사로서는 생각지도 못한 질문을 받은 것이다. 삶이라는 것에 특이한 무엇이 있는 것이 아니라, 이렇게 사는 것이 곧 삶이라는 스스로 조화의 생활에 자적해 있던 그에게 있어서는 새삼스러운 감이 일었던 것이다. 이에 거사는 "나날의 일을 물으시면 입을 벌려 답할 것이라고는 아무것도 없습니다."라고 대답을 멋들어지게 한다. 그러자 석두 스님은 이번에는 거사에게 지금의 깨달음의 경지를 말해보라고 추궁한다. 이에 거사는 너무나 유명한 "신통이니 묘용이니 무엇을 말하는가, 물 긷고 나무 나르는 일 바로 그것인 것을."이라는 게송으로 대답한다.

2) 물 긷고 나무 나르는 일이 신통이다

여기서 거사가 석두 스님에게 바친 게송을 자세히 살펴보자. 오언팔구(五言八句)로 되어 있는 이 게송의 첫 두 구는 "나날의 일은 무엇이라고 할 것이 없어(日用事無別), 다만 스스로 슬금슬금 잘도 옮겨가는 구나(唯吾自偶諧)."라고 읊고 있다. 나날의 일이란 말 그대로 우리들이 아침에 일어나서 세수하고 식사하는 것으로부터 시작하여 저녁에 잠자리에 드는 것까지의 그런 생활을 말한다. 특별히 그날의 수행상태를 염두에 둔 말은 결코 아니다. 그러한 일상생활에 특별한 일이 달리 없다는 것이다. 견성한 도인이라고 해서 혹은 대통령이라고 해서 대단한 삶이 있고, 이제 갓 수행을 시작한 학인이라고 해서 혹은 길거리의 거지라고 해서 시원찮은 삶이 있는 것이 아니라는 말이다. 사람들의 삶이란 그러한 속에서 스스로 슬금슬금 옮겨가는 것이다. 즉 흘러가는 것이다.

어떤 절대자가 있어서 너는 하루를 20시간으로 해서 살고, 그리고 자네는 하루를 25시간으로 해서 보내라는 것이 아니다. 모두가 하루를 24시간으로 해서 사는 것이다. 그런데도 우리들은 '자기만은 하루를 25시간으로 살아야 할 사람'이라고 뽐내고 으스댄다. 마치 인생에 정답이 있는 것처럼 생각하며 살고 있다. 소위 위대한 사람, 다른 사람들이 우러러보는 사람이 되어야 정답의 인생을 사는 것이라고 착각하고 있다. 그러나 인생에 정답은 없다. 만약 정치적으로 대통령이 정답의 인생을 산다고 하면, 나머지 국민들은 모두가 오답을 사는 것이 된다. 재벌의 총수가 정답의 인생이라고 가정하면 다른 모든 사람들은 오답의 인생이 된다. 그러나 그런 일은 있을 수 없다. 모두의 삶이 정답이다. 수행자의 삶도 정답이고, 막노동의 삶도 정답이다. 중요한 것은 우리들의 일상생활이 모두가 정답 속에서 다만 스스로 슬금슬금 흘러간다는 그 사실에 눈뜰 때, 비로소 '참된 자기'가 실현된다는 것이다.

두 번째의 두 구는 "어느 하나 가질 것도 버릴 것도 없어(頭頭非取捨), 어디에서 무엇을 하든 어긋남이 없다(處處沒張乖)."는 것이다. 원문의 두두(頭頭)는 낱낱의 모습이나 개별적인 사물을 말한다. 그 낱낱의 모습이나 일들은 버릴 것도 취할 것도 없을 뿐만 아니라, 무슨 일을 어디서 하든지 잘못 된 것이 없다는 말이다.

우리들이 일반적으로 말하는 선악(善惡)의 개념은 어느 곳 어느 때나 적용되는 진리가 아니다. 그것은 단지 인습이 만들어낸 기준일 뿐이다. 동양에서 말하는 선의 개념이 서양에서 반드시 선이 될 수는 없고, 반대로 서양에서 말하는 악이 동양에서 반드시 악이 되는 것은 아니다. 이것은 또한 시대상황에 따라서 변할 수 있다. 무더운 여름 날씨가 어떤 사람에게는 재앙이 될 수 있지만, 그 더위가 다른 사람에게는 큰 이익을 주는 경우도 있다. 그런데도 우리들은 어떤 상황이 자신에게 유리하면 취하려 하고, 그렇지 않으면 버리려 한다. 그러나 진리에서 보면 그러한 인간의 마음은 단지 욕심일 따름이다. 그 욕심을 버릴 때, 산은 산대로 강은 강대로 진리를 나타내고 있음을 알게 된다.

세 번째의 두 구는 "왕사니 국사니 누가 칭호를 붙였는가(朱紫誰爲號)?

이 산중은 티끌 하나 없는 곳(丘山絶點埃)."이라고 읊고 있다. 원문의 주자(朱紫)는 왕실에서 주의(朱衣)랑 자의(紫衣)를 하사하고, 무슨 선사라든가 무슨 대사라든가의 칭호를 하사받는 것으로, 그것은 내 알 바가 아니라는 것이다. 옛날로 치면 왕사니 국사니 하는 승려들이 받는 벼슬이 될 것이고, 요즈음으로 말하면 종정이니 방장이니 총무원장이니 하는 벼슬(?)이 될 것이다. 뿐만 아니라 근래에는 스님들 사이에 무슨 박사니 교수니 학장이니 총장이니 하는 명함이 있는 것이 출세한 것처럼 인구에 회자(膾炙)되기도 한다. 그러나 닭 벼슬보다 못하다는 스님들의 벼슬이 수행자에게 무슨 소용이 있더란 말인가? 수행자에게는 그 모든 것이 티끌이다. 번뇌의 온상이다. 수행자는 수행을 잘하면 그것으로 가장 잘 사는 것이다. 거기에 비로소 번뇌의 티끌이 제거되는 것이다.

마지막 두 구가 이 게송의 핵심을 이루는 부분으로 방거사 입멸 이후 1200여 년 동안 수많은 선사들이 찬탄하고 애송하던 것이다. 특히 송(宋)의 대표적 선사이며 간화선(看話禪)의 창시자인 대혜(大慧 : 1089~1163) 스님은 『서장(書狀)』에서 진소경(陳少卿)에게 보내는 두 번째 답서를 통하여 거사의 이 게송 전부를 인용하고 있다.

필자 역시 20대 초반 범어사 강원에서 『서장』을 배울 때, 이 구절을 대하고는 너무 황홀하여 잠을 이루지 못할 지경이었다. 출가할 때의 그 모든 삶에 대한 번민이나 인생에 관한 고뇌가 일시에 다 해결된 것 같은 기분이었다. 그리고 그 때의 그 감정이 40년이 가까워오는 지금까지 『방거사 어록』을 필자의 마음 한 구석에 줄곧 자리잡게 했는지도 모를 일이다. 여하튼 게송은 "신통이니 묘용이니 무엇을 말하는가(神通幷妙用)? 물 긷고 나무 나르는 일 바로 그것인 것을(運水與搬柴)." 하고 끝을 맺고 있다.

물을 긷고 나무를 나른다고 하는 일상의 생활 그것이 신통이고 묘한 작용이라는 말이다. 거사는 그러한 경지에 도달한 것이다. 거사는 일상의 영위가 그대로 도(道)의 현현(顯現)임을 스스로 체득한 것이다.

『혈맥론(血脈論)』에서 달마 조사는 "시작을 알 수 없는 먼 옛날부터 그대들이 일체의 시간과 일체의 장소에서 무엇을 하고 움직이는 그 모두는 그대들의 본심(本心)이고, 그것이 또한 그대들의 본래 부처다."라고 설하고 있다. 또한 마조 스님은 "지금 하는 일상생활과 인연 따라 중생을 이끌어주는 이 모든 것이 도이니, 도가 바로 법계(法界)이고 나아가서는 항하사만큼의 오묘한 작용까지도 이 법계를 벗어나지 않는다."라고 말하고 있다. 두 조사 스님들의 말이 방거사가 물이나 나무를 나르는 한평생의 소행이 그대로 부처의 소행이라는 것을 말하고 있음은 두말할 필요도 없다.

『임제록』에는 "어디에도 매이지 않는 무의도인(無依道人)은 속박할 수 없다. 비록 오온의 번뇌로 이루어진 몸이지만, 바로 이것이 땅으로 걸어다니는 신통〔地行神通〕이다."라는 임제 선사의 말씀이 있다. 육신이 땅위로 걸어다니는 것이 신통이라는 말이다. 밥을 먹고 소화를 시키는 작용도 신통이고, 더러워진 그릇을 씻으면 깨끗해지는 것도 신통이다. 새가 하늘을 나는 것도 신통이고, 물고기가 헤엄치는 것도 신통이다. 그런데도 우리들은 새가 하늘을 날아다니는 것을 대수롭지 않은 일로 여기면서도 사람이 한 자만 공중부양해도 신통을 부렸다고 야단이다. 이 때문에 수행하여 견성을 하면 무엇인가 신통 같은 기특한 것이 얻어진다고 착각하고 있다. 수행하여 견성을 하면 하늘에서 별을 따는 그 무엇이 있다는 착각 속에서 살고 있다. 이미 신통과 묘용을 부리면서 살고 있는데도 불구하고 그 사실을 눈치 채지 못하기 때문이다. 거사의 마지막 말이 우리들의 이 미망심을 완전히 날려버린다.

3) 수행자와 명예욕

위에서 우리들은 방거사가 스스로 증득한 깨달음의 경지인 '일상생활이 바로 신통이고 신묘한 작용' 이라는 게송을 살펴보았다. 이 게송을 듣고 석두 스님은 "자네는 스님이 될 것인가, 아니면 재가 수행자로 살아갈 것인가?" 라고 물었다. 그러나 거사는 "제가 알아서 하겠습니다." 라고 대답했지만, 그는 결국 출가하지는 않았다.

원문에 있는 치야소야(緇耶素耶)는 "검은 옷을 입을 것인가, 흰 옷을 입을 것인가? 승려가 될 것인가, 재야의 속인으로 살 것인가?' 라는 말이다. 유래는 『유마경』 「방편품」에 유마 거사를 일러 "백의(白衣)이긴 했지만, 사문의 청정한 율행(律行)을 봉지하고 있었다." 는 경문이다. 즉 백의는 승려에 대한 재가의 속인을 가리키게 된 것이다.

그렇다면 그는 왜 출가하여 승려가 되지 않았을까? 그 이유에 관하여서는 누구에게도 말하지 않았다. 분명한 것은 그가 처자를 버리고 출가하는 일을 택하지 않았다는 사실이다. 어쩌면 『유마경』에 보이는 것처럼, '발보리심(發菩提心)이 즉시 출가' 인 것을 몸소 행하였는지도 모른다. 아니면 처자권속을 버리고 출가하는 것이 가장으로서의 책임회피이고, 동시에 그것은 자신의 깨달음인 '물을 긷고 나무를 나른다고 하는 일상의 생활 그것이 신통이고 묘한 작용' 이라는 것에 대한 확신이었는지도 모를 일이다.

　필자는 그 이유를 "왕사니 국사니 누가 칭호를 붙였는가? 이 산중은 티끌 하나 없는 곳."이라 읊고 있는 데서 찾고 싶다. 서문에서 거사의 부인이 그를 '어리석고 우둔한 사람'이라고 평하고 있는 것처럼, 거사는 불법을 만난 이후로 오직 진실한 도를 구할 뿐 일체의 권위나 명예에는 관심이 없었다. 아니 그러한 것을 백안시했다는 것이 맞는 표현인지도 모르겠다. 견성한 큰스님으로서 대중에게 군림하는 그 자체가 불법과는 거리가 먼 것이라 여겼는지도 모를 일이다.

　그런데 지금 우리들의 현실은 어떠한가? 인간이 끝없이 추구하는 욕망을 다섯 가지로 대별하여 설명하는 것이 불교의 입장이다. 재물에 대한 욕망, 이성에 대한 욕망, 음식에 대한 욕망, 명예를 추구하는 욕망, 수면에 대한 욕망이 그것이다. 이 가운데 우리들을 가장 당혹스럽게 만드는 것이 네 번째의 명예에 관한 욕망이다. 권력욕이라고도 말할 수 있는 이 욕망은 자질과 능력의 유무는 차치하고 지위만 탐내는 마음으로 종종 대의명분을 앞세워 자신을 길들이고 대중에게 접근해 간다. 나머지 넷은 눈에 보이는 것인 데 반해, 이 명예욕은 은밀하게 숨어서 작용하기 때문에 다른 사람뿐만 아니라 자기 자신까지도 속이려 들기 일쑤다. 이 명예욕은 마치 먹어도 먹어도 배고파하는 아귀처럼 만족할 줄 모르는 속성을 지니고 있다. 때문에 위정자나 한 사회의 지도자가 이 욕망에 한 번 걸려들기만 하면 사회의 구성원은 말할 것도 없고 마침내 자신도 파멸의 길을 걸을 수밖에 없게 된다.

　옛 우리말에 "불공에는 뜻이 없고 잿밥만 탐한다."는 것이 있다. 다분히 본질이나 명분을 앞세워 물질만을 탐하는 무리들을 빗대어 한 말이겠지만, 본래 의미와는 달리 이 말이 승려들의 권력다툼을 잿밥싸움으로 비춰지게 하곤 한다. 그러나 승려들 간의 분규의 본질을 살펴보면 거기에는 명예욕이 전부를 점하고 있다고 해도 과언이 아니다. 처자권속이 없는 나이 연만한, 스스로 수행자를 자처하는 스님들이 무슨 재산을 탐내어 백주 대낮에 난투극을 벌이겠는가.

이유가 있다면 일부 권승(權僧)들의 어떤 지위에 오르고 싶다는 명예욕이고, 그것 또한 자신이 그 지위에 오르면 사찰이나 종단을 가장 모범적으로 운영할 수 있다는 자기기만의 결과라 할 수 있다. 무슨 까닭에 수행자를 자처하는 스님들이 본사주지나 종회의원이 되기 위하여 유권자를 돈으로 매수하고, 무슨 이유로 교수가 되기 위하여 돈다발을 들고 다니며, 무슨 원장 무슨 의원으로 피선되기 위하여 손상좌 같은 스님들에게 돈 봉투를 내밀겠는가? 모두가 명예욕에 눈이 멀었기 때문이다.

그렇다고 재가불자라고 예외인가. 기도하고 법문 들으면서 불법을 공부하기 위해서 절에 와서는 신도회장이나 무슨 장을 서로 하려고 파당을 만들어 분탕질을 일삼기도 한다. 역시 명예욕 때문이다. 그러면서 자신은 재가의 수행자라고 뽐낸다. 그러나 분명한 것은 욕망이라는 속박에서 해방되지 않는 한 깨달음은 없다는 사실이다. 욕망이 어디 물질이나 이성에 한한 것인가. 물질적·감각적 욕망보다 더 무서운 것이 권력욕이고 명예욕이다. 그것은 필경 자타(自他)를 함께 질곡의 나락으로 떨어뜨리기 때문이다. 방거사는 명예욕이라는 허상의 아귀에게 자신을 맡기지 않았던 것이다.

2. 마조(馬祖)와의 대화

2-1 서강의 물을 한 입에 다 마셔라

居士後之江西하여 參馬祖大師하고 問曰, 不與萬法爲侶者는 是什
麼人이닛고 祖曰, 待汝一口吸盡西江水하면 即向汝道하리라 士於言
下에 頓領玄旨하고 遂呈偈하니 有心空及第之句하다 乃留駐參承二
載하니 有偈曰, 有男不婚하고 有女不嫁로다 大家團圞頭에 共說無
生話로다

해석

　그 뒤 거사는 강서(江西)로 가서 마조 대사를 참견(參見)하고 여쭈었다.
　"일체의 존재와 상관하지 않는 자, 그것은 어떤 사람입니까?"
　"자네가 저 서강(西江)의 물을 한 입에 다 마시고 나면, 그 때 그것을
자네에게 말해 주겠다."
　이에 거사는 마조 스님의 말이 끝나자마자 홀연히 불법의 현묘한 이
치를 깨달았다. 그래서 그 자리에서 마조 스님에게 바친 게송에 '마음이
공하니 급제라' 는 글귀가 있다. 그 후 마조 스님 밑에 2년간 머물며 가르
침을 받았는데, 그 당시에 읊은 것으로 "아들은 있어도 장가들지 않고,
딸은 있어도 시집가지 않는다. 온 집안이 화목하게 부처님의 진리를 서
로 얘기한다." 는 게송이 있다.

강설

1) 서강의 물을 한 입에 다 마셔라

거사는 어느 날 석두 스님을 하직하고 마조 대사(馬祖大師)를 찾아간다. 마조 스님은 법명이 도일(道一 : 709~788)이며 중국 선종의 거봉(巨峰)이다. 남악회양(南嶽懷讓 : 677~744) 선사에게 가서 선을 익혀 심인(心印)을 받고 선사의 법을 이었는데, 보기에 따라서는 선종은 실질적으로 마조 스님으로부터 확립되었다고 할 수 있다. 규봉종밀(圭峰宗密 : 780~841) 스님은 마조 스님의 선종을 홍주종(洪州宗)이라 부르고 있지만, 선종사에서는 조계 적통의 3세로 하고 있다.

거사는 마조 스님을 참견하자 바로 "일체의 존재와 상관하지 않는 자, 그것은 어떤 사람입니까?"라고 여쭈었다. 석두 선사를 친견했을 때와 같은 질문이다. 거사가 왜 석두 스님을 하직하고 마조 스님을 찾아가서 같은 질문을 하고 있을까? 혹시 석두 스님 밑에서의 깨달음에 미진함이 있었을까? 물론 이러한 의심에 무리가 있는 것은 아닐 것 같다.

왜냐하면 석두 스님이 거사의 입을 틀어막았을 때는, 그의 심정을 "막힌 것 없이 밝게 깨달은 바가 있었다."고 기술하고 있는 데 반해, 마조 스님의 언하에서는 그가 "홀연히 불법의 현묘한 이치를 깨달았다."고 하여 표현상 조금의 차이가 있기 때문이다. 이를 두고 후세의 선가(禪家)에서는 거사가 석두 스님에게서 깨달은 것은 여래선(如來禪)이고, 마조 스님에게서 깨달은 것은 조사선(祖師禪)이라고 말하고 있다.

여기서 말하는 여래선과 조사선의 관계가 처음으로 나타난 것은 앙산(仰山 : 807~883) 스님에 의해서인데,『전등록』권11 앙산혜적 편에는 그 전후 사정을 이렇게 밝히고 있다.

앙산 스님이 동문인 향엄(香嚴 : ?~898) 스님에게 "아우님의 요사이 보는 경지가 어떠하오?"라고 물으니, 향엄 스님이 "제가 갑자기 말하려니 할 수가 없습니다." 하고는 게송을 하나 바쳤다.

작년의 가난함은 가난함이 아니요〔去年貧未是貧〕
금년의 가난함이 참으로 가난함이라.〔今年貧始是貧〕
작년에는 송곳 하나 꽂을 자리가 없더니〔去年貧無卓錐之地〕
금년에는 송곳마저 없도다.〔今年貧錐也無〕

앙산 스님이 이 게송을 보고 "그대는 여래선만을 얻었을 뿐, 조사선은 아직 얻지 못했다."고 말했다.

즉 후세의 선가에서는 거사의 깨달음에 우열의 차이가 있었음을 보이고 있다. 그러나『금강경』에는 "아뇩다라삼먁삼보리라고 이름할 만한 결정적인 법이 없으며, 또한 여래가 설하였다 할 고정된 법도 없다."고 설하고 있다. 깨달음에 한 가지만 있는 것이 아니라는 말이다. 거사가 석두 스님 밑에서 깨달은 내용과 마조 스님 밑에서 깨달은 내용에 차이가 있을 수 있지만 우열은 있을 수 없다고 말할 수 있다. 이것은 석두 스님께 바친 게송과 마조 스님께 바친 게송을 비교해 봐도 어느 정도 이해할 수가 있다.

하여튼 거사는 질문을 했고, 이에 마조 대사는 "자네가 저 서강(西江)

의 물을 한 입에 다 마시고 나면〔一口吸盡西江水〕, 그 때 그것을 자네에게
말해 주겠다."고 대답을 했다. 그런데 거사는 마조 스님의 말이 끝나자마
자 홀연히 불법의 현묘한 이치를 깨달았다. 이 '서강의 물을 한 입에 다
마셔라' 라는 것은 옛날부터 무척 유명한 말이다. 따라서 후에 선가에서
는 가지가지로 해설이 가해졌다. 거사가 어떤 연유에서 이 말 아래서 '홀
연히 불법의 현묘한 이치를 깨달았〔頓領玄旨〕을까' 하는 점이다. 필자 역
시 이 점에 관하여 나름대로의 견처(見處)를 피력하고자 한다.

2) 동일생명(同一生命)

　『벽암록(碧巖錄)』 제53칙의 본칙은 이렇게 되어 있다.

　백장 스님이 마조 스님을 모시고 길을 가다가 들오리 떼가 날아가는
것을 보았는데, 마조 스님께서 오리 떼를 가리키며 물으셨다.

　"저것이 무엇이냐?"

　"들오리입니다."

　"어디로 가느냐?"

　"벌써 날아가버렸습니다."

　마조 스님께서 갑자기 머리를 돌려 백장 스님의 코를 한 번 비틀자 아
픔을 참느라고 소리를 질렀다. 이에 마조 스님께서 말씀하셨다.

　"뭣이라고, 날아가버렸다고?"

　『벽암록』의 본칙은 여기서 끝나고 있지만, 이 본칙의 근거가 되어 있
는 『사가어록(四家語錄)』의 백장어록에는 "백장 스님은 마조 스님의 그
말 끝에 바로 깨달았다."라고 기록하고 있다. 문제는 마조 스님과 백장

스님이 같이 길을 가다가 날아가는 들오리 떼를 보았는데, 마조 스님인들 들오리임을 왜 몰랐을까? 그렇다면 무엇 때문에 그렇게 물었을까? 하는 점이다. 과연 마조 스님의 의도가 어디에 있었을까? 백장 스님은 오로지 그의 뒤를 따라 걸었을 뿐이다. 마조 스님이 마침내 그의 코를 비틀자 그는 고통을 참지 못하고 소리를 지르니, 마조 스님이 말했다.

"뭐라고, 날아가버렸다고?"

이에 백장 스님은 단박에 깨달았다. 언하에 깨닫게 된 것이다. 이 짧은 대화와 한 번 코를 비튼 속에서 백장 스님은 무엇을 보았기에 깨달음을 얻을 수 있었는가?

위의 의문을 가지고 다시 방거사를 깨닫게 하는 마조 스님의 대답을 살펴보자. 거사는 자신이 가지고 있는 의문점을 "일체의 존재와 상관하지 않는 자, 그것은 어떤 사람입니까?"라고 여쭈었다. 이에 마조 스님은 "자네가 저 서강의 물을 한 입에 다 마시고 나면, 그 때 그것을 자네에게 말해 주겠다."고 대답했다. 이에 거사는 백장 스님처럼 언하에 깨닫게 되었다. 즉 거사는 한 입에 서강의 물을 다 마셔버린 것이다. 문제는 거사가 어떻게 한 입에 서강의 물을 다 마실 수 있었는가 하는 점이다. 서강의 물은 한없이 많고, 그의 입은 한 잔의 물을 겨우 마실 수 있는 크기다. 이론상으론 도저히 불가능한 일이다. 때문에 후대의 선가에서 가지가지로 해설이 가해졌다.

이제 다시 『벽암록』의 '마조의 들오리'로 되돌아가서 궁구해보자. 들오리가 어디로 날아가느냐는 마조 스님의 물음에 백장 스님은 '벌써 없어졌다'고 대답했다. 그러자 마조 스님은 그의 코를 비틀고, 그가 "아야!" 하는 소리를 지르자 "뭣이라고, 날아가버렸다고?"라고 호통을 친다. 이에 그는 깨달았다.

백장 스님의 입장에서는 조금 전 보이던 오리가 날아가버렸기에 이젠 없어졌다. 그러나 마조 스님의 분상에서는 오리와 자신과 백장 스님이 동일체였다. 백장 스님의 입에서 나온 "아야!" 하는 소리는 오리가 내는 소리였다. 즉 "뭣이라고, 날아가버렸다고?" 하는 호통은 "이놈아, 이렇게 오리가 분명히 여기 이렇게 있거늘 어떻게 없어졌다고 하느냐?" 하는 법문이다.

이 마조 스님의 법문에 백장 스님은 바로 자신과 오리가 둘이 아님을 보았다. 아니 삼라만상과 자신이 둘이 아니고, 자신이 그렇게 찾던 불법과 자기가 둘이 아니며, 부처님과 자신이 같은 생명임을 철견했다. 일체가 동일생명임을 안 것〔知性〕이 아니라, 자신의 성품과 부처의 성품이 같은 생명임을 본 것〔見性〕이다. 마조 스님은 그렇게 백장 스님을 깨달음으로 인도했다.

방거사도 마찬가지였다. 서강의 물을 한 입에 다 마시기 위해서는 자신과 서강의 물이 동일체가 되어야 했다. 천지가 분리되기 이전의 소식을 본 것이다. 일체의 대립과 상대가 끊어진 자리를 본 것이다. 거기에는 '일체의 존재와 상관하지 않는 자'가 있을 수 없었다. 있는 것이란 불신(佛身)이 충만한 진리의 세계뿐이었다. 『임간록(林間錄)』에는 두순(杜順) 스님의 법신송(法身頌)을 이렇게 소개하고 있다.

회주의 소가 벼이삭을 먹는데〔懷州牛喫禾〕

익주의 말이 배가 부르네〔益州馬腹脹〕

천하의 명의를 찾아갔더니〔天下覓醫人〕

돼지 왼쪽 허벅지를 뜸질하라 하더군.〔灸猪左膊上〕

마조 스님은 한 구절의 대답으로 거사에게 이러한 일체가 동일생명
의 진리임을 보여주었고, 거사 또한 그것을 분명히 본 것이다.

3) 마음이 공하니 급제라

마조 스님의 곡진하신 말 아래서 깨달음을 증득한 거사는 이른바 오
도송(悟道頌)을 써서 스님에게 바친다. 거사의 전기를 실은 가장 오래된
문헌인 『조당집』 권15에는, 그 때 그가 붓과 벼루를 빌려서 쓴 게송의 전
문을 이렇게 전하고 있다.

시방의 모든 납자 함께 모여서〔十方同聚會〕

모두가 함이 없는 도를 배우니〔個個學無爲〕

이곳은 부처 뽑는 과거장이라〔此是選佛場〕

마음이 공하니 급제하더라.〔心空及第歸〕

"시방으로부터 많은 수행자가 모여서 함께 도를 구하고자 하는데, 그
것은 곧 제각기 함이 없는 이치〔無爲〕를 배우는 것이다. 이곳이야말로 부
처를 뽑는 과거장〔選佛場〕이다. 지금 나는 마음을 공(空)으로 한 것에서

합격의 영광을 얻었다."는 말이다. 즉 그는 일체가 동일생명이라는 진리를 보았는데, 그 동일생명이라는 진리는 일체가 공이라는 사실을 체득함에 의해서 이루어졌다는 고백이다. 공의 체득에 의해서 자연스럽게 동일생명을 증득했다는 것이다.

그렇다면 거사가 체득했다는 공이란 무엇인가? 참으로 난해한 문제가 아닐 수 없다. 그러나 이 공사상(空思想)을 이해하지 못하고는 불법진리에 한 발자국도 다가설 수 없는 것이 또한 사실이다. 때문에 필자의 좁은 소견을 여기에 부연해야 할 것 같다.

4) 공의 일반적 개념

공(空)이란 산스크리트어 슈냐(śūnya)를 번역한 말이다. 공의 산스크리트어인 슈냐는 수학(數學)의 0(零·zero)을 의미하는 말이기 때문에, 공에는 무(無)의 의미가 내포되어 있다. 따라서 공이란 일체의 현상적 존재는 '없다' 라는 의미를 가지고 있고, 모든 형태로 생각되고 예상되는 일체의 실체적인 것을 모두 부정하는 것이라고 생각할 수도 있다. 좀 더 쉽게 말하면 일체의 현상적 존재는 본래 '없다' 는 것이 공을 규정하는 말이 된다고 할 수 있다.

그러나 여기에서 분명히 하지 않으면 안 될 것은 공(空)이 일체의 실체적인 것을 부정한다고 해서, 이것을 일종의 허무(虛無)와 같은 것으로 생각해서는 안 된다는 점이다. 공은 분명히 세상에서 말하는 허무와는 차원을 달리하며, 절망을 부르짖는 것이 결코 아니다. 반야불교의 핵심인 공은 단순한 부정이 아니다. 공은 부정만으로 그치지 않고 절대적인 긍정으로 전향된다. 다시 말하면 부정이 부정으로서 끝나는 한 그것은 우리들에게 아무 것도 줄 수가 없다. 거기에는 오직 정지(靜止)가 있을 뿐이며, 판단의 단절과 침묵이 있을 따름이다. 그러나 반야의 공은 우리들에게 모든 집착을 던진 진정한 자유와 해방을 가져다준다. 왜 그러한가?

'공이란 없다' 는 의미를 가지고 있다고 해서, 이것을 '있다(有)' 와 '없다(無)' 라는 두 측면에서 생각하여 '있다(有)' 의 반대개념인 '없다(無)' 라는 것을 가지고 공(空)을 파악해서는 안 된다. 공의 개념을 파악함에 있어서 우리들이 봉착하게 되는 일차적인 어려움이 바로 여기에 있다.

가령 필자는 지금 책상 위에 놓여있는 컴퓨터를 이용하여 이 글을 쓰고 있다. 따라서 내 방에는 컴퓨터가 있고, 내 방을 방문하는 사람은 컴퓨터가 있음을 기억하게 된다. 며칠 뒤 내가 컴퓨터를 다른 곳으로 옮긴 후, 그 사람이 다시 내 방을 찾아왔다면 그는 필시 컴퓨터가 없다고 생각할 것이다. 그 사람은 컴퓨터라는 존재를 상정해 두고 거기에 대해서 보이면 있다고 하고 보이지 않으면 없다고 한다. 그렇다고 해서 그 사람이 '컴퓨터가 없음이 있다' 라고 말하지도 않을 것이다. 만약 그 사람이 '컴퓨터가 없음이 있다' 는 등의 '무(無)' 를 마음에 떠올렸다고 한다면 그것은 무(無)를 일종의 유(有)로 취급하고 있는 것이어서 무(無)가 의미하는 본래의 성격과는 맞지 않게 된다. 왜냐하면 없다(無)는 있다(有)는 것과 모순되는 개념이기 때문이다.

그러나 만약 같은 날 내 방을 방문한 사람이라 할지라도 내가 컴퓨터를 다른 곳으로 옮긴 후에 찾아온 사람이라면 어떻게 될까? 그는 컴퓨터에 관해선 그 자체를 연상할 수 없기 때문에 거기에는 있다와 없다는 생각이 없을 것이다. 따라서 먼저 왔던 사람이 '이 방에 컴퓨터가 없다' 고 하면, 그는 필시 '본래 없는 컴퓨터를 무엇 때문에 끄집어내어 없다고 말하는가?' 하고 의아해 할 것이다. 이렇게 우리들은 매사에 어떤 존재를 설정해 두고 그것을 붙잡고 유무(有無)를 따지고, 그래서 생각으로 붙잡고 있는 그 존재가 인식되면 '있다' 고 하고 인식되지 않으면 '없다' 고 말한다. 그렇지만 지금 살펴본 것처럼 붙잡고 있는 어떤 존재가 없을 때는 있다 없다 하는 관념이 생기지 않는 상태에 놓이게 되는데, 이때에도 우리들은 '없다' 라고 말한다. 이 있다, 없다는 관념이 있을 수 없는 상태의 없음을 '공(空)' 이라 한다.

여기서 우리들은 언어(言語)의 허구성을 발견하게 된다. 같은 '없다' 라는 표현이지만 어떤 존재를 붙잡고 그 유무를 따져 없다고 하는가 하면, 존재의 관념이 끊어진 상태도 없다고 말하는 것이다. 이러한 언어의 허구성 속에서 우리들은 일상생활을 통해서 일체의 존재를 유무(有無)의 상태로만 받아들이고, 따라서 유무를 초월한 세계를 쉽게 경험할 수 없기 때문에 '없다' 고 하면 유(有)의 반대개념인 무(無)만을 생각한다.

여기에 무(無)인 공(空)을 취급하는 어려움이 있다. 무를 논의하는 이상, 어떤 의미에서든 그 존재성을 인정하지 않으면 안 되는 것이지만, 그러나 무는 존재하는 것을 거부하는 것이다. 다시 말하면 '없다는 것' 과 '있다는 것' 은 서로 간에 대립되는 개념이지만, 그렇다고 해서 무(無)를 유(有)와 같은 차원에서 대립시킨다면 그 무(無)는 일종의 유(有)가 되고 말아서, 무(無)가 가지고 있는 본래의 의미가 상실되어 버리는 것이다. 즉 유(有)는 개념화할 수가 있지만, 무(無)는 개념화할 수 없는 것이다.

우리들이 공(空)에 관해서 말할 때도 마찬가지의 문제에 봉착하게 된다. 즉 우리들이 공을 논의하면서 '공(空)은 공이라는 것이 있다, 공은 결코 허무를 의미하는 것은 아니다' 라고 해석하여 '있다(有)'와 '없다(無)'라는 두 측면에서 생각하려고 한다. 그러나 위에서 지적한 것처럼 확실히 공은 허무는 아니지만, 그렇다고 일종의 유(有)일 수도 없다. 따라서 공이라는 것은 유와 무라는 개념에서는 파악될 수 없는 것이고, 공의 입장에서 존재는 '유라고도 무라고도 말할 수 없는 어떤 것'이라고 할 수 있다.

이 공은 궁극적으로 존재의 본성을 말한다. 이 까닭에 모든 존재의 본성이 공이라는 입장에서 공이라는 말 대신 공성(空性·śūnyata)이라는 말을 사용하기도 한다. 이 공성 안에서는 부처님도 공이고, 사람도 공이고, 삼라만상이 공이다. 따라서 공성 속에서 일체가 한 몸이 된다. 방거사는 이 소식을 증득하고는 마조 스님 밑에서 2년간 머물며 가르침을 받았다. 그 당시에 거사는 "아들은 있어도 장가들지 않고, 딸은 있어도 시집가지 않는다. 온 집안이 화목하게 부처님의 진리를 서로 얘기한다〔共說無生話〕."고 읊고 있다. 원문인 무생(無生)이 곧 공이다. 일체 모든 것은 공이기 때문에 본래 남도 없고 멸도 없는 것이다. 눈에 보이는 삼라만상은 다만 인연에 의해서 임시로 생멸의 상을 취함에 지나지 않는 것이다. 거사의 가족들은 그렇게 살았다.

2-2 역력한 본래인(本來人)

士一日에 又問祖曰, 不昧本來人이니 請師高着眼하소서 祖直下覷하
다 士曰, 一等沒絃琴이니 惟師彈得妙하시다 祖直上覷하다 士禮拜하
자 祖歸方丈하니 士隨後曰, 適來弄巧成拙이니다

해석

어느 날 거사가 또 마조 스님에게 말씀드렸다.

"역력한 본래인〔不昧本來人〕으로서 원합니다. 무엇인가 높이 착안해
주십시오."

이에 마조 스님은 바로 아래를 보았다. 거사가 말했다.

"똑같은 줄이 없는 거문고를 오직 큰스님만이 훌륭하게 연주하십니
다."

그러자 이번에는 마조 스님께서 바로 위를 보았다. 이에 거사가 공손
하게 절을 하니, 마조 스님은 얼른 방장실로 돌아가 버렸다. 거사는 얼른
뒤집어 씌워 말했다.

"아까는 멋들어지게 하려 하다 보니 바보짓을 저지르고 말았습니
다."

강설

1) 마조 스님과의 실전(實戰)

삶은 행동하는 것이다. 숨을 쉬는 것으로부터 사지(四肢)를 움직이고 말을 하는 등의 모든 행위를 합해서 삶이라고 한다. 만약 그 행동이 멈춘다면 그것이 바로 죽음이다. 석두 스님으로부터 '물 긷고 나무 나르는 일이 바로 신통이고 미묘한 작용'임을 깨닫고, 다시 마조 스님으로부터 '삼라만상이 동일생명'임을 조견(照見)한 거사는 자신의 살림살이를 확인하고 싶었다. 자신의 삶을 행동화하고 싶었다. 그래서 거사는 어느 날 마조 스님에게 "역력한 본래인[不昧本來人]으로서 원합니다. 무엇인가 높이 착안해 주십시오."라고 말씀을 드린다. 스승에 대한 도전이다.

'역력한 본래인'이란 명명백백하게 여기에 현전해 있는 근원적 주체자라는 뜻으로, 소소영령하게 물건을 보고 소리를 들으며 일체를 인식하는 인간 그 자체를 말한다. 그러나 이 본래인은 구해서 얻어지는 것이 아니라, 인간의 본성에 본래적으로 갖추어져 있는 불성으로서의 생명이다. 임제(臨濟 : ?~867) 스님은 무위진인(無位眞人)이라 표현하여, "붉은 몸뚱이에 한 사람의 무위진인이 있어서, 항상 그대들의 얼굴을 통해서 출입한다."라고 설하고 있다. 거사는 자신을 역력한 본래인이라 말하면서 마조 스님에게 도전의 첫 장을 내었다. 자진해서 싸움을 걸어 싸움터로 나아가고 있는 것이다.

도전의 둘째 장은 '무엇인가 높이 착안해 주십시오.'라는 말이다. 스승 마조 스님의 본래인을 검증하려고 한 것이다. 거사는 여기서 스님의 본래인을 보여 달라는 말을 쓰지 않고 느닷없이 '높이 착안하라'고 지정하고 있다. 이 표현이야말로 그의 자신감에 가득 찬 예리한 면이라 할 수 있다. 임제 스님도 '역력한 본래인은 항상 그대들의 얼굴을 통해서 출입한다.'고 설하고 있는 것처럼, 마조 스님의 본래인이라고 해서 다른 특별한 높고 낮음이나 가감을 할 필요가 있을 턱이 없음을 거사는 깨닫고 있기 때문이다.

2) 거사의 퇴각(退却)

그러나 마조성(馬祖城)은 역시 견고했다. 철통 같은 경비와 물샐 틈 없는 성곽은 적장의 기세를 완전히 눌러버린다. 거사의 공격에 마조 스님은 아무 말도 없이, 앉은 채 바로 아래를 보았다. 마조 스님이 역공을 한 것이다. 거사가 초보운전임에도 불구하고 지나친 용기로 과속을 하다가 사고 내는 것을 막기 위해서였다. 그러나 이 행동 또한 마조 스님으로서는 극히 자연스럽게 상대방의 근기에 맞춘 것일 뿐이다. 이에 거사는 "똑같은 줄이 없는 거문고를 오직 큰스님만이 훌륭하게 연주하십니다."라고 항복의 의사를 전한다.

몰현금(沒絃琴 ; 현이 없는 거문고)이라는 말은 무공저(無孔笛 ; 구멍이 없는 피리)와 함께 선가에서 많이 쓰는 용어이다. 그러나 몰현금이라는 말은 도연명(陶淵明)의 고사에서 유래하고 있다. 그는 거문고를 한 개 가지고 있었는데, 거기에는 현도 굄목도 붙어있지 않았다. 친구들과 더불어 주연(酒宴) 같은 것이 있을 때면, 그는 그것을 들고 나와 손가락을 놀리면서 "다만 거문고의 분위기만 알면 되지, 왜 줄을 튕겨 소리를 내어 번거

롭게 하는가?"라고 했다고 한다. 소리 없는 소리를 마음으로 듣고 기뻐한 것이다. 그렇지만 선가에서는 구멍 없는 피리를 불 수 없고 현이 없는 거문고를 연주할 수 없듯이, 일체의 상대적인 생각을 초월한 곳에 존재하는 절대적인 경지 그 자체나 그러한 깨달음의 경지는 생각으로 그려내거나 말로 표현할 수 없음을 비유해서 사용하고 있다.

거사는 '자신도 똑같은 몰현금은 가지고 있지만' 하는 속내를 가지고, '오직 큰스님만이 훌륭하게 연주하십니다.' 라고 찬사를 보내고 있다. 따라서 이때까지는 사실은 조금 전의 전쟁상태가 조금은 남아있는 것을 표현하고 있다.

그러나 마조 스님은 거사의 찬탄이 끝나자마자 바로 위를 봄으로써 전쟁을 완전히 끝내버린다. 이에 거사가 항복의 절을 공손하게 하니, 마조 스님은 항복문서도 받지 않고 얼른 방장실로 돌아가 버렸다. 그렇지만 거사로서는 항복문서를 드려야 했다.

그래서 "아까는 멋들어지게 하려하다 보니 바보짓을 저지르고 말았습니다."라고 고백한다. "아까는 모양 좋게 해보려고 구성한 것입니다만, 보여진 꼬락서니는 볼품이 없었습니다." 패배를 그것도 완전한 패배를 솔직히 인정하지 않을 수 없다는 것을 마조 스님에게 고백한 것이다. "지금 생각해 보니 역력한 본래인과 몰현금을 가지고 나온 것부터가 큰스님에게 불쾌감을 주는 것에 지나지 않았습니다."라고 항복문서를 드리고 있다.

2-3 근육과 뼈가 없는 물

士一日에 又問祖曰, 如水無筋骨이로대 能勝萬斛舟하니 此理如何
오 祖曰, 這裏無水亦無舟어니 說什麼筋骨인가

해석

어느 날 거사는 또 마조 스님에게 여쭈었다.

"힘줄도 없고 뼈도 없는 물이 만 섬이나 되는 배를 능히 뜨게 하니, 이러한 것은 어떤 도리입니까?"

이에 마조 스님이 말했다.

"여기에는 물도 없거니와 배도 없다. 힘줄이니 뼈니 도대체 무슨 소리를 하고 있는가?"

강설

1) 거사의 두 번째 도전

사관학교를 졸업했다고 해서 전부가 제독이나 장군이 되는 것은 아니다. 많은 시간과 노력이 필요하다. 초계정(哨戒艇)의 정장을 지내야 하고 구축함의 함장을 지낸 몇 사람만이 제독이 된다. 중대장을 지내야 하고 연대장을 지낸 경력이 있어야 장군이 될 수 있다. 불법문중에서도 마찬가지다. 수행만 했다고 해서 모두가 선장(禪將)이 되는 것이 아니다. 일부 수행자들이 생각하는 것처럼, 견성만 하면 모든 것이 해결되는 것이 아니다. 그래서 보림이라는 기간을 설정하기도 한다. 중생을 제도하기 위한 방편을 익히는 기간이라 말할 수 있다. 육조(六祖) 혜능 조사는 견성 후 무려 15년간을 숨어서 살았다. 방거사가 견성 후 마조 스님을 모시고 산 기간도 2년이다. 그 2년이라는 시간 역시 자신과의 치열한 싸움이었다.

이제 다시 전열을 가다듬은 거사는 마조 스님에게 "힘줄도 없고 뼈도 없는 물이 만 섬이나 되는 배를 능히 뜨게 하니, 이러한 것은 어떤 도리입니까?"라고 두 번째로 도전장을 낸다. 『도덕경(道德經)』 제78장에는 "천하에 물보다 더 유약한 것은 없으나 이것으로 견고하고 강한 것을 치면 이기지 못할 것이 없다. 물은 (형체와 힘이) 없는 듯하면서도 변화하는 것이기 때문이다. 약한 것으로 강한 것을 이기고, 부드러운 것으로 단단한 것을 이기는 이치를 천하가 다 알지만, 실천하는 자는 없다."는 내용이 있다. 거사는 모든 물질 가운데 물은 가장 유약(柔弱)한 것이지만 사실은 가장 강한 것이라는 노자(老子)의 말을 인용하여 여쭙고 있는 것이다.

그렇다면 이 물이라는 것이 무엇을 비유한 것일까? 물론 사람에 따라서 여러 가지로 받아들일 수 있을 것이다. 그러나 필자는 이 물을 마음을 비유한 것이라 보고 싶다. 『화엄경』에는 "일체는 오직 마음이 만들어낸다[一切唯心造]."라고 설하고 있다. "힘줄도 없고 뼈도 없는 마음이 모든 것을 만들어낸다 하니, 이것은 무슨 도리입니까?"라는 질문이 될 것이다. 이것 역시 거사 나름대로 자신의 전부를 걸고 내보인 것이고, 동시에 그 속에는 자신의 깨달음의 경지를 확인하고자 하는 속내가 깃들어 있는 듯싶다.

2) 마음은 본래 공이다

거사의 질문에 마조 스님은 "여기에는 물도 없거니와 배도 없다. 힘줄이니 뼈니 도대체 무슨 소리를 하고 있는가?"라고 반문하듯 답하고 있다. 거사가 근거로 하여 구축한 짜임새를 근본 뿌리부터 날려버린 것이다. 우리들은 앞의 석두와의 대화 '1-1'에서 거사가 석두 선사를 친견하고 "일체의 존재와 상관하지 않는 자, 그것은 어떤 사람입니까?" 하고 여쭈었을 때, 석두 선사는 손으로 거사의 입을 막아 그를 깨달음으로 인도하는 것을 살펴보았다. 그리고 마조와의 대화에서는 똑같은 거사의 질문에 마조 선사는 "자네가 저 서강의 물을 한 입에 다 마시고 나면, 그 때 그것을 자네에게 말해 주겠다."라는 말로 대답하여 역시 그를 깨닫게 하고 있다.

그런데 이번에는 '마음이란 무엇입니까?'라는 거사의 질문에 마조 스님이 그의 입을 틀어막아버린 것이라고 할까! 마음은 본래 공이라 거기에는 일체의 언설이 붙을 수 없다. 언설을 여의고 있는 그 자리를 마조 스님은 말로써 보여준 것이다. 참으로 살활자재(殺活自在)한 마조 스님의 선기(禪機)를 읽을 수 있다.

『전등록』권28 남전(南泉 : 748~834) 화상 편에는 이와 관련하여 이렇게 기술하고 있다. "강서의 큰스님이 계시던 날을 회고하건대, 어떤 학사(여기서는 거사를 학사라 부르고 있다)가 묻되 '힘줄도 없고 뼈도 없는 물이 만 섬이나 되는 배를 능히 뜨게 하니, 이러한 것은 어떤 도리입니까?' 하니, 큰스님이 말씀하시기를 '여기에는 물도 없거니와 배도 없다. 힘줄이니 뼈니 도대체 무슨 소리를 하고 있는가?'라 하였다. 형제들이여, 그 학사는 그대로 물러갔으니 힘이 들리는 것이 아니겠는가." 남전 스님이 힘이 들린다고 함은 마조 스님의 대답 덕분에 거사가 일거에 깨달음의 경지에 인도되었다는 것을 의미한다. 마조 스님의 자비로 수행에 필요한 품과 시간이 절약되었다는 말이다. 정말 선지식이 그리워지게 하는 말이다. 이렇게 하여 방거사는 명실상부한 장군이 되었다. 이제 남은 것은 전쟁터로 나아가 기아에 허덕이는 중생을 그 고통에서 구해내는 일이다.

3. 약산(藥山)과의 대화

3-1 일승(一乘)의 근본에 관한 문답

居士가 到藥山禪師하니 山問曰, 一乘中에 還著得這箇事麽아 士曰, 某甲은 祇管日求升合하니 不知還著得麽니이다 山曰, 道居士不見石頭라하여도 得麽아 士曰, 拈一放一은 未爲好手니이다 山曰, 老僧住持事繁이라하니 士珍重하고 便出하다 山曰, 拈一放一이 的是好手니라 士曰, 好箇一乘問宗이 今日失却也로다 山曰, 是是라

해석

거사가 약산 선사가 계신 곳에 찾아오니, 약산 스님이 거사에게 물었다.

"일승(一乘) 가운데, 이 한 가지 일을 두는 것이 가능하겠습니까?"

"나는 하루하루 입에 풀칠하는 것조차 벅찹니다. 그것을 둘 수 있을지 어떨지는 전혀 관심 밖입니다."

"그렇다면 거사님은 석두 큰스님을 친견하지 못했다고 말해도 좋겠습니까?"

"이쪽을 취하면 저쪽은 버린다는 것은 재주 있는 사람이 할 바가 아니지요!"

"이 늙은 중은 주지 일이 바빠서 이만 실례하겠소."

이에 거사가 인사를 하고 물러나려고 했다. 그러자 약산 스님이 말했다.

"이쪽을 취하면 저쪽은 버린다는 것이야말로 진정 재주 있는 사람의 솜씨가 아닙니까?"

"애석하게도 일승의 근본에 관한 문답이 오늘은 별로 신통찮게 되고 말았습니다."

"과연! 과연!"

강설

1) 일승 가운데 당신 전부를 넣어라

석두와 마조라는 두 스승으로부터 온갖 지략과 용맹을 체득하여 난세를 구할 장군이 된 거사가 처음 찾아간 전쟁터가 약산 선사가 계신 곳이다. 약산(藥山 : 745~828) 선사는 석두 스님의 법을 이은 청원계(靑原系)의 제3세다. 773년 석두 스님을 호남의 남악(南嶽)에서 친견하고 그의 지시

로 홍주 개원사(開原寺)에서 법을 설하고 있던 마조 스님 밑에 가서 수년
을 수행한 후, 다시 석두 스님에게 돌아와 그의 법을 이었다. 석두 스님
이 입적한 후 남악으로 가서 동정호 서쪽 약산에 암자를 짓고 살았는데,
차츰 수행자들이 모여들어 그들을 지도했다.

거사와 약산 스님의 법전(法戰)에서는 스님이 먼저 "일승(一乘) 가운
데, 이 한 가지 일을 두는 것이 가능하겠습니까?"라고 포문을 열었다. 일
승이란 『법화경』에서 "단지 일승만이 있고, 이승(二乘)도 없고 또한 삼승
(三乘)도 없다. 그리고 이 일승만이 진실이고 나머지 둘은 진실이 아니
다."라고 설하고 있는 그것이다. 즉 유일 최고의 가르침인 대승의 도를
일승이라 부르고 있다.

그러나 당시의 선가에서는 그 일승의 법을 가르침으로써가 아니고,
주체적인 '일심(一心)의 법'으로 파악하여 사용하고 있다. 황벽(黃檗 :
?~856) 선사가 『완릉록(宛陵錄)』에서 "부처님으로부터 조사에 이르기까지
다른 것은 전혀 설하지 않았다. 설한 것은 일심뿐이다. 그것을 일승이라
고도 한다. 때문에 사방팔방에서 깊게 구해도 이 일승 이외의 법은 없
다."고 설하고 있는 것이 바로 그러한 취지라 할 수 있다.

지금 여기에서 약산 스님이 거사에게 "일승 가운데 이 한 가지 일을
두는 것이 가능하겠는가?"라고 물은 것은, 달리 표현하면 "일승 가운데
당신 자신의 근원적 심성을 모조리 한 번 넣어보시오."라고 어려운 질문
을 던진 것이다. 거사가 마조 스님에게 밝힌 역력한 본래인〔不昧本來人〕의
증득이 사실인지 어떤지를 이 장소에서 직접 검증하려고 시도한 것이다.

이에 거사는 "나는 하루하루 입에 풀칠하는 것조차 벅찹니다. 그것을

82

둘 수 있을지 어떨지는 전혀 관심 밖입니다."라고 받아넘기고 있다. 배고
프면 밥 먹고 목마르면 물 마시고 피곤하면 잔다. 그 속에서 서산에 해가
지니 동산에 달이 뜬다는 말이다. 물 긷고 나무 나르는 일이 바로 신통이
고 묘용이라는 말의 다른 표현이다. 즉 거사는 "일체의 속박이 사라진 자
유인, 만족한 묘용의 자세로 나는 일승 가운데에 살고 있다."고 응수하고
있는 것이다.

2) 반격

거사의 멋진 응수에 약산 스님은 "그렇다면 거사님은 석두 큰스님을
친견하지 못했다고 말해도 좋겠습니까?"라고 묻는다. 약산 스님은 물론
거사가 석두 스님을 참견하고 오도의 계기를 얻은 것을 알고 있다. 그런
데도 여기에서 '석두를 만나지 않았다'고 하는 것은 거사가 석두 스님을
만나서 깨달음에 든 계기를 잡았다 해도 지금은 석두 스님과는 별개의,
석두 스님의 그늘을 벗어난 독자적인 세계에서 노닐고 있는지 어떤지를
보이라는 것이다. 거사의 본래인을 인정은 하되 다시 확인하고자 하는
질문이다. 이 두 번째 포탄에 거사는 "이쪽을 취하면 저쪽은 버린다는 것
은 재주 있는 사람이 할 바가 아니지요!"라고 대답한다.

'이쪽을 취하면 저쪽은 버린다.'는 말은 원숭이가 자신의 주변에 있
는 물건을 닥치는 대로 쥐었다가는 버리고 또 쥐었다가는 버리는 짓을
말하는 것으로, 보통 악착같이 바깥 경계만을 쫓아다녀서 자기의 본심을
잃어버리고 있는 상태를 비유하고 있다. 거사는 약산 스님이 새삼스럽게
이미 입적하신 석두 큰스님을 들고 나온 것을 야유함과 동시에, 앞의 일

승에 대한 자신의 대답을 정면으로는 막아내지 못하고 있는 점을 반격하고 있는 것이다.

이렇게 하여 싸움은 거사의 승리로 끝이 나게 되었다. 석두 스님이 나에게 있어서 어떻다는 말인가? 수완 있는 선지식이라면 그런 원숭이 같은 정신 나간 짓은 하지 말고, 처음부터 정면으로 주제에 대응해야 한다고 말하고 싶은 것이다. 이에 약산 스님은 "이 늙은 중은 주지 일이 바빠서 이만 실례하겠소." 하면서 스스로 일으킨 싸움에서 철수하려고 한 것이다.

이미 전쟁은 끝이 났기 때문에 거사는 여법하게 작별의 인사를 하고 밖으로 나오려 했다. 그런데 약산 스님은 거사를 붙잡고 "이쪽을 취하면 저쪽은 버린다는 것이야말로 진정 재주 있는 사람의 솜씨가 아닙니까?"라고 이번에는 거꾸로 거사를 원숭이로 몰아붙이고 있다. 그렇지만 약산 스님은 거사를 훌륭한 원숭이로 만들고 만 것이다. 이 재주 좋은 원숭이가 된 거사가 "애석하게도 일승의 근본에 관한 문답이 오늘은 별로 신통찮게 되고 말았습니다."라고 약산 스님에게 확인사살을 한다.

모처럼 시작한 일승(一乘)의 근본에 관한 문답이 애석하게도 용두사미로 끝나고 말았다. 그렇지만 두 사람은 이번의 법거량을 통해서 상대방을 확인할 수가 있었고, 서로를 납득시킬 수 있게 된 것이다. 여기에서 약산 스님은 거사를 향해서 "정말 듣던 그대롭니다."라는 찬사를 보내고 있다.

3-2 멋진 눈(雪)

居士가 因辭藥山할새 山命十禪客相送하니 至門首에 士乃指空中
雪曰, 好雪이로다 片片不落別處로다 有全禪客曰, 落在甚處오 士遂
與一掌하다 全曰, 也不得草草어다 士曰, 恁麼稱禪客하면 閻羅老子
未放你在하리라 全曰, 居士는 作麼生이오 士又掌曰, 眼見如盲하고
口說如啞로다

해석

　거사가 약산 스님에게 하직인사를 하였기 때문에, 약산 스님은 선객
(禪客) 10인에게 분부해서 해탈문(解脫門)까지 전송케 하였다. 문밖에 이
르자 거사가 공중에 휘날리는 눈을 가리키며 말했다.
　"참 멋진 눈이다. 한 송이 한 송이가 다른 곳에는 떨어지지 않는구
나!"
　이 말을 받아 전(全)이라고 하는 선객이 말대꾸를 했다.
　"어느 곳에 떨어집니까?"
　그러자 거사는 손바닥으로 한 번 때렸다. 그러자 전 선객이 말했다.
　"이렇게 함부로 대하시면 곤란합니다."
　이에 거사가 말했다.
　"이러고도 선객이라고 우쭐대면 염라대왕이 스님을 용서하지 않을
것입니다."
　다시 전 선객이 "거사님은 어떠합니까?" 하니, 거사는 다시 손바닥으

로 한 번 쳤다. 그리고는 말했다.

"눈으로는 보아도 소경과 같고, 입으로는 말하여도 벙어리와 같다."

강설

1) 제 자리에 떨어지는 눈송이

눈이 펑펑 내리는 어느 날, 거사는 며칠 머물고 있던 약산 스님의 절에서 떠나기 위해 스님에게 하직인사를 드렸다. 그러자 약산 스님은 선원에서 정진하고 있던 스님 10인에게 거사를 해탈문(解脫門)까지 전송하라고 분부했다. 실로 파격적인 대우가 아닐 수 없다. 스님들로 하여금 속인인 거사를 해탈문까지 배웅한다는 것은 요즈음도 상식 밖의 일이기 때문이다. 아마도 약산 스님은 거사를 그냥 속인 거사로 보지 않고, 견성한 선지식으로 대우한 것이리라. 큰스님의 처신이 이러한데 그 곳에서 수행하던 스님들이야 오죽했겠는가! 그들 역시 흔쾌한 마음으로 배웅에 동참했을 것이다. 마침내 문 밖에 이르자 거사가 공중에 휘날리는 눈을 가리키며 말했다.

"참 멋진 눈이다. 한 송이 한 송이가 다른 곳에는 떨어지지 않는구나!"

하늘에 휘날리듯 내리는 눈 한 송이 한 송이가 정확하게 그것이 떨어질 위치에 떨어지고 있다고 거사는 감탄하고 있다. 사실 큰 눈송이일수록 지면에 내려앉을 때, 흡사 지면에 의해서 안겨지는 것처럼 빨려들어 내려앉는 모습은 바로 우리들이 대하는 것이기도 하다. 거사는 그처럼 내리는 눈을 보고, 눈송이 하나하나가 다른 곳이 아닌 마땅히 떨어져야 할 곳에 떨어지고 있다고 말하고 있는 것이다. 그러자 배웅을 나왔던 스님들 중에 전(全)이라고 하는 선객이 거사의 말을 받아 "어느 곳에 떨어집니까?"라고 말대꾸를 했고, 이에 거사는 그 스님을 손바닥으로 한 번 때렸다. 틀렸다는 것이다. 무엇이 틀린 것인가? 그러나 틀린 것은 이 한 번에 한한 것은 아니었다. 그렇지만 뒤에 틀린 것은 잠시 차치하고, 우선 여기까지의 문제부터 살펴보자.

문제의 소재는 두 곳에 있다. 첫째로 거사는 무슨 까닭에 그냥 내리는 눈을 '하나하나가 다른 곳이 아닌 마땅히 떨어져야 할 곳에 떨어지고 있다.'고 했으며, 둘째는 전 선객이 어떻게 응수를 했더라면 거사에게 손바닥으로 얻어맞는 수모를 당하지 않았을까 하는 점이다. 사실 이 부분은 후세 많은 선승들에 의해서 여러 가지로 상정되었고, 특히 『벽암록』 42칙은 이 일단을 다루고 있다. 따라서 필자가 강설을 붙인다는 것이 여간 조심스럽지 않다. 그러나 필자 역시 본 어록 가운데, 이 부분이 굉장히 중요한 핵심의 하나라고 여기고 있기 때문에 피해갈 생각은 없다.

먼저 전(全) 선객이 어떻게 응수를 했더라면 거사에게 맞지 않았을까 하는 화두(話頭)다. 화두란 의심이다. 온 몸이 전체로 그 문제와 하나가 되어 나아 갈 수도 물러 설 수도 없는 상태가 된 의심이다. 지금 우리 불교계의 화두로 떠오르고 있는 간화선(看話禪)의 문제는 바로 여기에 있다. 억지로 의심을 불러일으키려고 하는 점이다. 즉 의심을 위한 의심을 강조하고 있는 것이다. 하여튼 이 점에 관해서는 뒤에 다시 논해보기로 하고, 여기서는 방거사의 말과 전 선객의 말대꾸를 화두로 하여 살펴보

자. 그냥 내리는 눈을 보고 거사는 왜 '편편불락별처(片片不落別處)'라고 했으며, 그 스님이 무엇이라고 대답했더라면 거사가 따귀를 후려치는 법령을 피할 수 있었을까?

『벽암록』에서 설두(雪竇) 스님은 "처음 물었을 때 눈덩이를 뭉쳐서 바로 쳤어야지."라고 코멘트하고 있다. 그러나 경장주(慶藏主)는 "거사의 기봉은 번갯불 치듯 하는데 눈덩이를 뭉치려고 한다면 어느 시절에 되겠는가! 말하자마자 바로 조처를 취해야 하고, 말하자마자 바로 쳐버렸어야 끊을 수 있다."고 설두 스님의 코멘트를 논평하고 있다. 그렇다면 '강설자인 혜담이 너라면 어떻게 하겠는가?' 묻는다면, "아랫마을 이서방집 누렁이가 좋아하겠습니다!"라고 하겠다. 이 또한 눈 밝은 선지식의 경책을 원하는 바다.

2) 공이 곧 물질적 존재이다

다음으로 거사가 말한 '편편불락별처(片片不落別處)'에 관해서 살펴보자. 『반야심경』에는 "색즉시공(色卽是空) 공즉시색(空卽是色)"이라 설하고 있다. '물질적 존재가 곧 공이요, 공이 곧 물질적 존재다.'라는 뜻이다.

이 경문 가운데 두 번째의 '공이 곧 물질적 존재'라는 말은, 일체 모든 것이 어떤 현상으로 성립하는 이유는 그것이 공이기 때문이라는 의미이다. 즉 물질적 존재의 본성이 공이 아니면 물질적 존재로서 성립될 수 없다는 공의 지혜를 의미한다. 다시 말하면 현상적으로 보이고, 들리고, 접촉되고, 느껴지는 일체 모든 것은 공성(空性)이 그대로 나타난 것이라는 말이다. 이렇게 물질적 현상을 공의 지혜로 보았을 때, 우리들은 비로소 산하대지(山河大地)가 진리의 나툼이요, 일체 중생이 진리의 몸임을 알게 된다.

지금 거사는 공즉시색의 이치를 "참 멋진 눈이다. 한 송이 한 송이가 다른 곳에는 떨어지지 않는구나!"라고 말로써 보여주고 있다. 거사는 마조 스님에게 바친 게송에서 "지금 나는 마음을 공(空)으로 한 것에서 합격의 영광을 얻었다."고 읊어 색즉시공을 드러내 보였다. 그리고 석두 스님에게 바친 게송 가운데서 "물 긷고 나무 나르는 일이 바로 신통이고 묘용이다."라고 공즉시색을 바로 읊었다. 그리고 이제 "멋진 눈 한 송이 한 송이가 모두 자기가 내려앉아야 할 그 곳에 떨어지고 있다."고 공즉시색의 도리를 현실적으로 보여주고 있는 것이다.

그러나 어찌 눈송이뿐이겠는가? 나무는 나무대로 공이 적소(適所)에 모양을 보인 것이고, 사람은 사람대로 한 치의 오차도 없이 공이 그렇게 나툰 것이다. 거사의 게송을 다시 빌려서 말하면 "어느 하나 가질 것도 버릴 것도 없고, 어디에서 무엇을 하든 어긋남이 없다."는 말이다.

필자가 지금 머물고 있는 곳은 각화사(覺華寺)라는 절이다. 다른 스님들도 그렇겠지만, 필자 역시 절 이름을 지을 때 무척 고심을 했다. 사찰을 창건할 때는 사명(寺名)이 곧 창건주의 수행력과 불교적 사상을 적나라하게 보여주는 것이기 때문이다. 필자는 사명을 각화사로 정했다. 여기서 수행하여 깨달음의 꽃이 된다는 말이 아니다. 삼라만상이 그대로 깨달음의 꽃이요, 일체 중생이 바로 진리가 현현(顯現)한 꽃이라는 의미를 이름 속에 담은 것이다. 여기에는 물론 방거사의 '편편불락별처'의 소식이 크게 작용했음은 재론할 필요가 없다.

3) 염라대왕이 용서하지 않는다

거사에게 얻어맞은 그 스님으로서는 기분이 상했을 것이다. '아무리 도인 거사라 하더라도 그렇지, 스님을 때리다니.' 하는 생각에서 "이렇게 함부로 대하시면 곤란합니다."라고 말한다. 이 스님은 자신이 무엇을 잘못했는지를 모르고 있다. 마치 죽은 송장이 눈을 부릅뜨는 형국이다. 거사가 말한 낙처(落處)를 모르고 있으니 무리도 아니다. 아마 덕산(德山) 스님이었다면 방망이 30대는 때렸을 것이다. 그러나 거사는 타이르듯이 "이러고도 선객이라고 우쭐대면 염라대왕이 스님을 용서하지 않을 것입니다."라고 두 번째 물을 끼얹어 버렸다.

염라대왕은 지옥에 앉아서 금생에 살면서 저지른 모든 것을 업경대를 보고 심판하여 징벌을 준다는 어른이다. 선승(禪僧)으로서 자격도 없는 사람이 선승이라고 우쭐대면 염라대왕이 지옥의 징벌을 철저하게 가할 것을 의심할 수 없다는 말이다. 수행자라면 귀담아 들어야 할 말이다.

이 정도에서 "거사님 안녕히 가십시오." 하고 작별했으면 좋았을 것을, 다시 그 스님은 "거사님은 어떠합니까?" 하고 물었다. 설상가상(雪上加霜)이다. 몽둥이를 부르고 있다. 당연히 거사는 다시 손바닥으로 한 번 쳤다. 그리고는 말했다. "눈으로는 보아도 소경과 같고, 입으로는 말하여도 벙어리와 같다."고. 눈부처님이 하늘에서 춤을 추며 저렇게 내려오시는데도 보지 못하고, 그 사실을 이렇게 일러주었는데도 알아듣지 못하니 한심하다는 판결문이다.

4. 제봉(齊峰)과의 대화

4-1 여기에 있다

居士가 到齊峰하여 纔入院하니 峰曰, 箇俗人이 頻頻入院하여 討箇
什麼오 士乃回顧兩邊曰, 誰恁麼道오 誰恁麼道오하니 峰便喝하다
士曰, 在這裏로다 峰曰, 莫是當陽道麼아 士曰, 背後底聻은하니 峰
回首曰, 看看하다 士曰, 草賊大敗라 草賊大敗라

해석

거사가 제봉 스님이 있는 곳에 찾아와서 선원에 막 들어선 순간, 제봉
스님이 말했다.

"이 속인 놈이 혼자서 뻔질나게 선방에 들어오는데, 무엇을 찾는고?"

그러자 거사는 좌우를 둘러보면서 말했다.

"누가 이렇게 말하는가? 누가 이렇게 말하는가?"

이에 제봉 스님은 할을 하였다.

거사가 말했다.

"여기에 있다."

"정면에서 바로 말할 수 없는가?"

"그렇다면 뒤쪽에 있는 것은?"

제봉 스님이 머리를 뒤로 하고서 말했다.

"보아라, 보아라."

그러자 거사가 소리쳤다.

"반란군이 크게 패했다, 반란군이 크게 패했다."

강설

1) 주인과 주인공(主人公)

거사는 어느 날 제봉(齊峰) 스님을 찾아간다. 제봉 스님은 마조 스님의 법을 이은 제자의 한 사람이긴 하지만, 그에 관해서는 이 어록에 나오는 방거사와의 대화 이외에는 전하는 것이 없는 스님이다. 그런데 이 스님과는 처음부터 진흙탕에서 싸움이 벌어지고 있다. 말하자면 제봉 스님은 적장을 진흙탕으로 불러들여 전쟁을 시작했다. 거사가 제봉 스님을 찾아뵈려고 선원에 막 들어선 순간, 제봉 스님이 "이 속인 놈이 혼자서 뻔질나게 선방에 들어오는데, 무엇을 찾는고?"라고 포문을 연 것이다. 어디 진리에 속인이 따로 있고 스님이 따로 있는가? 그리고 찾을 곳이 본래 없는데, 무엇을 찾느냐고 물으니 거사로서는 근기에 맞춰 반격을 해야 했다.

이에 거사는 좌우를 둘러보면서 "누가 이렇게 말하는가? 누가 이렇게 말하는가?"라고 주인을 불러내는 말을 한다. 아니나 다를까, 제봉 스님이 '악' 하고 할을 한 것이다. 거사의 유인책에 제봉 스님은 홀렁 걸려들고 만 것이다. 아직 할을 할 때가 아닌데 할을 해버린 것이다. 이렇게 되니 두 사람의 주객의 위치가 완전히 바뀌고 말았다. 거사는 "여기에 있다."라는 말로 반격의 포를 쏜 것이다. 전쟁의 당사자인 주인공은 여기에 있으니, 제봉원의 주인이 아닌 제봉 자신의 주인공으로서 할을 하라는 말이다. 그렇다, 이때가 제봉 스님이 할을 할 순간이다. 그러나 어찌하랴. 할은 이미 날아 가버린 것을. 이제 거사가 주도권을 갖게 된 것이다.

2) 반란군이 크게 패했다

그러나 제봉 스님으로서도 바로 항복할 수는 없는 일이다. 그는 "정면에서 바로 말할 수 없는가?"라고 반전을 도모하고 있다. "자네는 자신이 마치 이 제봉원의 주인인 것처럼 말하고 있는데, 그 속내를 바로 말하라."는 것이다. 제봉 스님은 자신이 이미 주인의 위치를 빼앗겨버리고 있는 것을 눈치 채지 못하고 있는 것이다. 이에 거사는 "그렇다면 뒤쪽에 있는 것은?" 하고 제봉 스님의 말에 또 한 번의 일격을 가한다. 이 '그렇다면 뒤쪽에 있는 것은?'이란 말에는 유래가 있는데, 『전등록』권7의 여회(如會) 선사 편에 이렇게 기술되어 있다.

여회 스님이 남전 스님에게 물었다.
"어디에서 떠나 왔는가?"
"강서〔마조 스님의 처소〕에서 왔습니다."
"마조 스님의 진영을 가지고 왔는가?"
"이것뿐입니다〔바로 제가 진영입니다〕."
"뒤쪽에 있는 것이로구나.〔그렇지, 마조 스님의 정면의 모습은 알았다만, 뒤쪽의 모습은 어떤 것인가?〕"

남전 스님은 아무 말이 없었다.

제봉 스님이 정면을 말하니, 거사는 여회 스님처럼 뒤쪽을 묻고 있다. 사실상 확인사살인 셈이다. 이에 제봉 스님은 머리를 뒤로 돌리고서 "보아라, 보아라."라고 말했다. 주인공이 아닌, 말에 유혹되어 거사에게 보기 좋게 당한 것이다. 그러자 거사는 "반란군이 크게 패했다, 반란군이 크게 패했다."고 소리치며, 일방적인 승리를 선언한 것이다.

4-2 상대성을 여읜 세계

峰이 一日에 與居士並行次에 士乃前行一步曰, 我强如師一步니다 峰曰, 無背向이라 老翁要爭先在라 士曰, 苦中苦가 未是此一句니다 峰曰, 怕翁不甘이니다 士曰, 老翁若不甘이면 齊峰堪作箇什麼오 峰曰, 若有棒在手라면 打不解倦이니다 士便行一摑曰, 不多好로다 峰始拈棒하다가 被居士把住曰, 這賊이 今日一場敗闕이로다 峰笑曰, 是我拙인가 是公巧인가 士乃撫掌曰, 平交다 平交다

해석

어느 날 제봉 스님이 거사와 나란히 걸어가고 있었는데, 거사가 느닷없이 한걸음 앞에 나가서 스님에게 말했다.

"내가 스님보다 한걸음 뛰어났습니다."

"뒤도 앞도 없습니다. 단지 늙으신 분이 선수를 치려고 한 말일뿐이지요."

"고통 중의 고통이 그런 문구에서는 없을 것입니다."

"아닙니다. 늙으신 분이 만족하게 여기지 않으려 근심하고 있습니다."

"만약 이 늙은이가 만족하게 여기지 아니하면, 제봉 스님은 아무 것에도 소용이 없지 않겠습니까?"

"만약 손에 몽둥이가 있다면 때려서 박살을 내 주고 싶군 그래!"

그러자 거사는 바로 스님의 뺨을 한 번 쥐어박고서 말했다.

"너무 심한 것은 좋지 않습니다."

이에 제봉 스님이 몽둥이를 손으로 잡으려고 하다가 바로 거사에게 빼앗기고는 말했다.

"허허 참, 오늘은 이 도적놈에게 깨끗이 지고 말았습니다."

그리고 스님은 한바탕 웃고는 말했다.

"그런데 내가 얼간이었습니까, 그대가 재주꾼이었습니까?"

이에 거사가 손바닥을 치면서 대답했다.

"비겼습니다, 비겼습니다."

강설

1) 앞과 뒤의 차이

수행자의 삶이란 '여기, 그리고 지금'에 깨어있는 삶이다. 깨어있기 때문에 걸림이 없고, 걸림이 없기 때문에 대 자유를 누린다. 걸림이 있다는 것은 예속이고, 예속된 상태는 고통을 주기 때문이다. 때문에 수행자는 자신 뿐 아니라 타인들도 '여기, 그리고 지금'에 깨어있는 삶을 살기를 원하고, 그것을 위하여 헌신한다.

거사는 어느 날 제봉 스님과 나란히 걸어가다가, 이 스님이 지금 깨어 있는가, 어떤가를 점검해 보기 위하여, 느닷없이 한걸음 앞에 나가서 "내가 스님보다 한걸음 뛰어났습니다."라고 말했다. 우열과 차별이 있는 현실을 가지고 스님을 점검해 보고자 한 것이다.

그러나 제봉 스님은 "뒤도 앞도 없습니다. 단지 늙으신 분이 선수를 치려고 한 말일 뿐이지요."라고 하여, 거사의 덫에 걸려들지 않는다. 앞과 뒤가 없다〔無背向〕는 말은 상대성이나 차별성이 없다는 것이다. 『전등록』 권9의 위산(潙山) 선사 편에 "도인의 마음은 곧아서 거짓이 없고, 등지고 향함도 없으며, 허망한 마음씨도 없어야 한다. 언제나 듣고 보는 사이에 굽음이 없어야 하고, 눈을 감거나 귀를 막지도 않아야 한다."고 말하고 있는 것도 이런 뜻이다. 제봉 스님은 "한 모양인 평등의 법계는 모든 상대를 초월한 진실의 세계인데, 왜 나이든 노인이 공연히 이 제봉을 향해서 평지풍파를 일으키느냐."고 힐난하고 있는 것이다.

이에 거사는 "고통 중의 고통이 그런 문구에서는 없을 것입니다."라고 말했다. 차별과 상대가 있는 현실에서 벌어지는 심적인 고통의 문제를, '진리의 세계에는 상대성이나 차별성이 없다.'는 그러한 한마디 말로써 해결 할 수 없다는 것이다. 거사는 제봉 스님이 자신에게 기선을 제압당해서 이미 제2기에 떨어졌음을 깨닫고, 그러한 억지를 부리고 있다고 생각한 것이다. 그러나 거사의 이 고약스러운 추궁에 대하여, "아닙니다. 늙으신 분이 만족하게 여기지 않으려 근심하고 있습니다."라고 점잖게 응수한다. 나는 '만약 내가 고통 중의 고통을 있는 그대로 드러낸다면, 거사는 틀림없이 그것을 납득할 수는 없을 것이다.' 라고 생각하지 않았다. 그런데도 '당신은 내가 그렇게 생각하고 있다고 여기기 때문에 이렇게 말하는 것이다.' 라는 뜻이다.

그러나 거사는 끝까지 포기하지 않고, "만약 이 늙은이가 만족하게 여기지 아니하면, 제봉 스님은 아무 것에도 소용이 없지 않겠습니까?" 라고 우물쭈물 밀어붙인다. 제봉 스님의 말이 자기를 공격하고 있다고 생각한 것이다. 내가 스님의 말을 수긍하지 않는다면, 스님이 지금까지 한 말은 나에게는 아무런 도움이 되지 않는다는 말이다. 이렇게 막무가내로 밀어붙이는 거사의 언행에 제봉 스님은, "만약 손에 몽둥이가 있다면 때려서 박살을 내 주고 싶군 그래!" 라고 타이르듯이 말한다. 바둑으로 치면 "이제 그만 두지, 계가나 하세." 라고 말한 것이다.

2) 얼간이와 재주꾼

그렇지만 뒷부분에서도 여러 번 확인할 수 있지만, 거사는 끝장을 보아야 직성이 풀리는 성격이다. 상대가 바둑에서 손을 떼든 말든 바둑판을 보고 있던 거사는 마침내 기가 막힌 패를 본 것이다. 그 패를 이용하여 일거에 승부의 우위를 점하려고 한다. 제봉 스님이 "몽둥이가 있다면 때려서 박살을 내 주고 싶다."고 하니, 거사는 바로 스님의 뺨을 한 번 쥐어박고서 "너무 심한 것은 좋지 않습니다." 라고 말한 것이다.

『임제록』에는 임제 스님이 깨달을 때의 계기를 이렇게 기술하고 있다.

임제 스님이 황벽 스님의 인도로 대우(大愚) 스님 말끝에 크게 깨닫고

다시 황벽 스님에게 돌아오자, 황벽 스님이 임제 스님을 보고는 넌지시
물었다.

"이놈이 왔다 갔다 하기만 하니, 언제 공부를 마칠 날이 있겠느냐?"

"오직 스님의 간절하신 노파심 때문입니다."

인사를 마치고 곁에 서 있으니 황벽 스님이 물었다.

"어디를 갔다 왔느냐?"

"지난번에 스님의 자비하신 가르침을 듣고 대우 스님을 뵙고 왔습니
다."

"대우가 무슨 말을 하더냐?"

임제 스님이 지난 이야기를 말씀드리니 황벽 스님이 말하였다.

"어떻게 하면 대우 이놈을 기다렸다가 호되게 한방 줄까?"

임제 스님이 "무엇 때문에 기다린다 하십니까? 지금 바로 한방 잡수
시지요." 하며 손바닥으로 후려쳤다.

황벽 스님이 "이 미친놈이 다시 호랑이의 수염을 뽑는구나." 하였다.

임제 스님이 상대를 여읜 무차별의 세계를 스승을 한방 내려침으로
보여주었듯이, 거사는 제봉 스님의 '뒤도 앞도 없다' 는 말을 스님의 뺨
을 내려치는 행동으로 보여주고, '너무 심한 말을 하지 말라' 고 말로 설
명하고 있다. 이에 제봉 스님 역시 몽둥이를 손으로 잡으려고 하다가 바
로 거사에게 빼앗기고는, "허허 참, 오늘은 이 도적놈에게 깨끗이 지고
말았습니다." 고 말했다. 시기를 놓치고 만 것이다. 이렇게 되자 스님은
한바탕 웃고는 "그런데 내가 얼간이었습니까, 그대가 재주꾼이었습니

98

까?"라고 말했다. 너무나 강인하게 항복을 요구하는 거사의 압박을 제봉 스님은 웃음으로 받아넘긴 것이다. 이에 거사는 손바닥을 치면서, "비겼습니다, 비겼습니다."라고 대답했다.

　　마침내 거사는 제봉 스님을 최후까지 제압하지 못했다는 것을 스스로 인정한 것이다. 그렇다면 제봉 스님의 입장은 어떠할까? 마조 스님이 제자인 법상(法常) 스님을 떠보기 위하여 비심비불(非心非佛)을 말했을 때, 법상 스님은 "그 늙은이가 사람 속이기를 그칠 날이 없구나. 자기 멋대로 마음도 아니고 부처도 아니라 하나, 나는 나대로 마음이 곧 부처라 하리라."라고 했다. 필자는 여기서 저때의 제봉 스님의 입장을 법상 스님의 심정이라고 여기고 싶다.

4-3 제봉(齊峰)의 높이

居士가 一日에 又問峰曰, 此去峰頂有幾里닛고 峰曰, 是什麼處去來오 士曰, 可畏峻硬하여 不得問著이로다 峰曰, 是多少오 士曰, 一二三하니 峰曰, 四五六하다 士曰, 何不道七이닛고 峰曰, 纔道七이면 便有八이라 士曰, 住得也라 峰曰, 一任添取하노라 士喝便出하니 峰隨後亦喝하다

해석

　　어느 날 거사가 또 제봉 스님에게 물었다.

　　"여기서부터 제봉(齊峰)의 정상까지 몇 리나 됩니까?"

"그대는 어느 곳에 가 있습니까?"

"정말 두렵습니다. 너무 험준해서 물을 수도 없습니다."

"어느 정도나 됩니까?"

"1, 2, 3."

"4, 5, 6."

"왜 7은 말하지 않습니까?"

"7을 말하기가 무섭게 8이 튀어나오니까."

"그만!"

"얼마든지 첨가해도 좋습니다."

이에 거사가 할을 하고 바로 나가버리니, 제봉 스님도 뒤이어 또한 할을 했다.

강설

1) 제봉 스님의 예리함

어느 날 거사는 또 제봉 스님에게 "여기서부터 제봉(齊峰)의 정상까지 몇 리나 됩니까?"라고 물었다. 제봉 스님의 깨달음의 경지가 어느 정도의 높이에 달해 있는가를 단도직입으로 물은 것이다. 조금은 건방지고 당돌한 질문이다. 아마 덕산 스님 같았으면 그 자리에서 30방은 때렸을 것이다. 그러나 제봉 스님은, "그대는 어느 곳에 가 있습니까?"라고 반문한다. 이렇게 묻고 있는 자네 자신은 지금 어디 지점에 가 있는 것인가? 나의 경지를 묻기 전에, 이렇게 묻고 있는 당신의 깨달음의 경지를 먼저 명시하라는 명령인 것이다. 언중유골(言中有骨)이다. 새삼 제봉이라는 스님이 무척 매력적인 큰스님이라는 생각이 든다. 온화한 성격 속에 선기(禪機)가 번뜩인다.

거사도 이 반문에 놀라서, "정말 두렵습니다. 너무 험준해서 물을 수도 없습니다."라고 고백하고 있다. 제봉 스님의 반문의 예리함에 놀라서 두렵다는 말이다. 왜냐하면 그 예리함이 바로 그 사람의 깨달음의 경지의 험준함을 직시하기 때문이다. 그래서 이 발붙일 틈이 없을 정도로 험준한 곳에서는 그것의 높이를 물을 방법도 없다는 이실직고(以實直告)다. 그러나 조금의 여유도 주지 않고 제봉 스님은, "어느 정도나 됩니까?"라고 이젠 반문이 아닌 반격을 시작한다. '험준해서 물을 수 없는 것을 도리어 말해 보시오.'라는 유인책이다. 완전히 주객이 바뀐 것이다.

2) 대 자유인

거사는 제봉 스님의 반격으로 자신의 깨달음의 경지를, "1, 2, 3."하고 말한다. 이 1, 2, 3은 처음의 물음이 이(里) 수로 물었기 때문에 1리, 2리, 3리라고 해도 좋다. 아니면 Km라고 해도 무방하다. 그러한 계수 자체는 아무런 의미가 없기 때문이다. 중요한 것은 이어서 주고받는 대화의 내용이다.

거사는 자신의 높이를 1리나 2리, 아니면 3리 정도라고 말한다. 이에 제봉 스님은 바로 "4, 5, 6."이라고 거사의 높이를 넘어선다. 그러자 거사는 제봉 스님에게 "왜 7은 말하지 않습니까?"라고 묻고, 제봉 스님은 "7을 말하기가 무섭게 8이 튀어나오니까."라고 응수한다. 서로 간에 상대방을 꿰뚫고 있는 상태다. 물음 자체에 이미 답이 있는 것이다.

　한 마디 물음을 보면 벌써 그 사람의 경계를 알 수 있고, 대답 한 마디를 들어보면 그의 경지를 파악할 수 있는 것이다. 이미 두 사람은 일체에 걸리지 않는 대 자유의 삶을 '여기, 그리고 지금' 살고 있는 것을 서로 간에 확인한 것이다. 여기서 끝장을 보아야 직성이 풀리는 거사지만, 먼저 "그만!" 하자고 제의하고 있다. 그러나 제봉 스님은 "얼마든지 첨가해도 좋습니다."라고, 8 뒤에 좋을 만큼 계속해도 관계없다고 너털웃음을 웃고 있다. 이 제봉 스님의 유유자적한 깨달음의 경지를 본 거사가 할을 하고 바로 나가버리니, 제봉 스님도 뒤이어 또한 할을 했다. 여법하게 마무리가 된 것이다.

4-4 정면으로 말할 수 없다

　居士가 一日에 又問하대 不得堂堂道오 峰曰, 還我恁麼時에 麗公主
　人翁來하라 士曰, 少神作麼오 峰曰, 好箇問訊이 問不著人이로다 士
　曰, 好來好來하다

해석

　어느 날 거사가 또 제봉 스님에게 물었다.

　"정면으로 말할 수는 없겠지요?"

　"그러할 때의 방 선생님의 주인공을 나에게 되돌려주시오."

　"그렇게 정신이 없어서 어떻게 하겠습니까?"

"모처럼의 질문이 사람에게 꼭 맞아떨어지지 않습니다."

"야! 왔다, 야! 왔다."

강설

1) 사물의 참된 모습

어느 날 거사는 또 제봉 스님에게 "정면으로 말할 수는 없겠지요?"라고 물었다. 『유마경』「제자품」에는 "법(法)에는 이름자가 없으니 언어가 끊어진 까닭이며, 법은 설함이 없으니 사유를 여읜 까닭이며, 법은 형상이 없으니 허공과 같은 까닭이다."라고 설하고 있다.

지금 거사의 이 물음에는 『유마경』과 같은 대승불교의 보편적인 사고방식인, 사물의 참된 모습이나 실다운 진리는 일체의 언설을 넘어선 것이라는 점이 전제되어 있다. 즉 사물의 참된 모습은 문자나 말로 표현할 수 없다고 한다. 그런데 스님이라면 그것이 가능할지 모르지만, 나는 지금 그것을 허용하지 않는다. 이제 스님이 그 실다운 진리를 나에게 보여 달라는 것이다. "이 어려운 이율배반에 저촉됨이 없이 스님은 그것을 어떻게 표현할 것인가?"라는 거사의 어려운 질문이다.

이에 제봉 스님은 "그러할 때의 방 선생님의 주인공을 나에게 되돌려주시오."라고 대답했다. 주인공이란 인간의 근원적·절대적 주체성을 말한다. 그렇다고 해도 그것은 단순히 형이상학적·원리적 이념이 아니라, 본래 부처인 자신의 참된 성품을 말한다. 그런데 지금의 제봉 스님 대답에서 필자가 생각나는 것은 오히려 6조 혜능 조사가 혜명(慧明) 스님에게

준 말씀이다. 『육조단경(六祖壇經)』오법전의 장에는 혜능 조사가 자신의 의발(衣鉢)을 빼앗기 위하여 쫓아온 혜명 스님이 대유령(大庾嶺)에서 법을 물으니, "선(善)도 생각하지 말고 악도 생각하지 말라. 바로 이러한 때, 어떤 것이 그대의 본래면목(本來面目)인고?"라고 말씀하셨고, 그 말 아래서 혜명 스님이 크게 깨달았다고 기술되어 있다. 여담이지만 필자는 이 대유령에서 혜능 조사가 말한 본래면목을 무분별지(無分別智)라 보고 있다.

이외에도 주인공이라는 말은 여러 가지로 표현되고 있다. 방거사가 즐겨 쓰는 말로는 '일체의 존재와 상관하지 않는 자'와 '역력한 본래인'이 있고, 임제 스님은 '차별이 없는 참사람', 혜능 조사는 '본래면목', 필자라면 '무분별지인'이라 부를 수도 있다. 표현이야 무엇이 됐든 그것을 제봉 스님은 거사에게 돌려달라고 말했다.

여기서 또 한 가지 간과할 수 없는 것은, 그것을 '나에게 돌려 달라〔還〕'라는 말이다. 환이란 원래 빌린 것을 되돌려주는 것이다. 따라서 주인공을 돌려달라는 것은 당신에게 맡겨 둔 주인공을 반환해 달라는 말이다. 주인공이 어디 빌려주고 돌려받는 물건인가? 그렇다면 이것이 무슨 도리인가? 제봉 스님이 거사에게 이렇게 되받아친 것은 거사의 질문 그 자체를 거사 자신에게 되돌려서, "정면으로 말하지는 못한다고? 이 무슨 의기소침한 노예근성인가? 도대체 당신의 주인공은 어디로 사라져버린 것인가? 그렇지 않으면 그것을 여기에 내 보여라." 하는 반격인 것이다.

2) 주제와 부제

그러나 거사의 도전 또한 만만치 않다. 거사는 바로 "그렇게 정신이 없어서 어떻게 하겠습니까?"라고 말하여, 제봉 스님이 가지고 나온 주인공을 역공의 칼날로 하여 주객의 위치를 역전시키고 있다. "무엇이라고, 주인공을 반환하라고? 그러한 요구는 스님 자신이 주인공을 결(缺)하고 있고 주체성을 상실하고 있다는 증거가 아닙니까?"라는 재 반격인 것이다.

거사의 이 역공의 칼날에 제봉 스님은 역시 "모처럼의 질문이 사람에게 꼭 맞아떨어지지 않습니다."라고 담담하게 대답하고 있다. 역공의 칼끝, 즉 물음의 내용이 자신의 마음에 먹혀들지 않는다는 대답이다. '정면으로 말할 수 없다'라는 처음부터의, 실다운 진리는 일체의 언설을 넘어선 것이라는 문제제기가 갑자기 상호간의 주인공의 응수로 되었기 때문에, 원래의 문제의 요점이 양자 사이에 초점을 맺을 수 없게 되었다는 것이다.

제봉 스님으로서는 주인공 논쟁을 발판을 삼아 본래 주제로 돌아가고 싶지만, 거사로서는 거꾸로 주인공 상호간의 격투를 통해서 본래 주제에 몰입하고 싶어 하니 이젠 판을 접자는 말이다. 이어지는 거사의 "야! 왔다, 야! 왔다."라는 대답이 그것을 보여주고 있다. 문제 자체의 본질적인 면이 여기 있다는 말이다. 그러나 필자의 눈에는 조용히 거사에게 차를 권하는 제봉 스님의 모습이 보인다.

5. 단하(丹霞)와의 대화

5-1 딸 영조를 만남

丹霞天然禪師가 一日에 來訪居士하여 纔到門首하니 見女子靈照携
一菜籃하거늘 霞問曰, 居士在否아 照放下菜籃하고 斂手而立하다
霞又問하대 居士在否아 照提籃便行하거늘 霞遂去하다 須臾에 居士
歸하니 照乃擧前話하다 士曰, 丹霞在麼아 照曰, 去也니이다 士曰,
赤土塗牛嬭니라

해석

　단하천연 선사(丹霞天然禪師)가 어느 날 거사를 방문했다. 막 대문간에
들어섰는데, 나물바구니를 들고 있는 거사의 딸 영조(靈照)가 보였다. 단
하 스님이 영조에게 물었다.

　"거사님은 댁에 계시는가?"

　그러자 영조는 나물바구니를 내려놓고는 두 손을 마주잡고 공손히
섰다. 단하 스님이 다시 "거사님은 댁에 계시는가?"라고 물으니, 영조는
바구니를 집어 들고 그냥 가버렸다. 이에 단하 스님도 이내 떠나버렸다.
조금 있다가 거사가 돌아오니, 영조가 좀 전의 일을 말씀드렸다. 그러자
거사가 딸에게 물었다.

　"단하 스님은 계시는가?"

　"가셨습니다."

"쓸모없는 땅에 우유가 달라붙어 있구나."

강설

단하천연 선사(丹霞天然禪師 : 738~823)는 석두 스님의 법을 이은 제자로, 이미 본 강설 '1-1'에서 밝힌 것처럼 방거사와는 출가 전부터 친구였고, 출가 후에도 본 어록에서 보여주듯이 승속을 떠나 절친한 도반으로 수행한 스님이다. 그는 석두 스님 밑에서 2년가량 수행한 후 머리를 깎고 스님이 되었다. 그 후 제방을 행각하고 마지막에 하남의 단하산(丹霞山)에 머물면서 법을 폈다. 그가 엄동설한에 목불상을 아궁이에 넣어 방을 데웠다고 하는 일화는 바로 이 행각 시절에 있었던 일로 그의 선풍을 단적으로 말해주고 있다.

이러한 경력을 지닌 단하 스님이 어느 날 거사를 방문했다. 막 대문간에 들어섰는데, 나물바구니를 들고 있는 거사의 딸 영조(靈照)가 보였다. 이에 단하 스님이 영조에게 "거사님은 댁에 계시는가?"라고 물었다. 그러자 영조는 아무 말이 없이 나물바구니를 내려놓고는 두 손을 마주잡고 공손히 서있을 뿐이었다. 영조는 부재 중인 아버지를 대신해서 방씨가(家)의 주인이 되어 빈객을 맞이하는 작법을 여법하게 행하고 있는 것이다.

단하 스님이 다시 "거사님은 댁에 계시는가?"라고 물으니, 영조는 바구니를 집어 들고 그냥 가버렸다. 단하 스님은 그녀가 부친을 대신해서 응대하고 있다는 것을 미처 알아차리지 못하고 재차 물은 것이다. 그러나 조금 후 단하 스님은 거사가 부재라는 그녀의 뜻을 헤아리고 그냥 떠나갔다. 여기에서 우리들은 영조가 일상의 생활을 얼마나 빈틈없이 훌륭하게 영위하고 있는가를 알 수 있다. 이 일면은 또한 그녀가 아버지 방거사에 앞서 좌망(坐亡)을 할 수 있었던 수행력을 고스란히 보여주고 있다고 할 수 있을 것이다.

조금 있다가 거사가 돌아오니, 영조가 좀 전의 일을 말씀드렸다. 그러자 거사가 딸에게 "단하 스님은 계시는가?"라고 물었다. 이에 영조가 "가셨습니다."라고 대답하니, 거사는 "쓸모없는 땅에 우유가 달라붙어 있구나."라고 말했다. '쓸데없는 짓을 했구나.'라는 나무람이 묻어있다. 아버지의 도반인 큰스님께 너무 당돌한 짓을 했다는 것이 거사의 생각이었는지도 모른다. 일상의 언어를 여의고 도(道)가 있는 것이 아니니까! 비록 그렇기는 하지만, 이 단원은 다음의 '5-2' 단원을 위한 서론에 불과하다고 할 수 있다. 왜냐하면 다음 단원이 없다면 이 일단은 그렇게 큰 의미를 지닐 수 없기 때문이다. 편집자의 용의주도함을 엿볼 수 있는 기회가 된다.

5-2 벙어리와 귀머거리

霞가 隨後入見居士하니 士見來하고 不起亦不言하다 霞乃豎起拂子어늘 士豎起槌子하다 霞曰, 只恁麼아 更別有아 士曰, 這回의 見師는 不似於前이니다 霞曰, 不妨減人聲價니라 士曰, 比來折你一下니라 霞曰, 恁麼則瘂却天然口也니라 士曰, 你瘂繇本分어니와 累我亦瘂로다 霞擲下拂子而去어늘 士召曰, 然闍黎, 然闍黎하다 霞不顧하다 士曰, 不惟患瘂하고 更兼患聾이로다

108

해석

　그 바로 뒤에 단하 스님이 거사를 만나러 왔다. 거사는 스님이 찾아온 것을 보고, 일어서지도 않고 또한 말도 하지 않았다. 이에 단하 스님이 손으로 불자(拂子)를 세우니, 거사는 추자(槌子)를 세웠다. 그러자 단하 스님이 거사에게 말했다.

　"단지 그것뿐인가, 그렇지 않으면 따로 무엇인가 있는가?"

　"이번에 스님을 만나보니 지난번과는 같지 않습니다."

　"남의 평판을 깎아내리는 솜씨가 대단합니다."

　"아까는 스님을 한번 곯려주었습니다."

　"그 때는 이 천연(天然)의 입이 벙어리가 되어버리지요."

　"스님의 벙어리는 타고난 것인데, 그것이 나까지도 벙어리로 만드니 피해가 많습니다."

　그러자 단하 스님은 불자를 던져버리고 나가버렸다. 거사가 "천연 스님, 천연 스님!" 하고 불렀지만, 단하 스님은 뒤돌아보지도 않았다. 이에 거사가 말했다.

　"단지 벙어리인 줄만 알았더니, 귀머거리까지 되고 말았군."

강설

1) 딸의 행동과 아버지의 말

　단하 스님이 거사를 만나러 왔다가 영조만 만나고 돌아간 바로 뒤에 스님이 다시 거사를 만나러 왔다. 그러나 거사는 스님이 방에 들어온 것을 보고도, 일어서지도 않고 또한 말도 하지 않았다. 이에 단하 스님이 들고 있던 불자(拂子)를 세우니, 거사는 추자(槌子)를 세웠다.

불자란 짐승의 털이나 삼 등을 묶어서 자루에 맨 것으로 벌레를 쫓을 때 사용하는 물건이다. 선종에서는 장식용으로 사용되어 주지나 또는 그 대리인이 이것을 들고 상당하여 설법하기도 한다. 추자란 8각의 나무로 된 추인데, 스님들이 당내에 모였을 때 무엇인가 중요한 것을 고지한다든가 명령한다든가 할 때에, 그 회중에서 가장 어른스님이 이것을 두드려 소리를 낸다. 백추라고도 한다.

스님들이 대중처소에서 사용하는 추자를 무슨 까닭에 거사가 자기 집에 가지고 있었는지는 잘 모르겠지만, 서로 간에 말이 없는 그 적정의 시간에 단하 스님이 불자를 세우니, 거사는 추자를 치지 않고 세웠다. 그러자 단하 스님이 거사에게 "단지 그것뿐인가, 그렇지 않으면 따로 무엇인가 있는가?"라고 물었다.

단하 스님의 이 반문은 선종의 어록에서는 자주 보이는 물음이다. 상대가 보인 마음의 쓰임새(機)를 궁극적인 것으로 용인하지 않고, 그것보다 앞선 것을 묻는 경우에 사용하는 예가 많다. 또한 상대가 제출한 것이 진짜가 아닌 것을 상대 자신에 의해서 폭로시키는 의도로 말하는 경우도 있다. 단하 스님은 지금 거사가 추자를 세운 행위에 대하여 '아니다'라고 말하고 있는 것이다.

이에 거사는 "이번에 스님을 만나보니 지난번과는 같지 않습니다."라고 대답했다. 그러나 실제로는 거사는 지난번에 스님을 만나지 못했다. 때문에 이 말은 지난번 영조와 단하 스님 간에 있었던 사건을 근거로 한 것이다. 즉 스님이 영조의 행동에 대해서 제대로 응수하지 못한 것을 부드럽게 비꼬아 말하고 있는 것이다. 그러자 단하 스님은 "남의 평판을 깎아내리는 솜씨가 대단합니다."라고 받아넘긴다. 단하 스님은 거사의 예봉을 부드럽게 받아들여서, '나의 평판을 떨어뜨리는 자네의 그 공격 태도는 역시 대단하다.'라고 말한 것이다.

스님이 부드럽게 응수하니 거사 역시 "아까는 스님을 한번 곯려주었습니다."라고 부드럽게 응수한다. 일종의 사과인 셈이다. 싸움을 건 사람은 거사다. 단하 스님이 찾아왔을 때 거사는 일어서지도 않고 또한 말도 하지 않았다. 바로 며칠 전 스님이 자신의 집을 방문했을 때 영조가 취했던 행동 그대로인 것이다.

딸과 아버지가 똑같은 행동을 했는데, 스님이 이번에는 불자를 세웠다. 이렇게 되면 "이번에 스님을 만나보니 지난번과는 같지 않습니다."라는 말은 실은 영조의 말이 된다. "왜 지난번에는 그냥 나가더니 오늘은 불자를 세우십니까?"라는 영조의 추궁이다. 여기서 단하 스님은 거사의 공격태도를 인정하고, 거사는 지난번 딸의 무례를 '스님을 한번 곯려주었다.'는 말로 사과하고 있는 것이다. 이러한 딸을 대신한 거사의 사과에 단하 스님은 오히려 "그 때는 이 천연(天然)의 입이 벙어리가 되어버리지요."라고 영조를 칭찬한다. 영조의 공부가 대단해서 입을 뗄 곳이 없었다는 칭찬인 것이다.

2) 벙어리 논쟁

그러나 거사는 지금까지의 영조로서의 역할에서 돌변하여 스스로의 공격에 나선다. 영조를 칭찬하기 위해서 말한 '벙어리'를 포탄으로 "스님의 벙어리는 타고난 것인데, 그것이 나까지도 벙어리로 만드니 피해가 많습니다."라고 공격을 시작한 것이다. 스님이 벙어리가 된 것은 스님 자신의 본래성[本分]이다, 내가 알 바 아니다. 그런데도 '스님은 그 벙어리를 나에게까지 전염시키는 것은 심한 것이 아닌가?'라는 것이다.

여기서 말하는 본분은 그즈음부터 선가에서 사용한 술어인데 본래인으로서의 삶, 자기 본성의 자각에 뿌리내린 삶의 형태라는 묵직한 의미를 지니고 있다.

거사는 먼저 단하 스님의 벙어리를 스님 자신의 본분에 따른 것이라고 못박았다. 즉 거사는 단하 스님이 스스로 말한 '나의 입은 벙어리가 되었다'라는 벙어리[瘂]의 상징적인 의미를 그대로 이어받아서 '그렇게도 훌륭한 본분의 벙어리, 천연 스님다운 천연의 삶'이라고 먼저 말한 것이다.

그러나 거사는 이 말을 전제로 하여 '스님의 그 벙어리를 나에게까지 옮기는 것은 잘못된 것이다.'라고 상황을 역전시키고 있다. 그러나 '나에게까지 벙어리를 옮겼다.'는 거사의 발언은 실은 '스님의 훌륭한 벙어리 덕택에 나도 벙어리가 될 수 있게 되었다.'는 뉘앙스를 풍기고 있다. 그렇다면 두 사람이 다투고 있는 벙어리란 무엇일까?

『유마경』에서 유마 거사는 문수보살로부터 "어떻게 해야 불이법문(不二法門)에 들 수 있습니까?"라는 질문을 받고는, "묵연(默然)하고 말을 하지 않았다."고 설하고 있다. 그것은 언어를 넘어서 있기 때문에 묵연하고 있었다는 것이 아니고, 말이 없는 그대로 유마 거사는 둘이 아닌 것에 들어가 있었던 것이다. 묵연 자체가 둘이 아닌 진리를 나타내고 있는 것이다. 마찬가지로 지금 두 사람은 진리 자체에 놓여진 상태를 벙어리로 표현하고 있다. 그래서 거사는 우리 두 사람이 자기 본성의 자각에 뿌리 내린 삶의 형태, 즉 무분별지를 증득한 삶을 살고 있는 것에 대한 만족감에 동의를 구하고 있는 것이다.

그러나 단하 스님은 불자를 던져버리고 나가버렸다. 거사가 "천연 스님, 천연 스님!" 하고 불렀지만, 단하 스님은 뒤돌아보지도 않았다. 이에 거사가 "단지 벙어리인 줄만 알았더니, 귀머거리까지 되고 말았군." 하고 말했다.

거사가 단하 스님에게 같은 벙어리임을 말했을 때, 스님은 그날의 살림살이는 이미 끝이 났다고 생각했다. 양자 모두 나누어야 할 무엇인가를 남겨두지 않았기 때문이다. 그래서 단하 스님은 거사의 집을 나갔다. 싸움의 시초에 거사를 향해서 손에 잡고 세워서 보여준 불자까지도 버리고 갔다. 빈 몸으로 그는 걸어갔다. 거사가 곧 불렀지만 뒤돌아보지 않는 것은 당연한 일이다. 거사로서는 추격의 한방을 취하고 싶었겠지. 그러나 그것은 헛손질로 끝나고 있다. 만약 단하 스님이 거사의 부름에 뒤돌아보았다면 이 종반의 형세는 완전히 역전하게 되겠지만, "귀머거리까지 되고 말았군." 하는 거사의 독백은 단하 스님을 향한 찬탄이 되고 있다.

5-3 거사와 방(龐) 선생

丹霞가 一日에 又訪居士하여 至門首相見하다 霞乃問하대 居士在否

아 士曰, 饑不擇食이로다 霞曰, 龐老在否아 士曰, 蒼天, 蒼天하고 便

入宅去하다 霞曰, 蒼天, 蒼天하고 便回하다

해석

　단하 스님이 어느 날 다시 거사를 방문했다. 마침 집 앞에서 거사를 만나자 단하 스님이 거사에게 물었다.

　"거사는 댁에 계십니까?"

　"굶주리면 음식을 가리지 않습니다."

　"방(龐) 선생은 댁에 계십니까?"

　그러자 거사는 "아이고! 아이고!" 하는 말을 하고는, 이내 집안으로 들어가 버렸다.

　이에 단하 스님도 "아이고! 아이고!" 하고는 그대로 되돌아갔다.

강설

　단하 스님이 어느 날 다시 거사를 방문했는데, 마침 집 앞에서 거사를 만나자 단하 스님이 거사에게 "거사는 댁에 계십니까?"라고 물었다. 그러자 거사는 "굶주리면 음식을 가리지 않습니다."라고 응수했다. 거사는 단하 스님의 어디를 붙잡아서 이렇게 말한 것인가? 지금 단하 스님은 거사의 집 바깥에서 그와 만나고 있으면서 '거사는 댁에 있는가?'라고 묻고 있다. 즉 단하 스님은 지금 목전에 있는 거사를 무시하고 뛰어넘어서, 거사의 '본래인'을 묻고 있는 경우다.

단하 스님보다는 시기적으로 후대의 인물인 임제 스님은 그의 시중 (示衆)에서 "그대들의 한 생각 마음의 청정한 빛〔淸淨光〕은 그대들 집안 〔屋裏〕의 법신불(法身佛)이다. 그대들의 한 생각 마음의 분별없는 빛〔無分 別光〕은 그대들 집안의 보신불(報身佛)이다. 그대들의 한 생각 마음의 차 별 없는 빛〔無差別光〕은 그대들 집안의 화신불(化身佛)이다. 이 세 가지 몸 은 그대들이 지금 내 앞에서 법문을 듣고 있는 바로 그 사람이다. 다만 밖 을 향해 헤매면서 찾지만 않으면 이런 공용(功用)이 있다."라고 설하고 있 다. 단하 스님은 임제 스님이 말하고 있는 '집안의 사람'을 묻고 있는 것 이다.

다시 말하면 단하 스님은 일부러 목전의 거사 그 사람을 무시하고, 거 사의 본래인의 소재를 묻고 있다. 이에 대한 거사의 '굶주리면 음식을 가 리지 않는다.'라는 대답은 본래인만 찾는 단하 스님을 향한 즉각적인 보 복이다. 스님이 마치 배고픈 자가 공복을 채우기 위해서 체면불구하고 음식을 입에 넣는 사람과 같다는 말이다. 왜냐하면 단하 스님이 집안의 사람을 먼저 찾는 것은 질서나 예의를 무시한 속도위반이고, 본래인인 거사 자신을 진흙 속에 처박은 것이 되기 때문이다.

이렇게 거사가 반격을 가하자, 스님은 말을 바꿔서 "방(龐) 선생은 댁 에 계십니까?"라고 묻는다. 즉 거사라는 호칭을 버리고 방 선생〔老〕 그 사람의 소재를 묻고 있는 것이다. 거사가 되었든 방 선생이 되었든 '굶주 리면 음식을 가리지 않는' 질문임에는 변화가 없다. 여기서 거사는 "아이고! 아이고!" 하는 탄식의 말을 남기고 집안으로 들어가 버렸다. 왜 시시하게 같은 질문을 두 번이나 하느냐는 속내가 깃들어 있는 탄식이다.

이에 단하 스님도 "아이고! 아이고!" 하고는 그대로 되돌아갔다. 그런데 위에서 살펴본 것처럼, 거사의 개탄은 이해가 간다. 그러나 단하의 탄식은 무엇일까? 단하는 본래인에 관하여 좀 더 적나라한 대화를 거사와 시험해 보고 싶었다. 그의 물음은 그러한 계기를 마련하기 위해서 꾸민 것인데, 한 치의 틈도 없는 암석 같은 거사의 자세는 완강함과 냉엄함 그 자체였다. 따라서 개운하지 않게 끝난 오늘의 대국에 실망감이 있었던 것이리라.

5-4 종안(宗眼)에 관한 문답

霞가 一日에 問居士하대 昨日相見은 何似今日이오 士曰, 如法擧昨日事來하여 作箇宗眼하라 霞曰, 祗如宗眼이 還著得麗公麽아 士曰, 我在你眼裏로다 霞曰, 某甲眼窄이니 何處安身인고 士曰, 是眼何窄이며 是身何安인고 霞休去하다 士曰, 更道取一句하면 便得此話圓하리라 霞亦不對하다 士曰, 就中這一句는 無人道得이리라

해석

어느 날 단하 스님이 거사에게 물었다.

"전날의 만남은 오늘과 비교해서 어떻습니까?"

"그 전날의 일을 있는 그대로 말해서, 하나의 종안(宗眼)으로 보여주

십시오."

"그 좋안이라는 것, 그 가운데 방 선생님을 두게 할 수 있을까요?"

"나는 스님의 눈 속에 있습니다."

"아니야, 본인의 눈은 좁기 때문에 그대 몸이 있을 수가 없어요."

"도대체 눈이 어째서 좁다는 것입니까, 도대체 몸을 어째서 두게 할 수 없다는 것입니까?"

단하 스님은 거기서 말을 끊었다. 그러자 거사가 말했다.

"다시 한 마디만 더 해주십시오, 오늘의 대화가 원만하게 매듭이 지어지게끔."

그런데도 단하 스님은 아무 말도 하지 않았다. 이에 거사가 말했다.

"이 한 마디만은 말할 수 있는 사람이 없을 것입니다."

강설

1) 여기, 그리고 지금

거사는 '1-2'의 게송에서 '나날의 일은 무엇이라고 할 것이 없으니, 다만 스스로 슬금슬금 잘도 옮겨간다.'라고 읊고 있다. 삼라만상의 실상을 있는 그대로 본 것을 소회한 말이다. 선(善)이 있고 악이 있다. 미운 감정을 가진 사람도 있고 좋은 감정을 가진 사람도 있다. 그 모든 것을 그냥 보고 있다. 자신에게 일어나는 마음의 흐름을 보고 있을 뿐이다. 이러한 거사에게 어느 날 단하 스님이 "전날의 만남은 오늘과 비교해서 어떻습니까?"라고 물었다.

원문에서 표현하고 있는 어제[昨日]를 글자대로 어제라고 할 필요는 없고, 오늘[今日]을 꼭 오늘이라고 단정할 필요도 없다. 왜냐하면 수행자에게 있어서 어제와 오늘이라는 개념은 별 의미가 없기 때문이다. 일상의 평범한 삶을 살고 있는 보통 사람들이라면 어제의 삶을 오늘의 그것과 비교해서 즐거웠다, 괴로웠다, 재산이 늘었다, 주식이 떨어졌다고 말할 수 있겠지만, '여기, 그리고 지금'을 살고 있는 수행자에게는 그러한 신상의 변동이나 주변의 여건이 단지 보여지는 어떤 것에 지나지 않기 때문이다.

단하 스님은 지금 거사에게 '여기, 그리고 지금 당신의 삶은 어떠한가?'라고 묻고 있는 것이다. 이에 거사는 "그 전날의 일을 있는 그대로 말해서, 하나의 종안(宗眼)으로 보여주십시오."라고 대답했다. 이 또한 나의 삶을 묻기 전에 '여기, 그리고 지금 스님의 삶이 어떠한지'를 먼저 말해보라는 도전이다. 종안이란 종지의 안목, 즉 불법의 근본을 완전히 터득한 눈을 말한다. 따라서 여기서는 상대방의 종안이 어느 정도인가를 검증함에 의해서 '여기, 그리고 지금'을 확인하려고 전날과 오늘이라는 시간을 소재로 한 것이다.

그러자 단하 스님은 거사에게 "그 종안이라는 것, 그 가운데 방 선생님을 두게 할 수 있을까요?"라고 말했다. 거사의 반격의 창끝을 방패로 바로 막지 않고, 몸을 옆으로 피한 다음 자신의 칼날을 겨누고 있는 것이다. 즉 거사가 제시한 종안을 단하 자신의 종안으로써가 아닌 일반명제로써의 종안으로 자리매김하고, 그 가운데 당신은 여법하게 들어갈 수 있는지 어떤지를 묻고 있는 것이다.

여기서 우리들은 또한 단하 스님이 거사를 '방 선생님〔龐公〕'이라고 지칭하는 말의 변화를 읽어야 할 것 같다. 거사는 '왕사니 국사니 누가 칭호를 붙였는가? 이 산중은 티끌 하나 없는 곳'이라고 읊고 있다. 수미산을 한 손으로 들어올리고, 태평양 물을 한 입에 마시고 있는 장부임을 자임하고 있다. 그러니 당신을 '선생님'으로 부르겠다. 그런데 불법의 근본을 완전히 터득하여 걸림 없이 관찰하는 종안이라 해서 과연 그대 같은 대단한 인물을 그 가운데 포섭할 수 있겠는가 하고 묻고 있는 것이다.

이에 거사는 "나는 스님의 눈 속에 있습니다."라고 대답하고, 단하 스님은 "아니야, 본인의 눈은 좁기 때문에 그대 몸이 있을 수가 없어요." 하고 말한다. 반격과 재 반격의 창끝이 부딪혀 불꽃이 튀고 있다. 박진감과 긴장감이 함께 흐른다. 『삼국지』보다 더 흥미진진하다. 필자는 30대 후반에 선사(先師)인 광덕 스님으로부터 가끔 조사어록을 보라는 말씀을 들었다. 어록을 읽어보는 것이 바로 화두를 참구하는 것이라는 말씀이었다. 그러나 당시에는 조사어록을 펼쳐서 보면 재미가 없었다. 귀신 씨나락 까먹는 소리 같은 큰스님들의 법거량이 공허하게만 들렸다. 그로부터 몇 년 뒤, 다시 조사어록에 도전을 시작했다. 『벽암록』과 『종용록(從容錄)』을 비롯해 각종의 조사어록을 보는 것으로 거의 3년을 보냈다. 재미가 붙었다. 거기에는 용호상박(龍虎相搏)의 긴장감과 박진감이 넘치고 있었기 때문이었다. 지금 단하 스님과 방거사의 대화에서 저때의 감흥이 새롭게 다가온다.

2) 넓고 좁음을 여읜 종안

"종안이라 해서 과연 그대 같은 대단한 인물을 그 가운데 포섭할 수 있겠는가?"라는 단하 스님의 물음에 거사는 "나는 스님의 눈 속에 있다."라고 응수한다. 거사는 그 종안을 재차 상대방에게 되돌려서 '당신의 눈'이라고 함과 동시에 그 가운데에 자신을 슬쩍 밀어 넣고 말았다. 그것에 의해서 거사는 단하 스님의 눈을 벗어나서 자신의 종안으로 대결하려고 한 것이다. 그러나 단하 스님은 자신의 눈이 좁기 때문에 거사는 들어올 수 없다고 받아친다. 종안 그것으로 승부를 가리자는 말이다. 이에 거사는 "도대체 눈이 어째서 좁다는 것입니까, 도대체 몸을 어째서 두게 할 수 없다는 것입니까?"라고 재 반격을 가한다. 거사는 지금까지의 '당신의 눈'이나 '나의 눈'을 털어버리고 불법의 근본을 완전히 터득한 바로 그 종안을 제시하면서, 그것을 '좁다'라고 규정하는 것의 불합리함을 찌르고 있는 것이다.

의상조사는 『법성게(法性偈)』에서 "한 티끌 그 가운데 시방세계를 머금었다(一微塵中含十方)."고 읊고 있다. 마찬가지로 불성에 관해서 대소를 말하는 것이 무의미한 것처럼, 원래 종안에 넓고 좁음을 논할 수는 없다는 말이다. 같은 맥락에서 '원래 몸을 어딘가에 둔다는 것이 무의미하다'는 것이다. 몸이라는 것이 실체가 없기 때문에 어디에 둘 수가 없을 뿐만 아니라, 실체가 없기 때문에 한 티끌 속에 시방세계를 머금을 수도 있다는 말이다.

그러자 단하 스님은 거기서 말을 끊었다. 이에 거사가 "다시 한 마디만 더 해주십시오, 오늘의 대화가 원만하게 매듭이 지어지게끔." 하고 말

120

했다. 거사도 알고 있다. 오늘의 종안에 관한 문답이 자신의 말로 완결되었다는 것을. 그렇지만 거사는 그 확인을 단하 스님에게 요구한 것이다. 역시 단하 스님은 아무 말도 하지 않았다. 단하 스님은 묵묵히 대답하지 않는 것으로 거사의 마지막 일수를 찬탄하고 있는 것이다. 이에 거사가 "이 한 마디만은 말할 수 있는 사람이 없을 것입니다."라고 말했다. 회심의 미소를 짓고 있는 말이다.

5-5 복두(幞頭)에 관한 문답

居士는 一日에 向丹霞前하여 叉手立하고 少時却出去하다 霞不顧어늘 士却來坐하다 霞却向士前하여 叉手立하고 少時便入方丈하다 士曰, 我入汝出하여 未有事在로다 霞曰, 這老翁出出入入하여 有甚了期리오 士曰, 却無些慈悲心이로다 霞曰, 引得這漢到這田地로다 士曰, 把什麽引고 霞乃拈起士幞頭曰, 却似一箇老師僧이로다 士却將幞頭安霞頭上曰, 一似少年俗人이로다 霞應喏三聲하다 士曰, 猶有昔時氣息在로다 霞乃抛下幞頭曰, 大似一箇烏紗巾이로다 士乃應喏三聲하다 霞曰, 昔時氣息爭忘得이리오 士彈指三下曰, 動天動地로다

해석

어느 날 거사는 단하 스님 앞에서 차수(叉手)하고 한참 서 있다가 바로 나가버렸다. 그렇지만 단하 스님은 돌아보지도 않았다. 그러자 거사는

다시 되돌아와서 자리에 앉았다. 이번에는 단하 스님이 거사 앞에서 차수하고 잠시 서 있다가 방장실로 휙 들어가 버렸다. 이에 거사가 단하 스님에게 말을 걸었다.

"나는 들어오고, 스님은 나갑니다. 어떤 변화도 없습니다."

"이 늙으신 어른이여, 들락날락 들락날락해서 전혀 끝날 기약이 없잖습니까?"

"이 무슨 손톱만한 자비심도 없는 소립니까!"

"이 사나이를 이런 곳에까지 끌어들인 것인가?"

"무엇을 끌어들였다는 말입니까?"

이에 단하 스님은 거사의 복두(幞頭)를 잡아들고서 말했다.

"흠! 대단한 노스님 같습니다."

그러자 이번에는 거사가 그 복두를 단하 스님의 머리에 씌우고 말했다.

"흡사 세간의 소년 같습니다."

이에 단하 스님은 "예, 예, 예."라고 세 번 대답했다.

거사가 말했다.

"아직 옛날의 기운은 남아있는 것 같습니다."

그러자 단하 스님이 복두를 집어던지고 말했다.

"이것은 꼭 오사건(烏紗巾) 같습니다."

이에 거사는 "예, 예, 예."라고 세 번 대답했다.

단하 스님이 말했다.

"옛날의 기운은 좀처럼 잊어버릴 수 없는 모양입니다."

그러자 거사가 손가락을 세 번 튕기고는 말했다.

"하늘도 움직이고 땅도 흔들린다."

강설

1) 주인과 손님

거사가 단하 스님을 찾아와 승당(僧堂)에서 대면했을 때의 서막이다. 어느 날 거사는 단하 스님을 찾아와 스님 앞에서 차수(叉手)하고 한참 서 있다가 바로 나가버렸다. 차수란 양손을 가슴 위에서 포개 붙이는 것으로 연상의 사람에게 인사할 때에 보통 하는 작법이다. 손님으로서 여법하게 주인에게 인사를 드리고 있다. 그러나 주인은 손님에게 말도 건네지 않는다. 손님을 냉대하고 있는 것이다. 이에 손님은 나가버렸다. 그렇지만 단하 스님은 돌아보지도 않았다. 더욱 차가운 냉대의 표현이다. 그러자 거사는 다시 되돌아와서 자리에 앉았다. 이번에는 단하 스님이 거사 앞에서 차수하고 잠시 서 있다가 방장실로 획 들어가 버렸다. 주인과 손님이 서로 바뀐 것이고, 역시 손님은 예의를 다한 반면 주인은 손님을 냉랭하게 대하고 있다.

누가 주인이고 누가 손님인가? 그리고 그 긴장감이 흐르는 냉랭한 분위기는 또 무엇인가? 운문(雲門 : 865~949)은 어떤 스님이 찾아와 "모든 부처님의 해탈처는 어디입니까?"라고 여쭙자, "동산이 물 위로 간다(東山水上行)."라고 대답했다. 또한 선가에서는 "나그네가 다리 위를 가는데, 다리는 흐르고 물은 흐르지 않는다."라고 말하고 있다.

동산과 다리는 고정되어 있고, 물이 흐른다는 것이 사람들의 고정관념이다. 그것을 절대의 가치체계라고 여기고 있다. 그런데도 운문 스님은 부처님의 해탈처가 동산이 물 위로 가는 곳이라 했다. 다리는 흐르고 물은 정지되어 있는 것이라는 말도 마찬가지다. 무슨 말일까? 이 말이 의미하는 바는 우리들이 기차를 타고 가다보면 바로 알 수 있다. 창밖으로 보이는 산천이 달리는가, 아니면 기차가 달리고 있는가? 고정관념, 인습, 전통적인 사유체계 같은 것들이 우리들을 구속하고 있는 것이다. 그러한 구속 속에서는 결코 부처를 찾을 수 없다. 진정한 자유인이 될 수 없다. 여기 주인과 손님이라는 한계도 마찬가지다. 단하 스님과 방거사는 이 점을 말하고자 서막을 유별나게 열고 있다.

마침내 서막의 적막을 깨고자 먼저 거사가 단하 스님에게 "나는 들어오고, 스님은 나갑니다. 어떤 변화도 없습니다."라고 말을 걸었고, 스님은 "이 늙으신 어른이여, 들락날락 들락날락해서 전혀 끝날 기약이 없잖습니까?"라고 응수했다. 거사가 재차 승당에 들어와 주인처럼 자리를 차지하고, 주인인 단하 스님은 손님처럼 곧 방장실로 가버린 것을 붙잡아서, 거사는 '어떤 변화도 없다.'라고 말하고 있다. 단지 주객이 전도되었을 뿐, 주인은 주인대로 손님은 손님대로 자리를 잡고 있다. 좀 심하게 표현하면 "내가 방장자리에 있습니다."라는 말이 될 수도 있다. 여기서 단하 스님은 "들락날락해서는 끝날 기약이 없다."고 말한다. 침묵을 깬 거사의 유혹에 스님이 일단 응하기는 했지만, 남의 일 같은 냉정한 대접법이다.

이에 거사는 "이 무슨 손톱만한 자비심도 없는 소립니까!"라고 답하

124

여, 스님의 냉담함을 강하게 꾸짖고 있다. 단하 스님의 인품이 본래 냉철하고 강직함을 공격한 것이다. 그러자 단하 스님은 "이 사나이를 이런 곳에까지 끌어들인 것인가?"라고 응수했다. 단하 스님의 냉정함이 더욱 심해진 말이다. 거사의 발언에 대해서 직접 답하고 있는 것이 아니고, 혼잣말로 기가 죽어 투덜대는 말이다. 그러나 거사는 기가 죽은 단하의 독백 같은 그 말을 그냥 들어 넘기지 않고 "무엇을 끌어들였다는 말입니까?"라고 응수했다. '끌어 들인다니, 무엇을 말입니까?'라는 힐문이다. 그런데 이 말을 들은 단하 스님의 다음의 행동과 말이 기상천외하다.

2) 공간과 시간

느닷없이 단하 스님은 거사의 복두(幞頭)를 잡아들고서 "흠! 대단한 노스님 같습니다."라고 말한 것이다. 복두란 두건의 일종으로 보통 검고 얇은 명주로 만들고, 각을 만들기 위해 옻을 칠하며 뒤에 두 가닥의 천을 드리운 것이다. 평민뿐만 아니라 관리도 평상복에는 이것을 사용하는데, 단하 스님이 거사의 복두를 벗기고는 거사의 모습을 '꼭 노스님 같다'고 평한 것이다. '무엇을 끌어 들였는가.'라고 물었는가? 나는 주인이 되는 것을 원하고 있는 노스님을 이곳에 모시고 있다. 이제 방장 자리를 즐기면서 나를 대신해서 법을 설해 주면 어떤가?'라는 속내가 묻어있는 말이다. 바로 서막에서의 주인과 손님의 관계가 정점에 와 있는 것이다.

그러자 이번에는 거사가 그 복두를 단하 스님의 머리에 씌우고 "흡사 세간의 소년 같습니다."라고 말했고, 이에 단하 스님은 "예, 예, 예."라고 세 번 대답했다. 이미 주인이 된 거사는 손님이 된 스님을 손님으로 대접하여, 복두를 씌우고 소년이라 부른 것이다. 단하 스님 역시 손님 역할을 충실히 하고 있다. 양자의 주고받음이 이때까지의 응수와는 다르게 둘 다 말하자면 '손님과 주인놀이'를 상호간에 즐기고 있는 것이다.

그러나 거사가 "아직 옛날의 기운은 남아있는 것 같습니다."라고 말함으로써 분위기는 다시 다른 전기를 마련하게 된다. 단하 스님이 복두를 집어던지고 "이것은 꼭 오사건(烏紗巾) 같습니다."라고 말했기 때문이다. 지금까지 서로 간에 '손님과 주인놀이'를 즐기던 공간 속에서의 싸움이 시간 속으로 옮겨 간 것이다. "지금 복두를 쓰고 있는 스님은 출가 전의 당신이냐, 아니면 출가한 단하 스님이냐?"라는 거사의 추궁이다. 공간적인 동일생명 속에서 주인이 곧 손님이요, 손님이 곧 주인임은 알겠다. 그렇다면 시간적인 동일생명, 즉 과거가 곧 현재요, 현재가 곧 과거라는 동일생명은 어떻게 증명해 보일 것인가? 복두를 쓰고 있는 스님은 출가 전의 속인 모습이 아닌가라는 물음이다.

이 거사의 시간 속의 동일생명의 증명을, 단하 스님은 복두를 집어던지고 '이것은 꼭 오사건 같다.'는 말로 보여주고 있다. 오사건이란 품계가 있는 관리가 조회 때나 빈객을 영접할 때 착용하는 모자인데, 약식의 복두와는 경우가 다른 것이다. 따라서 단하 스님이 그 복두를 오사건이라고 해서 던져버린 것은 오사건을 쓰는 신분 등은 안중에도 없다는 것을 보여주고 있다. 일찍 유학을 배워 관료가 되려고 한 그가 출가하여 불도에 든 여기, 그리고 지금을 바로 나타내어 보여준 것이다. 이에 거사는 "예, 예, 예."라고 세 번 대답함으로써 스님의 응수에 찬탄을 보내고 있다.

그런데 단하 스님 역시 거사에게 "옛날의 기운은 좀처럼 잊어버릴 수

126

없는 모양입니다."라고 말했다. 무슨 뜻일까? 이 단하 스님의 말은 일견 앞의 거사의 '아직 옛날의 기운은 있다' 와 같은 것을 말하고 있는 것처럼 보일 수도 있다. 그러나 단지 그것만은 아니다. 일체의 속박에서 벗어나 '여기, 그리고 지금' 의 대자유인인 거사가 지금도 '옛날의 기운' 을 잊지 않고서, 낱낱이 그것을 생생하게 기억하여 돌출시키고 있다는 것은 아무래도 이상하지 않은가? 그렇다면 당신은 시간을 벗어난 본래인을 나에게 어떻게 보여줄 수 있는가라는 반격이다.

이에 거사는 손가락을 세 번 튕기고는 "하늘도 움직이고 땅도 흔들린다."라고 말했다. 거사를 향한 단하 스님의 반격은 그에게 있어서는 정곡을 찔린 지적임에 틀림이 없었다. 거사의 '손가락 세 번 튕김' 은 스님의 그 지적을 솔직하게 받아들인 것이다. 그러면서 거사는 '하늘도 움직이고 땅도 흔들린다.' 고 자신의 심정을 밝히고 있다. 하늘과 땅이 둘이 아니듯이, 스님도 그러하고 이 거사도 그러하다고 마무리를 짓고 있는 것이다.

5-6 7과 1

丹霞는 一日에 見居士來하고 便作走勢하거늘 士曰, 猶是抛身勢로다 作麼生是嚬呻勢오 霞便坐하다 士向前하여 以拄杖劃箇七字하고 於 下劃箇一字하여 曰, 因七見一하고 見一忘七이라 하니 霞便起하다 士 曰, 更坐少時하라 猶有第二句在로다 霞曰, 向這裏著語라도 得麼오 士遂哭三聲하고 出去하다

해석

어느 날 단하 스님은 거사가 찾아오는 것을 보고 달아나는 시늉을 했다. 이에 거사가 말했다.

"그것은 오히려 덤벼드는 모양입니다. 으르렁대는 모습은 어떤 것입니까?"

그러자 단하 스님은 바로 앉아버렸다. 거사는 앞으로 나가 주장자를 가지고 허공에 7자를 쓰고, 그 밑에 1자를 쓰고는 말했다.

"7에 의하여 1을 보고, 1을 보고서 7을 잊습니다."

단하 스님은 바로 일어났다. 이에 거사가 말했다.

"조금 더 앉아계십시오. 아직 제 2구가 남아있습니다."

단하 스님이 말했다.

"이 속에 1구를 끼워도 좋겠습니까?"

거사는 거기에서 곡을 세 번 하고 나가버렸다.

강설

1) 사자빈신삼매

자리에 앉아있던 단하 스님이 거사가 찾아오는 것을 보고 일어나서 달아나는 시늉을 했다. 이에 거사가 "그것은 오히려 덤벼드는 모양입니다. 으르렁대는 모습은 어떤 것입니까?"라고 물었다. 여기서 '달아나는 시늉'의 단하 스님 행동은 거사를 향해서 달려드는 모습의 의미가 아니고, 먼저 한 발자국 물러선 자세를 취한 것이다. 그러나 거사는 스님의

128

자세가 '덤벼드는 모양' 이라고 뒤집어씌우고 있다. 거사가 이렇게 단하 스님이 '덤벼든다.' 라고 뒤집어씌운 것은, 단하 스님이 자신의 기선을 제압하려는 행동을 하고 있다는 사실을 간파했기 때문이다. 즉 거사는 이미 스님의 그 기선을 보았기에 '오히려 덤벼든다.' 라는 표현으로 역공을 가하고 있다.

여기서 말하는 '덤벼든다.' 는 것은 사자 등 맹수가 포획물을 노리고 뛰어서 습격하는 자세이다. 거사는 스님의 일보후퇴가 다음의 도약을 준비한 가장의 후퇴에 지나지 않는다는 것을 읽고 있다. 스님의 행동에 두려운 사자의 살기가 감추어져 있는 것을 알고 있지만, 그 알고 있다는 사실조차 상대방에게 숨기지 않고 '오히려' 하고 물을 끼얹고 있는 경우다. 그리고 이어서 '으르렁대는 모습[哮吼勢]' 은 어떤 것이냐고 물었다.

여기서 말하는 '으르렁대는 모습' 이란 사자빈신삼매(獅子嚬呻三昧)를 뜻한다. 사자가 떨치고 일어섰을 때에 오근(五根)이 모두 열리고 몸의 털이 모두 곤두서는 포효의 상을 나타낸다. 이처럼 부처님이 삼매에 들면 대비의 신근(身根)을 열고 위엄의 상을 나타내어 외도와 2승(二乘)의 무리를 조복 받는다는 것이다. 거사는 단하 스님에게 "덤벼드는 기선 등은 보여주지 않아도 좋다. 보기를 원하는 것은 스님의 사자빈신삼매의 참 모습이다."라고 도전을 하고 있는 것이다.

이러한 거사의 반격에 단하 스님은 바로 앉아버렸다. 그러자 거사는 앞으로 나가 주장자를 가지고 허공에 칠(七) 자를 쓰고, 그 밑에 일(一) 자를 쓰고는 "7에 의하여 1을 보고, 1을 보고서 7을 잊습니다."라고 말했다. 단하 스님은 분신삼매의 참 모습을 '바로 앉음' 으로써 보여주었다.

『금강경』에는 "세존께서 공양을 마치신 뒤 의발을 거두시고 발을 씻으신 다음 자리를 펴고 앉으셨다."고 설하고 있다. 세존이 자리에 앉으신 그것이 바로 진리의 나타냄인 것처럼, 단하 스님 역시 앉음으로써 그것을 보여주고 있다. 그러나 거사는 단하 스님의 그 빈신삼매를 재확인하기 위하여 주장자를 가지고 허공에 칠(七) 자를 쓰고, 그 밑에 일(一) 자를 쓰고는 "7에 의하여 1을 보고, 1을 보고서 7을 잊는다."라고 공격의 창끝을 늦추지 않는다.

2) 절대의 세계·상대의 세계

그렇다면 거사가 반격의 창끝으로 제시한 7·1이라는 숫자는 무엇을 의미하는 것일까?

먼저 일(一)이라는 숫자는 근본을 뜻한다. 천지가 나누어지기 이전의 모습이고, 음양이 갈라지기 이전의 소식이다. 일체가 공(空)한 자리다. 형상과 언설을 넘어선 절대의 세계다. 이에 반해 칠(七)이라는 숫자는 탄생과 생성을 의미한다. 천지가 나누어지기 시작하는 모습이고, 음양이 갈라진 소식이다. 일체가 공한 자리가 다시 공즉시색(空卽是色)이 된 자리다. 형상과 언설로 나타낼 수 있는 상대의 세계다. 때문에 형상화된 세계는 칠이라는 숫자를 기본으로 하여 탄생과 생성이 시작된다.

가령 중생들의 임신기간을 보자. 사람의 임신기간은 7×40=280일, 계란의 부화일수는 7×3=21일, 토끼의 수태기간은 7×4=28일이다. 뿐만 아니라 사람이 죽어서 다음 몸을 받는 기간도 칠을 기본으로 하여 7×7=49일로 끝난다고 하여 49재를 지내고 있다.

조주(趙州 : 778~897) 선사는 "만법이 하나로 돌아가는데, 그 하나는 어디로 돌아갑니까?"라는 어떤 스님의 질문을 받고, "내가 청주에 있을 때 삼베 장삼 한 벌을 만들었는데, 무게가 일곱 근이더라."고 답했다. 조금은 자의적인 해석이 될지도 모르지만, 이 역시 칠이라는 숫자는 만법이 돌아가는 일이 있는 곳으로부터 생성되는 무한창조의 대표성을 지니고 있다. 따라서 "7에 의하여 1을 보고, 1을 보고서 7을 잊는다."라는 말 역시 물질적 존재에 의해서 공을 보고, 공이니까 물질적 존재는 없다는 뜻이 된다. 단하 스님이 내보인 빈신삼매는 형상화된 세계의 삼매일 따름이라는 공격이다.

그러자 단하 스님은 바로 일어났다. 이에 거사가 "조금 더 앉아계십시오. 아직 제 2구가 남아있습니다."라고 말했다. 단하 스님이 바로 일어난 것은 위의 앉음으로부터의 자연적인 전환이다. 단하 스님에게 있어서는 좌(坐)부터 기(起)에로 옮겨감은 일관한 자재적인 움직임이고, 따라서 거사의 '7과 1'의 그 대단한 솜씨에 대해서 꾸밈없는 창끝으로 보복한 것으로 된다. 그러나 거사는 단하 스님의 일어섬을 단순히 문답의 중단으로만 속단하고, "조금 더 앉아있어라, 아직 제 2구가 남아있다."라고 말해버렸다. 자신이 스님을 제압했다고 생각하여, 그 '일어섬'이 실은 자기가 제기한 문제에의 훌륭한 결착인 것을 알아차리지 못한 것이다.

그러자 단하 스님이 거사에게 "이 속에 1구를 끼워도 좋겠습니까?"라고 말했다. '당신의 제 2구를 듣기 전에 먼저 그 2구부터 빨리 말해줄 수 없을까?'라는 의미다. 이 단하 스님의 한 마디에서 거사는 자신의 낙기(落機)를 깨달았다. 이렇게 해서 용두사미의 비참한 결말에 스스로 직

면한 거사는 거기에서 곡을 세 번 하고 나가버렸다. 솔직한 패배를 인정한 것이고, 이것이야말로 거사다운 진술함이다.

5-7 파도를 일으키는 것

居士가 一日에 與丹霞行次에 見一泓水하고 士以手指曰, 便與麼는 也還辨不出로다 霞曰, 灼然하니 是辨不出하도다 士乃戽水하여 潑霞二搦하거늘 霞曰, 莫與麼아 莫與麼아 士曰, 須與麼로다 須與麼로다 霞却戽水하여 潑士三搦曰, 正與麼時에 堪作什麼오 士曰, 無外物이니라 霞曰, 得便宜者少로다 士曰, 誰是落便宜者오하다

해석

어느 날 거사가 단하 스님과 함께 걷고 있었는데, 호수가 하나 나타났다. 거사가 손으로 그것을 가리키며 단하 스님에게 말했다.

"이런 상태로는 역시 판단이 나지 않겠습니다."

"너무나도 분명해서 판단이 나지 않습니다."

이에 거사가 손으로 물을 떠서 단하 스님에게 척, 척, 두 번 뿌렸다. 그러자 단하 스님이 말했다.

"이렇게 하면 안 돼! 이렇게 하면 안 돼요."

"이렇게 해야 돼! 이렇게 해야 돼요."

이번에는 단하 스님이 물을 떠서 거사에게 세 번 뿌리고 말했다.

"자, 이런 경우 그대는 어떻게 대처할 수 있겠습니까?"

"남아있는 잡동사니는 없습니다."

"맛을 잘 아는 놈은 거의 없지요!"

"맛을 알지 못하게 한 놈은 누구입니까!"

강설

1) 평등상과 차별상

어리석은 사람은 바다를 바라볼 때 눈에 보이는 수면만 보고, 그 광활함에 감탄하고 놀라워한다. 그러나 지혜로운 이는 바다의 광활함과 아울러 눈에 직접 보이지는 않지만 해면 아래에 펼쳐져 있는 깊이와 거기에 존재하는 온갖 해초 및 물고기를 동시에 느낀다. 이처럼 동일한 사안을 대하더라도 사람의 근기에 따라서 그것을 인식하는 견해는 많은 차이가 난다. 부처님께서 말씀하신 이 현상계와 우리들이 인식하는 현상계에 괴리가 생기고 있는 것도 같은 맥락이 아닐까 여겨진다.

어느 날 거사가 단하 스님과 함께 길을 가고 있었는데, 눈앞에 큰 호수가 하나 나타났다. 이에 거사가 손으로 그것을 가리키며 "이런 상태로는 역시 판단이 나지 않겠습니다."라고 말했다. 그러자 단하 스님이 "너무나도 분명해서 판단이 나지 않습니다."라고 응수했다.

거사는 지금 물이 가득 찬 연못의 상태를 보고, 목전을 점하고 있는 것은 오로지 물의 넓이뿐이기 때문에 변별할 수 있는 어떤 단서가 거기에는 없다고 독백하듯 말하고 있다. 물론 단하 스님을 향한 문제의 제시다. 그 압도적인 '일체평등'의 모양에 감탄하면서도, 그 일체평등이 현상계에서는 오히려 온갖 상을 현현(顯現)하니 이것이 무슨 도리인가라는 물음이다. 그러나 단하 스님은 그 수면을 있는 그대로만 보고 있다. 일체 평등인 까닭에 파도가 일어도 물은 물이요, 그 속에 물고기가 놀아도 역시 물 속의 일이라고 받아넘기고 있는 것이다.

이에 거사가 손으로 물을 떠서 단하 스님에게 척, 척, 두 번 뿌렸다. 그러자 단하 스님이 "이렇게 하면 안 돼! 이렇게 하면 안 돼요."라고 말했고, 거사는 "이렇게 해야 돼! 이렇게 해야 돼요."라고 응수했다. 거사가 물을 휘저어 손수 뜬 두 국자의 물을 단하 스님에게 끼얹었다. 일체평등 속의 차별상을 말해보라는 자기의 제시를 스님이 동일생명 속에만 앉아 있으니, 그 거처를 파괴하려는 것이다. "자, 이렇게 물에 젖어도 호수와 스님은 동일생명인가?"라는 다그침이다. 단하 스님이 '이렇게 하면 안 된다.'고 만류를 해도 '이렇게 해야 된다.'고 억지를 부리는 거사의 말은 이러한 정황을 잘 설명하고 있다.

그러자 이번에는 단하 스님이 물을 떠서 거사에게 세 번 뿌리고 "자, 이런 경우 그대는 어떻게 대처할 수 있겠습니까?"라고 물었다. 이에 거사는 "남아있는 잡동사니는 없습니다."라고 대답했다. 단하 스님도 거사의 도전을 받아들여서 그가 자신에게 일으킨 일체평등 속의 차별상을 어떻게 받아들이는가를 보려고 한 것이다. 그러나 거사는 '남아있는 잡동사니는 없다.'라고 한 걸음 뒤로 물러선다. 일체평등을 차별상과 나누어 스님을 교란시켜보다가 그것이 여의치 않으니, 원래의 평등의 자세에 되돌리고 있는 것이다.

그러나 공격을 멈추고 있는 거사를 향해서 단하 스님은 "맛을 잘 아

134

는 놈은 거의 없지요!"라고 야유를 보내고 있다. 단하 스님은 거사를 향해서 그렇게 좌충우돌하지 말고, 즉 일체평등이니 차별상이니 말하지 말고 동일생명에 만족해 있는 자기에게로 와서 무엇인가 가져가라고 말하고 있다. 이에 거사는 "맛을 알지 못하게 한 놈은 누구입니까!"라고 반문한다. 원문 그대로의 해석으로는 "편의에 떨어진 놈은 당신이 아닙니까?"라는 반문이 되는데, 그저 동일생명에 만족하여 편하게 살고 있는 사람은 당신이라는 반격이다. 그러나 이 말 속에는 차별상의 진정한 의미를 숙고하는 자체를 무의미한 짓으로 만든 사람은 바로 스님이라는 되받아치는 기분이 남아있다.

2) 남녀의 평등과 유별(有別)

지금까지 단하와의 대화를 일곱 번에 걸쳐서 살펴보았다. 본 어록에서 개인과의 대화로는 가장 많은 회수이다. 처음 일체평등인 동일생명의 확인에서 시작된 대화는 마지막으로 평등상 속의 차별상 문제로 마무리가 되고 있다. 이에 필자는 평소에 생각하고 있었던 남녀간의 평등과 차별의 문제를 잠깐 언급해 보고자 한다.

우리들은 지금까지 근대화에 이어 현대화라는 깃발 아래 물질적인 것은 말할 것도 없고 정신적인 것에서까지 무분별하게 서구화로 치달아왔다. 이러한 일련의 과정 속에서 우리 사회는 서구의 평등사상이 구호적(口號的)일지 모르나 보편화되었고, 따라서 수천 년 동안 여성을 짓누르고 있던 남존여비사상도 남녀평등이라는 보편적 가치 앞에 항복을 했다. 때문에 건군 이래 금녀의 집이었던 삼군 사관학교에서 여성 생도가 수학을 할 수 있게 되었고, 각종 산업현장과 교육계, 언론계는 물론 스포츠에서도 여성은 남성에 뒤지지 않는 역할을 할 수 있게 되었다.

그러나 반면에 자녀의 성(姓)도 부모의 성을 함께 갖자는 의견까지 대두되고 보면 우리 사회의 남녀평등사상이 무엇인가 평등의 본래 의미를 상실해 가고 있지 않나 하는 생각을 지울 수 없게 된다. 즉 작금에 말해지고 있는 남녀평등이 삼강오륜(三綱五倫)의 한 덕목인 부부유별(夫婦有別)이나 남녀유별 같은 말을 잘못 이해하여, 그러한 생각을 철폐해야 할 구습으로 매도하고 있지는 않는가 하는 의구심이 든다는 말이다. 그렇다면 남녀 사이에 있어서 평등이란 무엇인가?『금강경오가해(金剛經五家解)』에는 "평등이라 함이 어찌 산을 깎아서 연못을 채우는 것이며, 학의 다리를 잘라 오리 다리에 이은 연후에라야 그렇게 되는 것인가? 긴 것은 긴 것에 맡기고 짧은 것은 짧은 데 맡기며, 높은 곳은 높은 데 맡기고 낮은 곳은 낮은 데 맡김이 평등이다."라는 구절이 있다. 무조건적인 동등이 아니라 온갖 사물의 유별 속에 참된 평등이 있음을 적시한 말이 아닌가 여겨진다.

남녀 사이에 인격적으로 차별이 있어서는 안 된다는 그 전제를 부정하자는 것이 아니다. 문제는 차별과 유별은 분명히 다른 개념을 갖고 있으며, 남녀 사이에 유별이 없어서는 남녀평등을 통한 참된 인간행복을 기대하기 어렵다는 사실이다. 그런데도 오늘날 회자되는 남녀평등은 긴 학의 다리를 잘라서 짧은 오리 다리에 이어 같은 크기로 만드는 것으로 착각하고 있는 듯하다. 때문에 귀걸이나 팔찌를 한 남성이 TV화면을 장식해도 역겨워하지 않고, 드라마나 코미디에서 기세등등한 부인에게 주눅이 들어 쩔쩔매는 남편들의 한결같은 모습을 당연시하며 받아들이고 있다. 이러한 잘못된 남녀평등관 아래에서 대두된 말 중에 여성의 자기성취라는 것이 있다. 소위 사회적으로 성공한 여성을 우상시하여 가정 밖의 일 속에서만 생의 진정한 보람을 찾을 수 있다는 일부 여성사회의 풍조다.

사실 남성뿐만 아니라 직장에서 열심히 일하는 여성의 모습은 고상해 보인다. 그러나 사설 놀이방에서 하루 종일 어머니를 기다리고 있는 두서너 살 난 어린아이에게 우리들의 눈길이 머물면 자아성취라는 이기주의에 편승한 왜곡된 남녀평등관에 대한 분노 또한 가시지 않는다. 이 세상에서 자식을 바르게 키우는 일보다 더 성스러운 일이 어디에 있는가? 본래 없던 아기를 낳아 사회의 동량으로 성장시키는 그 일보다 더 큰 자기성취가 또 어디에 있단 말인가? 그런데도 오늘날의 일부 젊은 어머니들은 자식들의 보다 행복한 장래를 위한다고 하면서 자식을 남에게 맡겨두고 자아성취와 금전에 매달리고 있다. 자기 성취라는 미명 아래 가정과 아기의 행복은 뒷전이 되어간다.

남녀평등이란 결코 남성의 여성화나 여성의 남성화에 있지 않을 것이다. 여성은 여성답고 남성은 남성다워질 때 진정한 남녀평등은 이루어지는 것이 아닐까. 그것이 또한 자연의 순리가 아닐까. 마치 화장하지 않고는 외출을 하지 못하는 모든 여성의 마음이 자연스러운 것처럼 말이다.

6. 백령(百靈)과의 대화

6-1 은혜를 입었던 말

百靈和尙이 一日에 與居士路次相逢하다 靈問曰, 昔日에 居士南嶽
得力句를 還曾擧向人也無오 士曰, 曾擧來니이다 靈曰, 擧向什麼
人고 士以手自指曰, 麗公하다 靈曰, 直是妙德空生이라도 也讚嘆不
及이로다 士却問하대 阿師得力句는 是誰得知오 靈戴笠子便行하거
늘 士曰, 善爲道路시오 靈更不回首하다

해석

　　백령 화상(百靈和尙)이 어느 날 거사와 길에서 상봉했다. 백령 스님이
거사에게 물었다.
　　"지난날에 거사님이 남악(南嶽)의 석두 스님으로부터 은혜를 입었던
말을 지금까지 사람에게 얘기했던 적이 있습니까?"
　　"말한 적이 있습니다."
　　"누구에게 얘기했습니까?"
　　그러자 거사는 자기를 손가락으로 가리키며, "이 방 선생에게!"라고
대답했다. 이에 백령 스님이 말했다.
　　"가령 문수보살과 수보리존자라 할지라도 찬탄하지 않을 수 없습니
다."
　　이번에는 거사가 백령 스님에게 물었다.

"스님이 은혜를 입었던 말은 그런데 누가 알고 있습니까?"

그러자 백령 스님은 삿갓을 쓰고 바로 걸어가버렸다. 거사가 "길조심하십시오."라고 말했지만, 백령 스님은 다시 돌아보지도 않았다.

강설

1) 깨달음의 객체화

백령 화상이 어느 날 길에서 거사와 마주치자, 스님이 거사에게 "지난날에 거사님이 남악(南嶽)의 석두 스님으로부터 은혜를 입었던 말을 지금까지 사람에게 얘기했던 적이 있습니까?"라고 물었다. 백령 스님은 마조 스님의 법을 이은 제자 중의 한 사람으로 자세한 전기는 알려져 있지 않고, 방거사와의 4회에 걸친 상봉이 스님을 알 수 있는 소식의 전부이다. 이 백령 스님이 느닷없이 이렇게 물은 것이다.

사실 백령 스님은 거사가 석두 스님을 친견하였고, 그 깨달음의 경지를 인정받아 석두 스님과 깊게 계합하는 곳이 있는 것을 알고 있었다. 때문에 스님은 거사와 도로써 상대가 되어, 현재 거사의 깨달음의 경지를 검증하려고 이렇게 질문을 던진 것이다. 그러나 백령 스님은 거사가 석두 스님으로부터 받았던 '구(句)'에 의해서 깨달음을 얻었다는 소문들을 전제하고 있지는 않다. 단지 거사가 석두 스님으로부터 얻은 무엇인가를 다른 사람에게 설할 수 있을 정도로 객체화하고 있는가, 어떤가를 음미하고 싶었던 것이다.

백령 스님의 질문을 받은 거사는 바로 "말한 적이 있습니다."라고 대답했고, 스님은 "누구에게 얘기했습니까?"라고 다그쳤다. 그러자 거사는 자기를 손가락으로 가리키며 "이 방 선생에게!"라고 대답했는데, 이에 백령 스님이 "가령 문수보살과 수보리존자라 할지라도 찬탄하지 않을 수 없습니다."라고 찬사를 보냈다. 거사는 주관적인 자기가 아닌 자신을 객체화시킨 '방 선생'에게 그 모든 것을 말했다고 대답하고 있다. 자기가 증오(證悟)한 것을 객체화된 자신에게 스스로 검증시켜보았을 뿐이라는 말이다. 다시 말하면 자신의 깨달음의 경지는 완전하고 충족함을 얻었기 때문에 타인의 검증을 기다릴 것까지 없다고 한 것이다.

이러한 거사의 대답에 백령 스님은 "부처님의 지혜를 상징하는 문수보살과 해공(解空) 제일의 수보리존자라 할지라도 찬탄하지 않을 수 없다."라고 찬탄하고 있다. 문수보살과 수보리존자는 함께 반야경전 중에서 부처님 설법의 청법자가 되어 불설(佛說)을 찬탄하고, 해설·부연하는 역할을 하고 있다. 따라서 백령 스님의 말은 가령 이 두 사람의 대표적인 지자(智者)라도 당신의 뛰어난 깨달음의 지혜를 찬탄하지 않을 수 없다는, 무조건적인 최상급의 찬탄이라 할 수 있다.

2) 자신을 검증하는 법

여기에서 우리들은 위의 거사의 대답을 곱씹어볼 필요가 있을 것 같다. 잘못 생각하면 거사의 대답을 오만에 찬 안하무인의 말이라고 할 수도 있다. 그러나 거사의 깨달음은 당대의 대선지식인 석두 스님과 마조 스님으로부터 인가를 받은 것이다. 때문에 지금의 대답은 백령 스님의 물음에 대한 선기(禪機)의 예리함을 표현한 것이라 할 수 있다. 따라서 필자는 거사의 이 대답을 우리들 후대의 사람들에게 보낸 메시지라 생각하고 싶다.

앞에서도 누누이 말한 바와 같이 이 시대에는 수행자의 수행 깊이를 개인적으로 점검해줄 눈 밝은 선지식을 만나기가 무척 어렵다. 때문에 자신의 깨달음의 정도를 가늠하기 위해서 할 수 있는 방법이 조사어록에 설시되어 있는 큰스님들의 말씀에 자신을 비쳐보는 것이다. 그러나 그것도 사실은 쉬운 일이 아니다. 이때 차선책으로 할 수 있는 것이 스스로 자기 자신을 객체화시켜 비쳐보는 방법이다.

수행을 시작하기 전과 지금의 자기를 비교해서 검증해 보는 것이다. 탐욕심과 성냄과 어리석음이 저때와 얼마나 차이가 나고 있는가? 구체적으로 음욕과 재물욕과 명예욕, 그리고 아만과 독선이 얼마나 엷어져 있는가를 스스로 비쳐보는 것이다. 만약 거기에 차이가 없다면 깨달음의 근처에도 가지 못한 것이다. 만약 거기에서 자기에게 스스로 높은 점수를 줄 수 있다면, 다음은 바깥 경계를 대하여 일어나는 자신을 비쳐보는 일이다.

바람소리가 부처님의 말씀으로 들리고 있는가? 쥐구멍으로 들어가는 쥐 울음소리가 '관세음보살, 관세음보살' 하는 소리로 들리는가? 아침에 일어나서 앞산을 바라보니, 산은 보이지 않고 부처님들이 팔베개를 하고 나란히 누워계시는 모습으로 보이는가? 그리고 마침내 새벽녘에 빛나는 저 샛별이 자신과 하나가 되어버렸는가? 이러한 것들을 통해서 자신을 검증하고, 그 검증에서 확신을 할 수 있다면 방거사와 도반이 될 수 있다고 생각한다. 바로 이러한 말을 일러주기 위해서 방거사는 방편의 대답을 해 주고 있는 것이다.

각설하고, 백령 스님의 찬사를 듣고 이번에는 거사가 스님에게 "스님이 은혜를 입었던 말은 그런데 누가 알고 있습니까?"라고 물었다. 그러자 백령 스님은 삿갓을 쓰고 바로 걸어가버렸다. 거사가 "길조심하십시오."라고 말했지만, 스님은 다시 돌아보지도 않았다. 주객이 바뀌어 이번에는 거사가 백령 스님을 검증하려 하고 있다.

이 경우에도 백령 스님에게 어느 특정의 스승으로부터 어떤 '은혜를 입었던 말'을 얻었다는 기연(機緣)을 묻고 있는 것은 아니다. 거사 역시 백령 스님의 깨달음의 경지가 어느 정도인지 검증하기 위해서 '나에게는 들려줄 수 있습니까?'라고 유혹을 하고 있는 것이다.

그러나 거사의 이 유혹에 백령 스님은 말없이 삿갓을 쓰고 바로 걸어가버렸다. 바로 삿갓을 쓰고 가버린 행위가 스님 자신의 '은혜를 입었던 말'을 그 자리에서 보여준 것이고, 스스로 걸어가는 것이 알고 있는 사람인 것이다.

이에 거사가 '길조심 하라'고 인사했지만, 스님은 다시 돌아보지도 않았다. 바둑으로 말하면 거사의 이 인사는 이미 한수 뒤지고 있다. 물론 이 말은 백령 스님의 선기(禪機)의 작용에 대한 거사의 찬탄이지만, 백령 스님으로서는 그것마저 전혀 소용이 없는 것이다. 그가 뒤도 돌아보지 않았다는 것은 너무나 당연한 것이다.

6-2 말해도 말하지 않아도

靈이 一日에 問居士하대 道得道不得도 俱未免이로다 汝且道하라 未
免箇什麼오 士以目瞬之하다 靈曰, 奇特하도다 更無此也로다 士曰,
師錯許人이니다 靈曰, 誰不恁麼아 誰不恁麼아 士珍重而去하다

해석

어느 날 백령 스님이 거사에게 물었다.

"말을 해도 말을 하지 않아도, 어느 쪽도 피하지 못한다. 대체 무엇으
로부터 피하지 못하는지, 그대가 한번 말해 보시오."

이에 거사가 눈을 깜박거렸다. 그러자 백령 스님이 말했다.

"기특합니다. 더할 나위가 없습니다."

"스님께서는 저를 과대평가하고 계십니다."

"누군들 그렇지 않겠습니까, 누군들 그렇지 않겠습니까!"

그러자 거사는 "그럼 안녕히 계십시오." 하고는 나가버렸다.

강설

1) 언설과 문자가 해탈의 모습

『유마경』「제자품」에 설시되어 있는 "법(法)에는 이름자가 없으니
언어가 끊어진 까닭이며, 법은 설함이 없으니 사유를 여읜 까닭이며, 법
은 형상이 없으니 허공과 같은 까닭이다."라는 경문을 본문 '4-4'에서

소개한 적이 있다. 그런데 같은 경 「관중생품」에는 "언설과 문자는 모두 해탈의 모습을 나타내고 있다. 왜냐하면 해탈이란 마음 안에서도, 마음 밖에서도, 또 안과 밖, 중간에서도 성립하는 것이 아니기 때문이다. 문자도 이와 같아서 안에서도, 밖에서도, 또 안과 밖의 중간도 아니기 때문이다. 이러한 까닭에 문자를 떠나서는 해탈을 설할 수가 없다. 왜냐하면 모든 것은 그대로가 해탈의 모습을 나타내고 있기 때문이다."라고 설하고 있다.

우리들은 두 경문을 대하면서 조금은 당혹감을 갖지 않을 수 없다. 왜냐하면 두 경문이 서로 이율배반의 입장을 취하고 있기 때문이다. 지금 거사와 백령 스님의 두 번째 대화는 이 난제를 가지고 법거량을 하고 있다.

어느 날 백령 스님이 거사에게 "말을 해도 말을 하지 않아도, 어느 쪽도 피하지 못한다. 대체 무엇으로부터 피하지 못하는지, 그대가 한번 말해 보시오."라고 말을 걸었다. 이와 같은 말이 거사보다는 조금 후대의 인물인 덕산(德山 : 782~865) 스님에게도 있다. 『조당집』 제 5권 덕산 화상 편에는, 덕산 선사께서 어느 날 "물으면 허물이 있고 묻지 않아도 어긋난다."라고 말씀하셨다. 이에 어떤 스님이 얼른 절을 하거늘, 덕산 선사가 때리니 그 스님이 "제가 처음으로 절을 하는데 어째서 때리십니까?"라고 말했다. 그러자 덕산 선사께서 "자네의 입이 열리기를 기다려서 무엇 하겠는가?"라 말씀하셨다고 기술되어 있다.

여기서 어구의 원조를 따지자는 것은 아니다. 두 스님의 말이 모두 진리의 당체를 언어로써 그 의미를 명확히 나타내는 것(表詮)은 절망적이고 불가능하다는 것을 전제로 하고 있는 점을 말하고자 함이다. 그렇다면 진리는 언어로 표현하는 것〔言詮〕을 넘어선 것이라고 인식하고, 단지 묵묵히 있는 것만이 참된 구도의 방법인가? 그렇지 않다는 것은 위에서 인용한 『유마경』의 "문자를 떠나서는 해탈을 설할 수가 없다."라는 말이 대변해 주고 있다.

그렇다면 말과 침묵을 어떻게 회통시키면 곧 전후가 없는 것을 얻을 수 있는가? 백령 스님은 이 어려운 이율배반을 어떻게 해결할 것인가를 과제로 한 제기인 것이다.

『금강경』 비설소설분 제 21에는 "법을 말한다는 것은 말할 만한 법이 없으므로 법을 말한다고 한다."라고 설시하고 있다. 경문을 좀 더 쉽게 의역하면 이렇다. "존재의 실상을 어떻게 말하여 규명할 것인가? 그것은 말하여 규명하지 않는 것처럼 하는 것이다. 때문에 말하여 규명하지 않으면 안 된다라고 말한다." 이 경문과 위의 『유마경』의 말씀이 이율배반의 이 문제를 향해서 하나의 고차원적인 지혜를 안겨주는 것이라고 보아도 좋을 것이다.

백령 스님의 이어지는 "대체 무엇으로부터 피하지 못하는지, 그대가 한번 말해 보라."는 말은 하나의 함정이다. 왜냐하면 '피할 수 없다.'라고 규정된 그 당체를 말을 가지고 따로 내세워 표현하는 것은 바로 표현하는 자신이 그것으로부터 피할 수 없는 것을 스스로 규정하고 있는 것이 되기 때문이다.

2) 눈을 깜박인 소식

이렇게 이율배반의 문제를 받고 거사는 눈을 깜박거렸다. 그러자 백령 스님이 "기특합니다. 더할 나위가 없습니다."라고 말했다. 거사의 응수에 백령 스님이 만족해하고 있다. 여기서 우리들은 한 가지 의문이 생긴다. 같은 내용의 말을 위의 덕산 스님과 지금의 백령 스님이 제기했다. 한 스님은 덕산 스님에게 얼른 절을 하여 응수했지만 인정을 받지 못했다. 그러나 비슷한 동작인 거사의 응수에는 백령 스님이 찬탄을 아끼지 않고 있다. 어디에서 차이가 나는 것일까? 거사가 눈을 깜박거린 것은 존재의 실상을 규명한다는 말 자체를 싹 잘라서 보여준 것이고, 동시에 진리를 언어로 표현하는 것을 넘어선 소식을 흡사하게 개시한 것이기도 하다. "무엇으로부터 피할 수 없는가?"라는 상대방의 논점은 여기에서는 완전히 버려져 있을 뿐만 아니라, 피할 수 없다고 하는 규정 그것도 훌륭하게 넘어서 있다.

이에 거사가 "스님께서는 저를 과대평가하고 계십니다."라고 대답하자, 백령 스님은 "누군들 그렇지 않겠습니까, 누군들 그렇지 않겠습니까!"라고 말한다. 그러자 거사는 "그럼 안녕히 계십시오." 하고는 나가 버렸다. 거사가 자신을 "과대평가하고 있다."라고 말한 것은 그 자신으로 본다면 눈을 깜박거리는 정도는 극히 자연적인 작용에 지나지 않는다는 것이다. 그것을 기특하다고 감탄하는 것은 생각할 수 없는 평가이기 때문이다. 그리고 거사의 이 발언도 결코 적합한 입놀림이 아니고, 극히 겸허한 자세로서 발한 조용한 말이다.

백령 스님의 말은 그가 앞서 발한 감탄의 찬사가 여기에서도 지속되

146

고 있는 것이다. 그러한 흥분에 흔들리고 있는 그로서는 거사의 조용한 성찰이 오히려 그의 흥분을 증폭시키고 있다. 이 때 "누구라도 그렇지 않겠는가." 라고 그가 반복해서 소리 지르는 것은 무조건적인 감동의 진술한 표현이라 할 수 있다. 거사가 인사를 하고 나간 것은 물론 그날의 대국이 원만히 끝났기 때문이다.

6-3 어떻게 말할까

靈이 一日에 在方丈內坐한대 士入來어늘 靈이 把住曰, 今人道하고 古人道로다 居士는 作麼生道아 士打靈一掌하다 靈曰, 不得不道로다 士曰, 道卽有過니다 靈曰, 還我一掌來하라 士近前曰, 試下手看하라 靈이 便珍重하다

해석

백령 스님이 어느 날 방장실에 앉아있는데 거사가 들어왔다. 백령 스님이 거사를 붙잡고 말했다.

"요즈음 사람도 말하고 옛날 사람도 말했다. 그런데 거사님은 어떻게 말하겠습니까?"

그러자 거사는 백령 스님을 손바닥으로 한 번 쳤다. 이에 백령 스님이 거사에게 말했다.

"말하지 않고는 끝낼 수 없습니다."

"말하면 허물을 범합니다."

"손바닥으로 맞은 보상을 받아야겠습니다."

그러자 거사는 백령 스님에게 바싹 다가가서 말했다.

"어디 한방 얻어맞아 볼까요."

이에 백령 스님은 "그러면 실례하겠습니다."라고 말했다.

강설

　요즈음은 절에서 주지스님을 대면하기가 무척 어렵다. 총림에서 방장스님을 친견하는 일도 그러하고, 본사에서 조실스님을 뵙는 일도 마찬가지다. 종무소에서 까다로운 절차를 거쳐야 하고, 그것을 통과하고 나면 시자 스님이 다시 가로막고 있다. 법을 묻기 위하여 큰스님을 친견하기가 이렇게 어렵게 되어 있으니, 승속을 막론하고 수행하는 사람들은 힘이 든다. 개신교의 목사들이 목회보다 CEO로서의 역할을 중요시한다는 말을 들은 적은 많지만, 이제 스님들까지 CEO적인 삶을 살고 있으니 큰일이 아닐 수 없다. 방거사가 당대의 큰스님들을 시간과 장소에 구애받지 않고 친견할 수 있었던 그러한 불교가 그립다.

　이번의 대화도 그러한 자연스러움이 있다. 어느 날 백령 스님이 방장실에 앉아있는데 거사가 들어갔다. 이에 백령 스님이 거사를 붙잡고 "요즈음 사람도 말하고 옛날 사람도 말했다. 그런데 거사님은 어떻게 말하겠습니까?"라고 물었다. 그러자 거사는 백령 스님을 손바닥으로 한 번 쳤다. 이에 백령 스님이 거사에게 "말하지 않고는 끝낼 수 없습니다."라고 말했다. 여기서 "요즈음 사람도 말하고 옛날 사람도 말했다."라고 했는데 '말하다'란 그 사람의 전인격, 전존재가 걸린 발언을 의미한다. 가

148

령 마조 스님의 "마음이 곧 부처다〔卽心卽佛〕"라는 말처럼, 그 사람의 전 인격을 온전히 드러낸 최후의 한마디를 말한다. 그러한 한마디 말을 지금 백령 스님은 거사에게 구하고 있는 것이다.

『전등록』제 9권 자만(自滿) 선사 편에는 다음과 같은 기술이 있다. 어느 날 자만 스님이 상당하여 "고금에 다름없이 법은 언제나 그렇다. 다시 무엇이 있으랴. 그렇다고는 하나 이 일에 대하여 사람들은 흔히 어쩔 줄을 모른다."고 말했다. 그러자 어떤 스님이 물었다. "고금에 떨어지지 않는 도리를 지금 스님께서 똑바로 말씀해주십시오."라고. 그 스님의 말은 "옛날이라든가 지금이라든가 말하는 역사적인 시간의 테두리에 갇히지 않고서, 바로 정통으로 한말씀 해 달라."는 것인데, 직접적으로는 옛 사람이나 지금 사람들의 일체의 진리를 말로 표현하는 그 범위를 넘어선 스님 독자의 단적인 한마디를 요구하고 있는 것이다.

지금의 백령 스님이 거사에게 요구하는 것도 그 취지에 있어서 이것과 동일하다. 이 물음에 거사가 손바닥으로 스님을 친 것은 거사가 고금에 떨어지지 않는 도리를 지금 똑바로 말한 것이다. 앞〔6-2〕의 대화에서 거사가 눈을 깜박거리는 것과 같은 응수라 할 수 있다. 그러나 백령 스님은 '말하지 않고는 끝낼 수 없다.'라고, 거사가 바로 이른 것을 긍정하지 않고 역시 말로써 답할 것을 계속 요구하고 있다. 앞에서 스님이 거사를 찬탄하던 것과는 사뭇 다른 형국이다.

그러자 거사가 "말하면 허물을 범합니다."라고 말하니, 백령 스님은 "손바닥으로 맞은 보상을 받아야겠습니다."라고 응수했다. 이에 거사는 백령 스님에게 바싹 다가가서 "어디 한방 얻어맞아 볼까요."라고 말하니, 백령 스님은 "그러면 실례하겠습니다."라고 말했다.

'허물을 범한다.'라는 말은 앞의 대화에서 말한 "말을 해도 말을 하지 않아도, 어느 쪽도 피하지 못한다."라고 하는 그 허물이다. 『유마경』「관중생품」에는 "만약 얻을 것이 있고 증득할 것이 있는 사람은 곧 불법에 있어서는 교만한 마음을 가진 사람이 된다."라고 설해져 있다. 전인격을 온전히 드러낸 최후의 한 마디가 있다고 생각하는 그 사람이 바로 교만한 마음을 가진 사람이라는 뜻이다.

여기서 백령 스님은 "손바닥으로 맞은 보상을 받아야겠다."라고 응수했다. 지금 백령 스님은 허물을 범한 것으로 된다는 이유에서 거사가 '말하는 것'을 거부하는 이상, 앞서 그가 자신에게 한방 먹인 것조차 올바로 말한 것이 아니라는 사실을 고백하라는 것이다. 스님의 입장에서는 거사가 자신을 한방 먹인 그것이 이미 허물을 범하고 있는 것이 되기 때문이다. 거사의 '한방 얻어맞아 볼까요.'라는 말은 또 다른 역습이지만, 본뜻은 '당신으로부터 한방 맞는 것에 의해서 그 보상을 하시오.'라는 것이다. 즉 거사는 자기의 허물을 인정하지 않을 수 없었던 것이다. 이에 거사가 스스로 자신의 허물을 인정한 것을 알아차린 백령 스님은 '실례하겠다.'는 말로 그의 결연한 문답의 끊음을 보이고 있다.

6-4 안목(眼目)의 문답

居士가 一日에 問百靈曰, 是箇眼目이 免得人口麼오 靈曰, 作麼免得닛고 士曰, 情知니라 情知니라 靈曰, 棒不打無事人이니라 士轉身

150

曰, 打打하라 靈이 方拈棒起어늘 士把住曰, 與我免看하라 하니 靈無
對하다

해석

거사가 어느 날 백령 스님에게 물었다.

"안목(眼目)이라는 것이 사람의 비판을 피할 수 있습니까?"

"어떻게 피할 수 있겠습니까!"

"분명히 알았다, 분명히 알았습니다."

"이 방망이는 한가한 사람은 치지 않습니다."

그러자 거사가 몸을 획 돌려, "자, 쳐라. 치십시오."라고 말했다. 이에
백령 스님이 방망이를 집어 들자마자 거사는 백령 스님을 붙잡고 말했
다. "어디 모면해 보시지요."

백령 스님은 대답하지 않았다.

강설

『대품반야경(大品般若經)』「조명품」제40에는 '다섯 가지 바라밀[五波
羅蜜]은 반야바라밀을 여의면, 맹인이 안내자 없이 길을 나설 수 없는 것
처럼 일체지(一切智)를 얻을 수 없다. 만약 다섯 가지 바라밀이 반야바라
밀이라는 인도자를 얻으면, 이때 다섯 가지 바라밀을 이름하여 눈이 있
다[有眼]라고 한다. 반야바라밀이라는 인도자가 바라밀(波羅蜜)의 이름을
얻게 하는 것이다.'라고 설시되어 있다.

눈은 사람에게 있어서 가장 중요한 감각기관이다. 때문에 선가(禪家)

에서 깨달음을 얻은 것을 눈을 떴다[開眼]라고 표현하고 있듯이, 불법을 설명함에 있어서도 눈은 중요하게 활용되고 있다. 백령 스님과의 마지막 대화는 이 눈을 소재로 법거량이 시작되고 있다.

거사가 어느 날 백령 스님에게 "안목(眼目)이라는 것이 사람의 비판을 피할 수 있습니까?"라고 물었다. 그러자 백령 스님이 "어떻게 피할 수 있겠습니까!"라고 말했다. 안목이란 상기의 '5-4'에서 제출된 종안과 같은 의미다. 지금 두 사람은 문답응수의 전개와 관련하여 이 눈을 자기의 눈으로 주체화시키면서 서로 간에 검증하고 또한 대결의 정도를 강화해 나간다. 거사가 제기한 "사람의 비판을 피할 수 있는가?"라는 최초의 물음은 "당신은 사람의 비판을 피할 수 있는 정도의 안목을 갖추고 있는가, 어떤가?"라는 도전적인 질문이다.

이에 백령 스님은 "어떻게 피할 수 있겠는가!"라고 응수하고 있다. '피할 수 있을 턱이 없다'는 어투다. 거사의 날카로운 창끝을 교묘하게 피하는 형식이지만, 사실은 자신의 종안이 천하 사람의 구설에 휩쓸리는 것을 오히려 당연시하는 입장을 피력하고 있는 반격이다.

그러자 거사는 "분명히 알았다, 분명히 알았습니다."라고 방어하니, 백령 스님은 "이 방망이는 한가한 사람은 치지 않습니다."라고 재반격을 시도한다. 거사가 말한 '분명히 알았다'는 대답은 머리로만 알았다는 것이 아니고, 몸 전체로 역력하게 알았다는 것이다. 백령 스님의 대답에 주눅이 들어 "당신이 피할 수 없는 것을 확실히 보았다."는 말이다. 거사는 자신이 던진 논점에 끝까지 매달려서 백령 스님이 되받아치는 것을 도리어 꽉 눌러서 자르고 있는 것이다. 그러나 백령 스님은 "이 방망이는

152

한가한 사람은 치지 않는다."라고 반격한다. 이 방망이로 한 번 치고 싶지만, 유감스럽게도 당신 같은 한가한 사람(無事人)을 치는 방망이는 아니기 때문에 보류해 둔다는 것이다.

지금 백령 스님이 표현한 '한가한 사람'이란 조사어록에서 강조하는 깨달은 사람을 뜻하는 것은 물론 아니다. 조사어록에서 나타나는 '한가한 사람'이란 본래의 자기에 되돌아와서 일체의 속박을 벗어난 대자유인의 삶을 영위하는 '한가한 도인(閑道人)'을 의미하지만, 지금 백령 스님의 말은 천하태평의 사람이라는 조금 야유적인 어투다. '피할 수 없음'을 자기가 분명히 알고 있다고 큰소리치는 거사의 행동을 "무엇인가 당신은 순진한 어린애 같다."라는 속내를 가지고 이렇게 말한 것이다.

공격을 받은 거사가 몸을 획 돌려, "자, 쳐라. 치십시오."라고 말했다. 이에 백령 스님이 방망이를 집어 들자마자 거사는 백령 스님을 붙잡고 "어디 모면해 보시지요."라고 말했지만, 백령 스님은 대답하지 않았다. 거사가 갑자기 방향을 바꾸었다는 것은 지금까지 정면에서 논전(論戰)을 하다가 스님에게 얻어맞기 위해서 등을 내민 것이다. 그 자신이 던진 최초의 논점을 그는 의연하게 가지고 있다. 그렇지만 한가한 사람은 치지 않는 백령 스님의 방망이를 무력화시키기 위하여 그는 스스로 나아가서 '쳐라, 쳐라'라고 도전했다. 스스로를 '일 있는 사람(有事人)'으로 만들어서 상대방으로부터 주도권을 취하고자 한 것이다.

이제 백령 스님은 그 안목을 방망이 하나로 나타내 보이지 않으면 안되게 되었다. 즉각 그 기회를 잡은 거사는 '어디 모면해 보라.'고 말을 꺼낸 것이다. 즉 최초의 문제제기로 슬며시 되돌린 것이다. 백령이 '한가한

사람은 치지 않는다.' 라고 말한 것까지는 백령이 주인이고 거사는 손님
의 위치였지만, 거사가 등을 내민 것부터는 그 주객의 입장이 바뀌고 만
것이다. 그러나 추후의 백령 스님의 '대답하지 않음' 은 그가 한번 취하
려고 한 것의 결말이라고 하기보다, 이러한 주인과 손님의 자연스러운
전환의 응수를 절묘하게 매듭짓는 것이라 할 수 있다.

7. 보제(普濟)와의 대화

7-1 조리의 값어치

居士가 一日에 見大同普濟禪師하고 拈起手中笊籬曰, 大同師여 大
同師여하거늘 濟는 不應하다 士曰, 石頭一宗이 到師處하여 冰消瓦解
로다 濟曰, 不得龐翁擧라도 灼然如此로다 士抛下笊籬曰, 寧知不直
一文錢니이다 濟曰, 雖不直一文錢이나 欠他又爭得니이다 士作舞而
去어늘 濟提起笊籬曰, 居士여 士回首하니 濟作舞而去하다 士撫掌
曰, 歸去來하라 歸去來하라

해석

거사가 어느 날 대동보제 선사(大同普濟禪師)를 만났는데, 손에 들고
있던 조리를 치켜들고는 "대동 큰스님! 대동 큰스님!" 하고 불렀다. 그러
나 보제 스님은 대답하지 않았다. 이에 거사가 보제 스님에게 말했다.

"저 석두 스님의 선법(禪法)이 큰스님의 처소에 이르러 녹아버린 얼음이고 깨어진 기와조각처럼 되어버렸습니다."

"방 선생이 말해주지 않아도 확실히 그런 것 같습니다."

이에 거사가 조리를 내던지고 말했다.

"한 푼의 가치도 없다고 하니, 이거 놀랍습니다."

"비록 한 푼의 가치도 없다 하더라도 그것이 없으면 또한 곤란하지요."

그러자 거사는 춤을 추면서 나갔다. 이에 보제 스님이 조리를 주워들고 "거사님!" 하고 불렀다. 거사가 뒤돌아보니, 보제 스님이 춤을 추면서 나갔다. 이에 거사가 손뼉을 치면서 "돌아오십시오. 돌아오십시오."라고 말했다.

강설

1) 조리를 치켜들다

본문 '19-1'에는 "거사가 홍주의 시장에서 조리를 팔았다."는 내용이 있고, '24 - 2'에는 "거사가 조리를 팔러갈 때, 다리를 내려오다가 헛발을 디뎌 넘어졌다."라는 것이 있다. 이것을 근거로 거사의 전기를 연구하는 학자들은 거사의 일가가 죽세공을 만들어 시장에 팔면서 그것으로 조용하게 생계를 영위했다는 것을 기정의 사실로 받아들이고 있다. 그 자세한 사정은 다시 논하기로 하지만, 필자 역시 학자들의 그러한 견해에 동감하고 있음을 우선 밝혀둔다.

이렇게 죽세공으로 가난하게 살아가던 거사가 어느 날 대동보제 선사(大同普濟禪師)를 만났는데, 손에 들고 있던 조리를 치켜들고는 "대동 큰스님! 대동 큰스님!" 하고 불렀다. 그러나 보제 스님은 대답하지 않았다. 이에 거사가 보제 스님에게 "저 석두 스님의 선법(禪法)이 큰스님의 처소에 이르러 녹아버린 얼음이고 깨어진 기와조각처럼 되어버렸습니다."라고 말했다.

대동보제 선사는 지금 거사의 말에서 알 수 있듯이 석두 스님의 법을 이은 제자임은 확실하지만, 자세한 전기는 알려져 있지 않은 스님이다. 거사는 이 보제 스님을 만나자 손에 들고 있던 조리를 치켜들고는 "대동 큰스님! 대동 큰스님!" 하고 불렀다. 무슨 까닭일까? 지금 그가 수중의 조리를 불쑥 들어 올린 것은 '나는 여기에 이렇게 살고 있다.'라는 뜻이다. '여기에 한 사람의 생활자가 있다.'라는 단적인 제시이다. 바로 '3-2'에서 거사가 말한 "참 멋진 눈이다. 한 송이 한 송이가 다른 곳에는 떨어지지 않는구나!"라는 감탄의 실현체를 바로 보여주고 있다.

산하대지(山河大地)가 진리의 나툼이요, 일체 중생이 진리의 몸임을 자신과 조리를 통째로 던져서 제시하고 있는 것이다. 그러면서 동시에 대동 스님을 불러서 "나는 이렇게 진리의 나툼을 조리로써 보여주고 있는데, 당신은 무엇을 제시하겠는가?"라는 도전적인 자세를 시사하고 있다. 그러나 보제 스님은 말이 없다. 대답을 회피한 것일까? 그렇지는 않을 것이다. 그렇지만 거사는 "석두의 선법이 당신의 처소에 이르러 녹아버린 얼음이고 깨어진 기와조각처럼 되어버렸다."고 포격을 가하고 있다. 그러나 거사의 포탄을 보제 스님은 "방 선생이 말해주지 않아도 확실히 그런 것 같습니다."라고 막아내고 있다.

보제 스님은 거사의 느닷없는 지적을 오히려 역으로 이용하여, "그렇소, 석두선(石頭禪)의 종지는 나에게 와서 그림자도 형체도 없어져버렸다."고 반격하고 있다. 상대방이 내던진 '녹아버린 얼음이고 깨어진 기와 조각'이라는 비판을 탈취해서 역수로 사용하고 있다. 스승의 법을 잇는다고 하는 것은 그 법을 고수하고 조술(祖述)하는 그것으로는 안 된다. 오히려 스승의 법을 부정적 계기(契機)로써 보다 고차원적인 독자의 법을 형성하는 것이라는 입장에 보제 스님은 서 있다. 석두 스님의 법이 그에게 있어서 '녹아버린 얼음이고 깨어진 기와조각'처럼 되버렸다는 것은 당연한 것이다.

약산과의 대화 '3-1'에서 약산 스님이 거사에게 "그렇다면 거사님은 석두 큰스님을 친견하지 못했다고 말해도 좋겠습니까?"라고 묻고 있는 의미도 역시 이것이다.

2) 법을 잇는 참된 의미

이에 거사가 조리를 내던지고 "한 푼의 가치도 없다고 하니, 이거 놀랍습니다."라고 말했다. 거사가 조리를 던져버린 행위는 조리가 '한 푼의 가치도 없는 물건'이었기 때문이다. 그러면서 '놀랍다'고 덧붙이고 있다. 그러나 가치 없는 그 조리는 거사의 조리가 아니라, 상대방인 보제 스님에게 돌려준 조리다. 다시 말하면 처음에 거사가 보제 스님에게 억지로 떠맡긴 석두선의 종지인 조리가 거꾸로 스님에 의해서 흩어져버렸다. 거사는 보제 스님의 이 대답을 그가 석두선을 가치가 없는 종지라고 부정하여 버린 것이라고 하는 형식으로 고쳐서 고약한 심보로 되받아 친 것이다.

『금강경』 구경무아분 제17에는 "실로 법이 있어서 아뇩다라삼먁삼보리를 얻은 것이 아니므로, 이 까닭에 연등불이 나에게 수기를 주시면서 말씀하시기를 '너는 내세에 마땅히 부처를 이루리니, 호를 석가모니라 하리라' 라고 하셨느니라."라는 부처님 말씀이 있다. 이 『금강경』의 말씀처럼, "법을 잇는다는 것은 '어떤 것도 법으로써 얻은 것이 없는 까닭에' 법을 잇는다고 하는 것이다." 하는 정도는 거사도 충분히 알고 있었을 것이다. 따라서 보제 스님이 대답한 당당한 견지를 그는 충분히 긍정하고 있었지만, 스님을 흔들어보기 위하여 덫을 놓는 기교를 부리고 있는 경우라 할 수 있다. 즉 '당신은 스승의 법을 한 푼의 가치도 없다고 생각하여 이렇게 던져버리는 것인가?' 라는 뜻으로 그 조리를 내던져 보인 것이다.

그러나 보제 스님 역시 거사의 계략에 놀아날 인물이 아니다. 거사가 처음 조리를 치켜들고 "대동 큰스님! 대동 큰스님!" 하고 불렀을 때 스님은 아무 말도 하지 않았다. 이미 대답을 한 것이다. 그런데도 거사가 추궁을 계속하니 보제 스님은 "비록 한 푼의 가치도 없다 하더라도 그것이 없으면 또한 곤란하지요."라고 여법하게 응수한다. 역시 한 푼의 가치도 없을지도 모른다. 그러나 그렇다고 해서 왜 꼭 던져버려야 하는가? 오히려 한 푼의 가치도 없는 그것이야말로 진정으로 가치 있는 것이라는 말이다. 이을 법이 없는 까닭에 법을 이었다는 대답이다. 그러자 거사는 춤을 추면서 나갔다. 눈 밝은 선지식을 만난 기쁨의 표현이다. 그의 계략이 성과를 거두어 상대방으로부터 훌륭한 답을 얻어낸 만족이 그에게는 아울러 있었을 것이다.

이에 보제 스님이 조리를 주워들고 "거사님!" 하고 불렀다. 거사가 뒤돌아보니, 보제 스님이 춤을 추면서 나갔다. 이에 거사가 손뼉을 치면서 "돌아오십시오. 돌아오십시오."라고 말했다. 보제 스님은 거사가 던져버린 그 조리를 집어 든 것이다. "자, 이것은 자네의 물건이 아니었던가? 역시 한 푼의 가치도 없기에 버린 것인가?"라는 통렬한 추궁이다. 전세가 바뀌어 이젠 보제 스님이 공격을 시작한 것이다. 앞에서 거사에 의해서 석두선으로 대치(代置)된 조리를 교묘하게 원래의 소유자에게 되돌려주는 것에 의해서, 보제 스님은 상대방의 조리, 즉 거사의 선(禪) 그 자체를 묻고 있는 것이다. 춤을 추면서 나간 거사가 스님이 부르자 돌아보았다는 사실은 역시 그의 춤이 완결되어 만족한 작용이 아니었다는 것을 결과적으로 보여주고 있다.

보제 스님이 춤을 추면서 나간 것은 대자유인의 자유자재한 모습을 그대로 보여주고 있다. 본심을 자각한 사람이 걸림 없이 노니는 희열을 춤으로써 보여주고 있다. 거사 또한 이러한 모습을 보고 손뼉을 치면서 '돌아오라'고 말한다. 자신이 비록 보제 스님에게 패배하긴 했지만, 그 패배는 상쾌하고 멋진 것이었다. 그 기쁨을 손뼉을 치면서 '돌아오라'고 말한 것이다. 원문의 귀거래(歸去來)란 본래의 고향으로 회귀하는, 본래인의 세계에의 복귀라는 뜻이다. 보제 스님이 일체에 걸림 없는 공의 세계에 자신과 함께 있다는 사실이 감격으로 다가오고 있었던 것이다.

7-2 언어라는 것

濟가 一日에 問居士하대 是箇言語는 今古少人避得이로다 只如老
翁避得麼오 士應喏하다 濟再擧前話하니 士曰, 什麼處去來닛고 濟
又擧前話하거늘 士曰 什麼處去來오 濟曰, 非但如今이라 古人亦
有此語니이다 士作舞而去어늘 濟曰, 這風顚漢自過를 教誰點檢인
고하다

해석

보제 스님이 어느 날 거사에게 물었다.

"언어라는 것은 고금(古今)을 막론하고 그것을 완전히 피할 수 있는
사람이 드뭅니다. 그런데 노인장께서는 피할 수 있습니까?"

거사가 "아! 예."라고 대답하니, 보제 스님은 같은 질문을 또 했다. 이
에 거사가 "어디에 가 있었습니까?"라고 말했다. 보제 스님이 같은 물음
을 또 반복했다. 그러자 거사도 "어디에 가 있었습니까?"라고 말했다.

보제 스님이 "단지 지금뿐만 아니라, 옛사람에게도 이러한 말이 있었
습니다."라고 말하니, 거사는 춤을 추면서 나갔다. 이에 보제 스님이 말
했다.

"이 미친놈! 자신이 저지른 허물을 누구로 하여금 점검하게 하는가?"

160

강설

1) 방편

　『대품반야경』「심오품」제57에는 "제법실상(諸法實相)의 법은 설할 수가 없지만 부처는 방편의 힘을 가지고 분별하여 설하니, 소위 다할 수가 없음·수가 없음·한량없음·가없음·집착이 없음·모든 것이 공·어떤 특징도 없음·원할 것이 없음·일어남이 없음·생김이 없음·없어짐이 없음·물듦이 없음·열반이라고 부처는 갖가지 인연으로써 방편의 힘을 가지고 설한다."는 부처님의 말씀이 있다. 일체 언어를 없애고 모든 심행(心行)을 여의어서 원래부터 나지도 않고 멸하지도 않는 진리를 부처님은 방편의 힘인 말로써 표현하신다는 말이다. 그렇지만 선가(禪家)에서 전가의 보도처럼 사용하는 이심전심(以心傳心)이라는 말에서 알 수 있듯이, 언어를 여의고 있는 진리를 언어로써 설명하여 완벽하게 성공하는 것은 거의 불가능하다. 그렇다면 어떻게 도달할 것인가?

　보제 스님이 어느 날 거사에게 "언어라는 것은 고금(古今)을 막론하고 그것을 완전히 피할 수 있는 사람이 드뭅니다. 그런데 노인장께서는 피할 수 있습니까?"라고 물었다. 이미 강설한 백령과의 대화 '6-2'에 제출된 '말을 해도 말을 하지 않아도, 어느 쪽도 피하지 못한다. 대체 무엇으로부터 피하지 못하는지, 그대가 한번 말해 보시오.'와 같은 취지의 질문이다.

　『전등록』권28 약산 스님의 법어에 "언어를 절단해서는 안 된다. 나는 지금 여러분들을 위해서 이 말을 설해서 말이 없는 것을 밝히려고 하는 것이다. 거기에는 본래 귀나 눈 등의 형체가 없다."라는 말이 있다. 말이 없는 것, 말을 초월한 곳을 말로써 표현하지 않으면 안 된다고 할 때, 말은 단순히 방편에 지나지 않는 것이라는 평계는 통용되지 않는다. 진리의 당체를 드러내어 보이는 수단으로서 말은 '절단해서는 안 되는 것'이고, 마땅히 그러한 것으로써 언어는 정착되지 않으면 안 된다는 설명이다.

보제 스님의 질문에 거사는 "아! 예."라고 대답했다. 백령 스님의 질문에서는 거사는 눈을 깜박거렸고, 스님은 찬탄을 아끼지 않았다. 그런데 보제 스님은 같은 질문을 또 했다. 이에 거사가 "어디에 가 있었습니까?"라고 말했다. "아! 예."라는 응답이 거사가 피할 수 있는 곳이다. 거사의 '어디에 가 있었는가?'라는 말은 위의 제봉과의 대화 '4-3'에도 나와 있는 같은 반문이다. '지금까지 어디에 가 있었는가?'란 상대가 그 물음을 발하고 있는 현재의 시점을 하나 더 앞에 두고, 그러한 물음이 인용되어 나오게 하는 애초의 입각점을 명시할 것을 요구하는 질문이다. 조사어록에 많은 예가 보이는데, 가령 『조당집』 10권에 이런 것이 있다.

안국 화상(安國和尙)이 먼저 설봉(雪峰 : 822~908) 스님을 친견한 후 제방을 순례하고 다시 설봉 스님을 방문하니, 설봉 스님이 물었다.

"어디에서 왔는가?"

"강서에서 왔습니다."

"어디에서 법을 만났는가?"

"법은 확실히 화상에게 말씀드렸습니다."

"무엇이라고 말했는가?"

162

"어디에 가 계셨습니까?"

설봉 스님이 법을 가지고 나와 안국 화상을 점검하려고 한 것을 안국 화상은 오히려 그 법을 탈취하여 상대방에게 사용하고 있다. 법 그 자체에 설봉 스님의 입지를 점검시키려고 한 것이다.

2) 반복된 질문과 응답

그런데 문제는 제봉과의 대화 '4-3'에서는 "어느 곳에 가 있는가?"라는 제봉 스님의 반격에 거사는 "너무 험준해서 물을 수도 없다."라고 응수하고 있지만, 지금의 보제 스님은 같은 물음을 또 반복했다는 점이다. 그러자 거사도 "어디에 가 있었습니까?"라고 말했다. 보제 스님은 억지로 똑같은 상태로 같은 질문으로써 거사를 압박하고, 거사도 같은 상태로 같은 대답을 반복한다. 말하자면 공격과 응수가 반복하는 것처럼 보인다.

그러나 다시 생각해 보면 처음 거사가 "어디에 가 있었습니까?"라고 반문한 것은 실은 "당신은 피할 수 있는가?"라는 보제 스님의 물음에 대한 대답이다. 즉 "아! 예."라는 응수의 구체적인 표현이다. 따라서 이것은 간접적으로는 '훌륭하게 피한 나의 말은 이것이다.'라고 드러내 보인 것이다. 그리고 그것을 받아서 보제 스님이 다시 같은 질문을 반복한 것은 거사가 보인 앞의 '예!'의 경우와는 다르게 정면으로 본래인을 드러내 보인 것인가, 어떤가를 확인하기 위한 것이라고 생각할 수 있다. 이어지는 거사의 '어디에 가 있었는가?'라는 반문의 대답에서, 보제 스님은 이것이 거사의 본래인의 드러냄인 것을 확인한 것이다.

이렇게 거사의 본래인을 검증한 보제 스님은 "단지 지금뿐만 아니라, 옛사람에게도 이러한 말이 있었습니다."라고 말했다. 거사의 응수에 대한 보제 스님의 긍정의 말이다. "언어라는 것은 고금(古今)을 막론하고 그것을 완전히 피할 수 있는 사람이 드문"데, 거사는 훌륭하게 잘 피했다는 것이다.

어떻게 피했는가? 바로 부처님께서 말씀하신 방편의 힘이다. 위에서 인용한 약산 스님의 "나는 지금 여러분들을 위해서 이 말을 설해서 말이 없는 것을 밝히려고 하는 것"이라는 방편의 힘으로 말로써 말 없음을 잘 드러내 보였다는 것이다. 그러자 거사는 춤을 추면서 나갔다. 지금까지의 상호간의 응수가 보제 스님의 한 마디에 의해서 갑자기 하나로 묶어진 것을 기뻐하면서 거사는 춤을 추면서 물러난다.

그러나 거사의 물러나는 뒷모습을 보고 보제 스님은 "이 미친놈! 자신이 저지른 허물을 누구로 하여금 점검하게 하는가?"라고 말했다. 보제 스님으로서는 앞의 하나로 묶은 한 마디는 지금까지의 거사의 대응방법에 대한 비판도 포함한 것이었다. 그러한 사실을 거사는 분명히 알고 있으면서도 춤을 추면서 물러나고 말았다. 그것을 보제 스님은 '스스로의 허물'이라고 뒤집어씌운 것이다. 그렇지만 거사는 이미 몸을 피한 뒤다. '누구로 하여금 점검하게 하는가?'라는 보제 스님의 말은 신속하게 작용하는 거사의 예리함에 대한 자신의 한 발 늦음을 시인한 탄성이라 할 것이다.

7-3 태어나기 이전의 한 마디

普濟가 一日에 訪居士하니 士曰, 憶在母胎時의 有一則語하여 擧似
阿師하노니 切不得作道理主持하소서 濟曰, 猶是隔生也로다 士曰, 向
道不得作道理아 濟曰, 驚人之句는 爭得不怕닛고 士曰, 如師見解는
可謂驚人이로다 濟曰, 不作道理가 却成作道理니라 士曰, 不但隔一
生兩生이로다 濟曰, 粥飯底僧을 一任點檢하노라 士彈指三下하다

해석

보제 스님이 어느 날 거사를 방문하니, 거사가 스님에게 말했다.

"어머니 태 안에 있었을 때의 문구(文句)를 하나 기억하고 있습니다. 그것을 큰스님께 말씀드리니, 무엇인가 궁리를 짜내서 받아들이지 말아 주십시오."

"오히려 다른 차원의 말씀입니다."

"궁리를 짜내지 말라고 방금 말씀드리지 않았습니까?"

"사람을 놀라게 하는 말은 두려워하지 않게 함이 좋지 않을까?"

"그러한 큰스님의 견해야말로 사람을 놀라게 한다고 하는 것입니다."

"궁리를 짜내지 않는다는 것이 실은 빈틈없는 궁리에 떨어져 있는 것입니다."

"단지 한 번 태어나고 두 번 태어나는 그런 차이는 아닌 것 같습니다."

"죽이나 퍼마시는 이 중(僧)이 어떻게 될 것인지 점검해 주시게."

그러자 거사는 손가락을 세 번 튕겼다.

강설

1) 태어나기 이전의 소식

보제 스님이 어느 날 거사를 방문하니, 거사가 스님에게 "어머니 태안에 있었을 때의 문구(文句)를 하나 기억하고 있습니다. 그것을 큰스님께 말씀드리니, 무엇인가 궁리를 짜내서 받아들이지 말아주십시오."라고 말했다. '어머니 태 안에 있었을 때의 문구(文句) 하나'란 자신이 태어나기 이전의 한 마디를 뜻하는 것으로, 바꾸어 말하면 역력한 본래인이 발한 말이다.

사람들은 하루 종일 온갖 생각 속에 살고 있다. 그러나 자신을 곰곰이 들여다보면 한 생각 내기 이전의 상태가 있다. 이렇게 한 생각 일어나기 이전의 마음, 분별과 사량을 넘어선 곳에서 나오는 소리가 태어나기 이전의 말이다. 지금 거사는 이러한 태어나기 이전의 한 마디를 '궁리를 짜내서 받아들이지 말아 달라.'고 요구하고 있다.

태어나기 이전의 소식을 일반적인 인식이나 지견을 송두리째 던져버리고, 어떤 이치나 논리에도 걸리지 않고 파악해 보라는 것이다. 그리고 이러한 '분별과 사량을 넘어선 곳에서 나오는 소리'라는 조건은 현재의 발언자와 태어나기 이전의 발언자 사이에 자연히 괴리가 있는 것을 기정의 사실로 하고 있다.

거사의 말에 보제 스님이 "오히려 다른 차원의 말씀입니다."라고 대답하니, 거사는 "궁리를 짜내지 말라고 방금 말씀드리지 않았습니까?"라고 반문했다. '다른 차원'이란 양자가 동떨어진 세계에 따로따로 있는 것, 즉 양자가 처한 괴리의 상황을 말한다. 보제 스님이 거사에게 이렇게 말한 의미는 '현재의 자네와 본래인으로서의 자네는 오히려 서로 떨어져 있다.'라는 것이다.

여기서 '오히려'라고 말한 것은, 거사 자신의 생각으로는 태어나기 이전의 자기라고 제기한 본래인과 그것을 보제 스님 앞에 드러내 보이고자 하는 현재의 자기는 다른 사람이 아닌 동일체이지만, 위에 말한 바와 같은 조건부의 일구가 사실은 양자의 괴리를 드러내고 있는 것을 보제 스님이 보아서 이렇게 확 누르고 있는 것이다. 이에 거사는 '궁리를 짜내지 말라.'고 응수한다. 스님의 대답은 사량과 분별에서 나온 말이라는 것이다.

2) 현재인과 본래인

그러자 보제 스님은 "사람을 놀라게 하는 말은 두려워하지 않게 함이 좋지 않을까?"라고 반문한다. 여기서 '사람을 놀라게 하는 말'이란 거사가 드러내 보이려고 한 태어나기 이전의 일구를 가리키고 있다. 그리고 그것을 '두려워하지 않게 해야 한다.'라는 말은 거사의 지금 말하는 방식에 대한 엄격한 비판이다. 당신은 노련한 사람이다. 때문에 본래인을 그렇게 절대화하여 자기 자신과 마주보게 할 수도 있다. 그렇지만 "그 본래인에게 한 마디를 내뱉게까지 하는 것은 정말 무서운 일이다."라는 말이다.

즉 보제 스님은 태어나기 이전의 한 마디의 놀라움을 두려워하고 있는 것이 아니라, 어떤 사람으로 하여금 그것을 말하게 하려고 시도하는 거사의 대단한 모습에 대하여 두려움을 느낀다는 것이다. 보제 자신의 견지에서는 태어나기 이전의 자기라든가, 본래의 자기라든가, 본래인이라든가, 혹은 주인공이라고 불리는 일종의 절대자를 지정하는 것이 본래 무의미한 것이다.

임제 스님은 "서로 만나도 알지 못하고 함께 이야기를 나누어도 상대의 이름을 모른다."라고 설하고 있는데, 보제 스님의 입장이 그 정도인 것이다. 태어나기 이전의 본래인에게 한 마디를 말하게 하려는 그러한 거사의 압박하는 태도는 보제 스님으로서는 '잘도 그런 무서운 것을!' 이라고 몸서리치는 외에 달리 할 말이 없는 것이다.

이에 거사는 "그러한 큰스님의 견해야말로 사람을 놀라게 한다고 하는 것입니다."라고 말했다. 그러자 보제 스님은 "궁리를 짜내지 않는다는 것이 실은 빈틈없는 궁리에 떨어져 있는 것입니다."라고 응수했다. 보제 스님의 위의 대답이 거사의 급소를 찔렀다. 그가 애초 잘난 척하며 가지고 나왔던 예의 '어머니 태 안에 있었을 때의 문구 하나'는 거기에서 완전히 날아가 버렸다. 그래서 거사는 이렇게 항변을 해보지만, 그것은 변명에 지나지 않는 맥 빠진 말이 되고 말았다.

보제 스님의 이 응수는 거사가 처음 제시한 '궁리를 짜내서 받아들이지 말라.'를 그 자리에서 역작용시킨 제 2의 공격이다. '궁리를 짜내지 말라는 조건이 실은 그대로 궁리를 짜낸 결과가 아닌가?'라는 예리한 창끝을 겨눈 말이다.

그러나 거사의 반격 또한 만만치가 않다. 거사는 "단지 한 번 태어나고 두 번 태어나는 그런 차이는 아닌 것 같습니다."라고 말한 것이다. 스님이 말한 그대로 나 자신에게 두려워해야 할 괴리가 있는 것을 알았다. 그런데 '그 괴리는 한 생이나 두 생의 간격은 아닌 것이다.'라는 거사의 솔직한 고백이다. 그러나 이 고백의 말 속에는 비수가 감추어져 있다.

보제 스님은 태어나기 이전의 거사라고 제기한 본래인과 현재의 거사는 다른 사람이 아닌 동일체인데도 불구하고, 현재의 거사와 본래인으로서의 거사가 서로 떨어져 있다고 질책했다. 이에 거사는 '현재인과 본래인' 사이에 얼마만큼의 차이가 있는가를 은연중에 묻고 있는 것이다. 이 말은 또한 이 방거사와 보제 스님도 동일생명이 아닌가라는 추궁을 곁들이고 있다.

그러자 보제 스님은 "죽이나 퍼마시는 이 중(僧)이 어떻게 될 것인지 점검해 주시게."라고 말하여 일방적인 종전(終戰)을 선언한다.

'죽이나 퍼마시는 이 중[粥飯底僧]'이란 일상적인 생활을 영위하고 있는 이 몸 그대로의 나라는 뜻이다. 따라서 이 말 속에는 '죽반저승'이야말로 '본래인'이 살아서 숨 쉬고 있는 것이기 때문에, 새삼스럽게 태어나기 이전의 일을 가지고 나올 것이 없다는 의미를 포함하고 있다. '어떻게 될 것인지 점검해 주시게.'는 자신의 오늘의 일은 오로지 천하 사람들의 비평에 맡긴다는 뜻으로, 발언자의 강한 자신의 정도를 표명한 말이다.

이렇게 보제 스님이 상황을 종결짓자, 거사는 손가락을 세 번 튕겼다.

손가락 튕김〔彈指〕의 행위가 의미하는 것을 『사해(辭海)』에서는 "불전에서의 용법에 세 종류가 있다. 허락을 표하는 경우, 환희를 표하는 경우, 경고를 보이는 경우의 세 가지가 그것이다."라고 기술하고 있다. 지금 거사의 경우는 보제 스님을 향한 환희 또는 찬탄의 표현이라고 할 수 있을 것이다.

7-4 마는 것과 펴는 것

居士가 一日에 去看普濟하니 濟見居士來하고 便掩却門曰, 多知老
翁이여 莫與相見이어다 士曰, 獨坐獨語하니 過在阿誰오 濟便開門
纔出하자 被士把住曰, 師多知아 我多知아 濟曰, 多知且置하고 閉
門開門과 卷之與舒가 相較幾許오 士曰, 祇此一問은 氣急殺人이로
다 濟默然하니 士曰, 弄巧成拙이로다

해석

거사가 어느 날 보제 스님을 만나러 갔다. 그런데 보제 스님은 거사가 찾아온 것을 보자, 바로 문을 닫아버리고는 거사에게 말했다.

"박식한 노인장, 만나고 싶지 않습니다."

"혼자 사는 집에서 혼잣말을 하니, 잘못이 누구에게 있을까요?"

이에 보제 스님이 문을 열고 밖으로 나서려는 순간 거사가 꽉 붙잡고는 말했다.

"큰스님이 박식한 것입니까, 내가 박식한 것입니까?"

"박식하고 안 하고는 차치하고 문을 닫아본다든가 열어본다든가, 말 아본다든가 펴본다고 하는 것이 어느 정도의 차이가 있습니까?"

"이 질문만은 공연히 화가 치밉니다."

그러나 보제 스님은 아무 말도 하지 않았다. 이에 거사가 말했다.

"훌륭한 계획이었는데, 뒷마무리가 형편없이 되었습니다."

강설

1) 박학다식의 허물

임제 스님은 "출가한 사람은 무엇보다 도를 배우는 것이 중요하다. 나는 지난 날 계율에 마음을 두기도 하였고, 경론을 연구하기도 하였다. 나중에서야 그것들이 세간을 구제하는 약이며 겉으로 드러내어 표현하는 것인 줄을 알았다. 드디어 몽땅 다 버려버리고 도에 대해서 묻고 선을 참구하였다. 그런 뒤에 큰 선지식을 만나 뵙고 나서야 마침내 도안(道眼)이 분명해져서, 비로소 천하의 노화상들이 삿된지 바른지를 알아볼 수 있었다. 이것은 어머니에게서 태어나면서부터 바로 안 것이 아니다. 깊이 연구하고 닦아서 어느 날 아침에 스스로 살펴볼 수 있게 된 것이다." 라고 설하고 있다.

그런가 하면 『화엄경』「십지품」에는 난승지(難勝地) 보살이 갖추어야 할 덕목으로 "이 보살은 중생을 이롭게 하고자 하는 까닭에 세간의 기예(技藝)를 두루 익히지 않으면 안 된다. 소위 문자·산수(算數)·도서(圖書)·도장 파는 기술·지수화풍(地水火風)·갖가지 논서(論書)에 다 통달하는 것이다. 또한 의약에 정통하여 온갖 병을 고치는 것이다."라고 설시하고 있다.

구태여 새삼스러운 일은 아니지만 선가(禪家)와 교가(敎家)의 현격한 차이점을 보여주고 있는 이러한 사실들을 어떻게 이해하고 받아들일 것인가는 수행의 길을 걷는 사람에게는 가장 중요한 문제임에 틀림이 없을 것이다.

거사가 어느 날 보제 스님을 만나러 갔다. 그런데 보제 스님은 거사가 찾아온 것을 보자, 바로 문을 닫아버리고는 거사에게 "박식한 노인장, 만나고 싶지 않습니다."라고 말했다. 여기서 '만나고 싶지 않다.' 란 면회사절이라는 말이 아니고, 나를 가만히 그대로 내버려두어 달라는 말이다. 박식한 노인장을 만나 소란스러워지고 싶지 않다는 것이다. 그리고 여기서 '박식한〔多知〕'은 지식이 과잉된 상태라는 의미를 지니고 있다. 결국 보제 스님이 거사를 문전박대한 이유는 그가 지식이 과잉된 사람이기 때문이라는 것이다.

지식의 과잉에는 여러 종류가 있을 것이다. 여러 가지 경론에 통달해 있을 수 있고, 국가적인 정치·경제·사회·문화 등의 모든 분야에 관여하면서 동분서주하는 경우도 있을 수 있다. 수행자로서 염불도 잘 하고 강의도 잘 하며, 글도 잘 쓰고 그림도 잘 그린다면 그것 또한 지식 과잉의 상태다. 사찰의 주지로서 불사도 잘 하고 종단 정치에도 능력이 있다면 역시 지식이 과잉된 수행자. 임제 스님은 그 모든 것을 몽땅 다 버려버리고 도에 대해서 묻고 선을 참구하였다고 고백하고 있다. 그것이 참된 수행자의 길이고, 그 속에서 부처님의 참된 가르침을 보았기 때문이다.

172

  물론 보제 스님의 말처럼 방거사가 이렇게 지식과잉의 사람이라는 것은 아니다. 이미 서문에서 살펴본 것처럼 거사의 임종을 전갈 받은 거사의 부인은 딸과 남편을 '바보 같은 딸〔愚癡女〕과 미련한 늙은이〔無知老漢〕'라고 평하고 있다. 여기서 말하는 우치와 무지라는 말은 같은 의미로, 그 단어 속에 수행자가 취해야 하는 근본적인 마음자세를 담고 있기 때문에 거사에게 있어 박식하다는 표현은 어울리지 않는다.

  보제 스님은 단지 이렇게 문제를 제기하고 있을 따름이다. 이유가 무엇일까? 지금까지의 거사와 보제 스님과의 대화의 장소를 눈여겨보면, 보제 스님은 혼자서 수행하고 있는 것처럼 보인다. 즉 다른 큰스님들처럼 대중을 거느리고 방장실에 앉아있는 것이 아니라, 토굴에서 외부와의 관계를 끊고 살고 있는 모습으로 비친다. 이렇게 오로지 정진에만 매진하고 있는 스님의 입장에서는 가족을 거느리고 세속의 일에 매여 있으면서 수행하는 거사가 지식과잉의 사람으로 비칠 수도 있을 것이다.

  여기에서 보제 스님은 자신의 삶과 거사의 삶을 적나라하게 살펴보고자 한 것이다. 이러한 보제 스님의 문제 제기에 거사는 "혼자 사는 집에서 혼잣말을 하니, 잘못이 누구에게 있을까요?"라고 응수했다. "스님으로 하여금 사람을 피해 스스로를 닫은 삶을 살도록 한, 그러한 허물을 범한 것은 도대체 누구인가? 그것은 스님 자신이 아닌가?"라는 힐문이다. 이 힐문은 바로 효과를 나타내었다. 보제 스님이 바로 문을 열고 밖으로 나오려 했기 때문이다.

2) 부처님의 최초의 설법과 전도선언

그렇다면 무슨 까닭에 거사의 이 힐난이 보제 스님으로 하여금 충격을 주었을까? 남전(南傳)『상응부(相應部)』6-1 권청(勸請)에는 이러한 내용을 기술하고 있다.

"어느 때 부처님께서는 우루벨라의 네란자라 강 기슭에 서있는 한 그루의 보리수 아래에 계셨는데, 그것은 정각(正覺)을 성취하신 지 얼마 되지 않았을 때의 일이었다. 그 때 부처님께서는 혼자 앉아서 조용히 다음과 같이 생각하셨다.

'내가 지금 증득한 이 법은 매우 심오하여 보기 어렵고 깨닫기 어려운 것이다. 적정미묘(寂靜微妙)하여 사념의 영역을 넘어 심묘(深妙)하므로 현자만이 가까스로 알 수 있을 것이다. 그런데 사람들은 온갖 욕락만을 즐기고 욕락만을 기뻐하며 욕락 속에 날뛴다. 이렇게 욕락만을 즐기고 욕락만을 기뻐하며 욕락 속에 날뛰는 사람으로서는 이 법을 보기가 어렵다. 그것은 연(緣)에 의한다는 것, 즉 연기(緣起)라는 법이다. 이 연기의 이치는 알기 어렵고, 그들은 이 열반의 이치를 깨닫기 어려울 것이다. 내가 만약 설법을 한다 해도 사람들이 이것을 이해하지 못한다면 나는 그저 피곤하고 고통스러울 따름일 것이다.'

이렇게 부처님은 설법의 문제를 앞에 놓고 우선 주저하였다. 왜냐하면 부처님께서 깨달은 진리는 세상의 상식을 뒤엎은 것이었고, 여기에다 세상 사람들은 탐욕과 분노에 사로잡히고 격정과 무명에 덮여 있기 때문이었다. 따라서 그 진리를 설해보았자 스스로만 지치고 말 것이라는 생각이 들었기 때문이다.

그러나 그 때 부처님께서 설법을 주저하고 있음을 알아차린 범천은 '아아, 세상은 멸망하겠구나. 진정 세상은 멸망하겠구나. 지금 부처님의 마음은 침묵으로 기울어 설법하시기를 원치 않으신다.' 고 걱정한 나머지 급히 부처님 앞에 나타나 합장하여 예를 올리고 다음과 같이 세 번이나 말씀드렸다.

'세존이시여, 법을 설하시옵소서. 원컨대 법을 설하시옵소서. 이 세상에는 눈이 티끌로 가려짐이 적은 사람도 있습니다. 그들은 법을 듣지 못한다면 타락할 것이지만, 그러나 그들도 법을 듣는다면 필시 깨달음을 얻을 것입니다.'

범천왕의 청함을 듣고서 부처님은 다시 한 번 중생들에 대한 연민의 마음이 생겨 불안(佛眼)으로 세상사람들의 모습을 관찰했다. 거기에는 더러움이 많은 사람도 있었고 더러움이 적은 사람도 있었다. 선천적으로 영리한 사람도 있었고 어리석은 사람도 있었다. 훌륭한 모습을 지닌 사람도 있었고 흉한 모습을 지닌 사람도 있었다. 가르치기 쉬운 사람도 있었고 가르치기 어려운 사람도 있었다.

그 중에는 내세의 죄과(罪過)에 대한 두려움을 알고 있는 사람도 보였다. 이렇게 중생의 모습을 관찰하신 부처님께서는 다음과 같은 게송으로 범천왕의 간청에 답함으로써 설법하기로 결심하셨다."

그들에게 감로(甘露; 죽지 않는다는 뜻)의 문이 열렸다.
귀 있는 자들은 듣고
낡은 믿음을 버려라.

범천이여,

나는 미혹한 사람들이

미묘하고 훌륭한 법을

손상시키지 않을까 생각하여

설하지 않으려 했을 뿐이다.

또한 부처님께서는 그의 제자가 60명이 되었을 때, 그들로 하여금 적극적인 전도의 길에 나설 것을 말씀하셨다. 그 때 60명의 제자들에게 하신 말씀을 후세의 학자들은 '전도선언(傳道宣言)'이라고 하는데, 이때의 말씀을 남전『상응부경전』4-5에서는 이렇게 기술하고 있다.

"비구들이여, 나는 하늘과 사람의 일체 속박에서 벗어났다. 비구들이여, 너희들도 또한 하늘과 사람의 일체 속박에서 벗어났다. 비구들이여, (전도의) 길을 떠나라. 중생의 이익과 중생의 안락을 위해서 세간을 불쌍히 여기는 까닭에 인간과 하늘의 의리(義利)·이익·안락을 위해서 길을 떠나라.

두 사람이 함께 가지 마라. 비구들이여, 처음도 좋고 가운데도 좋고 끝도 좋으며, 내용도 있고 말도 조리 있게 갖추어져 있는 법을 설하라. 순수해서 원만하고, 완전 청정한 범행(梵行)을 실제로 보여라. 중생 가운데는 마음에 더러운 티끌이 적은 이도 있긴 하지만, 만약 법을 듣지 못하면 타락하겠지만 (들으면) 법을 깨달을 것이다."

부처님께서 진리를 깨달았다는 것은 불교에 있어서는 가장 중요한 일이다. 만약 그러한 사실이 없었다면 오늘의 불교는 있을 수 없기 때문이다. 그러나 그 깨달음의 내용이 설법이라는 형식을 통해서 객관화되지 않았다면 어떻게 되었을까. 아마도 부처님은 연각(緣覺)의 한 분으로 기억되었을 따름이고, 따라서 불교는 성립되지 않았을 것이다.

부처님은 깨달음의 내용을 설하시기 위하여 성도의 땅 붓다가야를 떠나 베나레스로 가셨고, 그 곳에 있는 녹야원(鹿野園)에서 교진여를 비롯한 다섯 사람의 제자들에게 최초의 설법을 하셨다. 그리고 제자들에게도 분명하게 중생의 이익과 중생의 안락을 위해서 전도의 길을 떠나라고 말씀하셨다.

이러한 부처님의 일관된 중생구제의 사상을 보제 스님이라고 모를리가 없었을 것이다. 거사는 보제 스님이 '자신의 삶과 거사의 삶'을 적나라하게 살펴보고자 한 것을 역으로 이용하여, 보제 스님을 연각에 지나지 않는다고 공격을 하고 있는 것이다. 거사의 이 명분 있는 물음에 보제 스님은 꼼짝없이 걸려들 수밖에 없었다. 마침내 보제 스님이 문을 열었다. 그리고 밖으로 나서려는 순간 거사가 꽉 붙잡고는 "큰스님이 박식한 것입니까, 내가 박식한 것입니까?"라고 반문했다. 보제 스님은 깨달음을 얻고도 자신을 닫고 있다. 중생구제라는 마지막 할 일을 스님은 기피하고 있는 것이다. 스님의 독살이 행위는 대자유인의 삶이 아니라 계산된 행동이라는 것이다.

『종용록』제39칙은 이렇게 되어 있다.

어떤 스님이 조주 스님에게 "학인이 처음으로 총림에 들어왔으니, 큰스님께서 지시해주십시오."라고 하니, 조주 스님이 이르되 "죽을 먹었느냐?" 하였다. 이에 그 스님이 이르되 "먹었습니다." 하니, 조주 스님이

"바리때를 씻어라." 하였다.

죽을 먹었으면 바리때를 씻을 줄 아는 사람이 자유인이다. 거기에는 조작이 없다. 봄이 오면 꽃이 피는 삶이다. 거사는 보제 스님이 봄이 와도 꽃을 보지 않으려는 지식 과잉의 사람이라고 몰아세우고 있다. 반면에 자신은 속인의 삶을 여여하게 살고 있다. 그렇다면 스님과 나 가운데 누가 지혜로운 사람인가? 누가 더 속박을 여읜 삶을 살고 있는가? 거사는 이렇게 보제 스님에게 오히려 공격을 가하고 있는 것이다.

3) 한 작용의 양면

그러자 보제 스님은 "박식하고 안 하고는 차치하고 문을 닫아본다든 가 열어본다든가, 말아본다든가 펴본다고 하는 것이 어느 정도의 차이가 있습니까?"라고 말했다. 보제 스님의 이 질문부터가 양자 사이에 벌어지 는 싸움의 제2 국면이다.

'박식하고 안 하고는 차치하고'란 이 건에 관해서는 그가 일단 거사 에게 예비점검을 마쳤다는 것을 넌지시 보인 말이다. 보제 스님은 처음 부터 그 문제에 무게를 두지 않고 있기 때문에 거사에게 주도권을 쥐게 하는 것에 조금도 구애받지 않는다. 그가 무게를 두고 묻고자 하는 것은 마는 것과 펴는 것에 관해서다.

지금까지는 거사의 '박식함' 논쟁에 휘말려서 문을 닫고 문을 여는 행위가 연출되었다. 그런데 그 열고 닫음, 마는 것[卷]과 펴는 것[舒]은 도대체 어느 정도 다름이 있는 것인가? 원래 한 작용의 양면에 지나지 않 는 것이 아닌가? 그것을 거사가 일일이 두 개로 갈라서 대치시키고, 더욱 그것에 자신과 상대라는 대치를 중복시키고자 하는 어리석음을 보제 스님은 공격하고 있는 것이다.

여기서 말하는 '마는 것'이란 멍석이나 베 등을 돌돌 마는 것이고, '펴는 것'이란 그것을 넓게 펴는 것이다. 거두어들임과 전개, 말과 침묵, 줌과 빼앗음, 살림과 죽임의 대립을 비유한 말이다. 보제 스님이 문을 열고 문을 닫는 행위는 말하자면 한 작용의 자재한 '말고 펴는 일'을 대신하고 있는 것이다. '거기에 어떤 다름이 있는가?'라는 이 질문을 처음부터 갖고 나오지 않고, '박식'론에서 일보 양보한 지금의 단계에서 갖고 나온 것에서도 보제 스님의 노숙한 선기를 볼 수 있다.

이에 거사는 "이 질문만은 공연히 화가 치밉니다."라고 대답했다. 보제 스님이 본심을 숨기고 '박식' 론을 먼저 제기한 후에 한 작용의 양면성 문제로 공격한 것에 대한 진솔한 감정의 표출이다. 주도권을 쥐었다고 생각했는데 어이없이 뒤통수를 얻어맞은 꼴이 되었으니, 무척 화가 났다는 말이다.

그러나 보제 스님은 아무 말도 하지 않았다. 이에 거사가 "훌륭한 계획이었는데, 뒷마무리가 형편없이 되었습니다."라고 말했다. '훌륭한 계획'이란 지식 과잉의 문제로 보제 스님을 공격한 거사 자신의 발언이다. 그 계획이 스님의 제2의 반격으로 여지없이 무너졌음을 시인하고 스스로 패배선언을 한 것이다. 그러나 거사가 이렇게 말하지 않으면 안 되었던 직접적인 계기는 역시 보제 스님의 냉엄한 '아무 말이 없음'이다. 말과 침묵, 살림과 죽임은 원래가 한 작용의 양면에 지나지 않는 것인데, 여기에 무슨 말이 필요할 것인가!

8. 장자(長髭)와의 대화

8-1 주인공을 침범하지 말고

居士가 到長髭禪師하니 値上堂이어서 大衆集定이라 士便出云하대
各請自檢好하라 髭便示衆하다 士却於禪床右立하거늘 時有僧問하대
不觸主人公하고 請師答話하소서 髭云하대 識麗公麼아 僧云하대 不
識이니다 士便擒住其僧云하대 苦哉苦哉로다 僧無對어늘 士托開하다
髭少間却問士云하대 適來這僧還喫棒否아 士云하대 待伊甘始得다
髭云하대 居士只見錐頭利하고 不見鑿頭方이로다 士云하대 恁麼說
話는 某甲卽得이어니와 外人聞之면 要且不好니이다 髭云하대 不好簡
甚麼오 하니 士云하대 阿師는 只見鑿頭方하고 不見錐頭利로다

해석

거사가 장자(長髭) 선사가 계신 곳에 도착한 것이 마침 상당설법(上堂
說法)할 때라, 많은 스님들이 줄지어 있었다. 거사는 슬그머니 앞으로 나
가서 말했다.

"자, 여러분! 각자가 자신을 점검해 주십시오."

그러자 장자 스님은 설법을 시작했고, 거사는 법상(法床)의 오른쪽에
섰다. 그 때 어떤 스님이 물었다.

"주인공(主人公)을 침범하지 말고, 큰스님께서 대답해 주시기를 청합
니다."

180

이에 장자 스님이 "이 방 선생을 뵌 기억이 있는가?"라고 물으니, 그 스님은 "없습니다."라고 대답했다. 그러자 거사가 그 스님의 멱살을 움켜잡고 "아이쿠, 맙소사. 한심도 하다."라고 말했지만, 그 스님은 아무 말이 없었다. 이에 거사는 그 스님을 떠밀어 버렸다.

조금 지나서 장자 스님이 거사에게 물었다.

"아까의 그 스님에게는 역시 방망이를 한방 먹인 것입니까?"

"아닙니다. 본인이 납득하지 않고서는."

"거사님은 송곳 끝의 뾰족함만 보고, 끌 끝의 평평함을 못 보고 계십니다."

"그러한 말솜씨는 나에게는 괜찮지만, 다른 사람이 들으면 어쨌든 좋지 않습니다."

"무엇이 좋지 않습니까?"

"큰스님께서는 끌 끝의 평평함만 보고, 송곳 끝의 뾰족함을 못 보고 계십니다."

강설

1) 자신을 점검하라

『조당집』 제5권에는 "장자(長髭) 화상은 석두 선사의 법을 이었고, 담주(潭州) 유현(攸縣)에 살았다. 행장을 보지 못해 그 생애의 시작과 끝을 알 수 없다."라는 장자 스님에 관한 기록이 있다.

이 장자 선사가 계신 곳에 거사가 도착한 것은 마침 상당설법(上堂說

法)을 시작할 즈음이라, 많은 스님들이 줄지어 있었다. 이에 거사는 슬그머니 앞으로 나가서 "자, 여러분! 각자가 자신을 점검해 주십시오."라고 말했다. 그러자 장자 스님은 설법을 시작했고, 거사는 법상(法床)의 오른쪽에 섰다. '법상의 오른쪽에 섰다.' 라는 말은, 선상의 우측에는 시자가 서는 것이기 때문에 지금 거사는 스스로 시자의 자리에 섰다는 말이다. 이렇게 시자를 자임한 거사는 방장인 그날 법좌의 주인공인 장자 스님이 법을 설하기 전에 먼저 나서서 "각자가 자신을 점검해 주십시오."라고 말한 것이다. '자신을 점검' 한다는 말은 각자가 스승과의 문답을 통해서 자신의 기량을 테스트하는 것이다. 일상적으로 말하면 '자, 한 사람씩 문답을 시작해 주시오.' 라고 말하는 것이다.

그 때 어떤 스님이 "주인공(主人公)을 침범하지 말고, 큰스님께서 대답해 주시기를 청합니다."라고 말했다. 주인공이란 본래의 자기, 자기의 절대주체를 말한다. 본래인 혹은 진인(眞人)이라고 칭하기도 하는데, 특히 선에서 말하는 주인공은 절대주재자로서 정립된 본래인이라는 무거운 의미를 갖고 있다. 지금의 주인공이라는 말에는 위에서 말한 본래의 의미 외에 제2의 주인공처럼 설치고 있는 거사를 염두에 두고 묻고 있다. 뒤이어 계속되는 응수를 이해하기 위해서는 이 점을 먼저 알아야 한다.

이에 장자 스님이 "이 방 선생을 뵌 기억이 있는가?"라고 물으니, 그 스님은 "없습니다."라고 대답했다. 위에서 질문자가 말한 '주인공'의 의미를 장자 스님은 바로 알아차리고 "이 방 선생을 뵌 기억이 있는가?"라고 반문한다. "사람이 어떤 인물인지를 알고 있는가?"라는 물음이다. "지금 자네는 주인공을 침범하지 말라고 말했는데, 그래 여기에 한 사람의 주인공이 있다. 이 방 선생을 자네는 알고 있는가?"라는 반문인 것이다.

'침범하지 않는다.'라는 형식으로써 주인공을 돌출한 질문자에게 지금 눈앞에서 묘한 주인공 역할을 연기하고 있는 인물을 도리어 던져버림에 의해서 질문자 자신에 있어서 주인공을 붙잡는 방법을 검증하려고 하는 의도가 녹아 있다. 동시에 거사를 의식하고 있는 그 질문을 알아차린 장자 스님은 즉각 그 물음의 대상을 거사에게 돌림으로써, 질문자를 직접 거사와 대결시키고 그것을 통해서 거사의 주인공 그것까지도 검정해 보려는 것이다. 그러나 그 스님은 예상대로 모른다고 대답했다.

2) 눈앞의 주인공

그러자 거사가 그 스님의 멱살을 움켜잡고 "아이쿠, 맙소사. 한심도 하다."라고 말했지만, 그 스님은 아무 말이 없었다. 거사는 장자 스님의 작전에 걸려들었다. 이렇게 해서 그 스님과 거사의, 그리고 쌍방의 주인공 대결이 되었다. 바로 시작된 거사 측의 선제공격은 압도적인 것이었다.

'한심하다.'라는 탄식은 그 앞의 스님의 대답인 '모릅니다.'에서 도입된 것이다. 즉 '방 선생을 모른다.'라는 대답을 부끄러움도 없이 공언하는가? 이렇게 생생하게 활동하고 있는 주인공을 눈으로 보고 들으면서도 그것을 모른다고 하는가? 그러면서도 이렇게 질문하는 것은 정말 한심한 말이라고 탄식하고 있는 것이다.

임제 스님은 "평상생활 그대로이기를 바란다면 다른 모양을 짓지 말라. 좋고 나쁜 것을 알지 못하는 머리 깎은 노예들이 있다. 그들은 문득 귀신을 보고 도깨비를 보며, 동쪽을 가리키고 서쪽을 구분하며, 맑은 것이 좋으니, 비 오는 것이 좋으니 한다. 이와 같은 무리들은 모두 빚을 지고 염라대왕 앞에 가서 뜨거운 쇳덩이를 삼킬 날이 있을 것이다."라고 설하고 있다.

눈앞에 있는 주인공을 두고 따로 주인공을 찾는 그 스님이야말로 염라대왕 앞에 가서 뜨거운 쇳덩이를 삼킬 날이 있을 것이라는 한탄이다.

이에 거사는 그 스님을 떠밀어 버렸다. 상대의 멱살을 잡고 있던 것을 확 놓아버리는 행위다. 바로 본문 '3-2'에 나타나 있는 상황과 흡사하다. 거사가 공중에 휘날리는 눈을 가리키며 "참 멋진 눈이다. 한 송이 한 송이가 다른 곳에는 떨어지지 않는구나!"라고 말하자, 전(全)이라고 하는 선객이 "어느 곳에 떨어집니까?"라고 말대꾸를 했다. 그러자 거사는 손바닥으로 한 번 때렸다. 저때의 전 선객이나 지금의 어떤 스님이나 둘 다 주인공을 따로 찾고 있기에 수모를 당하는 것이다.

하여튼 이렇게 해서 장자 스님의 작전에 의해서 전개된 거사와 어떤 스님의 대결은 명확하게 결말이 났다. 즉 거사는 장자 스님을 대신해서 어떤 스님의 물음에 답하면서, '나의 답안은 이와 같은 것이다.'라고 장자 스님에게도 제시하고 있다. 거기서 장자 스님은 당연히 그 답안에 관해서 평가를 하지 않으면 안 되는 입장이 되었다.

조금 지나서 장자 스님이 거사에게 "아까의 그 스님에게는 역시 방망이를 한방 먹인 것입니까?"라고 물으니, 거사는 "아닙니다. 본인이 납득하지 않고서는."이라고 대답했다. 장자 스님의 이 물음은 거사가 제출한 답안에 대한 체크다. 그 스님은 거사로부터 심하게 꾸지람을 받기는 해도 자기의 어떤 점 때문에 꾸지람을 받았는지 모르고 있다. 어쩔 수 없이 거사는 또 그를 내던진 것이다. 그러나 장자 스님은 그것으로도 불충분하니, 또 하나의 수속으로 방망이를 한방 먹여야 한다고 말하고 있다. 그래야만 그것에 의해서 그 스님이 눈을 뜰 수 있다는 것이 장자 스님의 의견인 것이다.

그러나 거사의 의견은 장자 스님과는 다르다. 그 스님이 방망이 한방을 감수하려고 하는 심기일전을 보인다면 괜찮지만, 그렇지 않고는 이쪽에서 때려도 그가 바로 개안(開眼)하기를 기대할 수 없다는 것이 거사의 관점이다. 장자 스님의 엄격함보다 한 단계 높은 엄격한 태도인 것이다. 그렇지 않고서는 그를 때려도 무의미하다고 하는 거사의 대응은 역시 앞의 밀쳐버림과 같이 준열하다.

그러자 장자 스님이 "거사님은 송곳 끝의 뾰족함만 보고, 끌 끝의 평평함을 못 보고 계십니다."라고 말하니, 거사는 "그러한 말솜씨는 나에게는 괜찮지만, 다른 사람이 들으면 어쨌든 좋지 않습니다."라고 응수했다. 장자 스님의 말은 거사의 준열함에 대한 비평이다. 준열함도 괜찮지만, 당신은 송곳 끝이 뾰족함만을 유일의 예리함이라고 하고, 끌 끝의 평평함에도 다른 예리함이 있는 것을 못 보고 있다는 것이다.

이 송곳과 끌의 교묘한 배합은 물론 양자의 선풍의 다름을 비교한 것이지, 그 사이에 고하의 차등을 말하는 것은 아니다. 이에 대한 거사의 응수는, 그러한 비평은 나로서는 잘 알고 유효한 것이지만, 제 3자가 듣는 경우에는 아무래도 좋지 못한 상황을 발생시킨다는 것이다. 즉 거사의 대답은 장자 스님의 비평을 반은 긍정하면서도, 그 비평을 아래와 같이 역수로 이용하여 끊어버리고 있다.

　　장자 스님이 다시 "무엇이 좋지 않습니까?"라고 물으니, 거사는 "큰 스님께서는 끝 끝의 평평함만 보고, 송곳 끝의 뾰족함을 못 보고 계십니다."라고 대답했다. 장자 스님이 보기에 거사는 맺고 끊음이 분명한 사람이다. 본 어록을 통해서 보아도 거사는 선천적으로 직선적인 성격의 소유자다. 그러나 거사는 자신의 끝 끝의 예리함을 인정하지 않고 있다. 이러한 진리를 향한 철부지 같은 완강함이 있었기에 거사가 세속에 몸을 두고 있으면서 대자유인, 해탈인으로 살 수 있지 않았을까! 그리고 거사의 그 성격이야말로 양자의 응수를 원만히 완결시키는 기묘한 효과를 발휘한 것이 아닐까 여겨진다.

9. 송산(松山)과의 대화

9-1 왜 말하지 않는가?

　　居士가 同松山和尙과 喫茶次에 士擧橐子曰, 人人盡有分이거늘 爲什麼道不得이닛고 山曰, 祇爲人人盡有일새 所以道不得이로다 士曰, 阿兄爲什麼却道得이닛고 山曰, 不可無言去也니라 士曰, 灼然灼然이로다 山便喫茶하다 士曰, 阿兄喫茶하면서 爲什麼不揖客이닛고 山曰, 誰에게 士曰, 龐公에게 山曰, 何須更揖이닛고
　　後에 丹霞聞하고 乃曰, 若不是松山이면 幾被箇老翁作亂一上이로다 士聞之하고 乃令人傳語霞曰, 何不會取未擧橐子時오하다

186

해석

　거사가 송산 화상(松山和尙)과 차를 마실 때의 일인데, 거사가 찻상(찻잔을 올려 놓는 상)을 들고서 송산 스님에게 말했다.

　"사람은 모두 자신의 본분이 있는데, 왜 말할 수 없습니까?"

　"사람은 모두 그것이 있기 때문에 말할 수 없는 것이다."

　"그런데 사형(師兄)님께서 말할 수 있는 것은 무슨 까닭입니까?"

　"말이 없는 그대로 있을 수만은 없는 것이지."

　"정말로 대단하십니다."

　이에 송산 스님이 차를 마시자, 거사가 말했다.

　"사형님은 차를 마시면서 왜 손님한테 읍(揖)을 하지 않습니까?"

　"누구에게?"

　"이 방 선생에게."

　"새삼스럽게 읍할 필요가 어디에 있는가?"

　그 후 단하 스님이 이 말을 듣고 "만약 송산 스님이 아니었다면, 그 노장에게 한바탕 휘둘렸을지도 모를 일이었다."고 말했다. 이에 거사는 이 말을 듣고 사람을 보내 단하 스님에게 말을 전했다. "왜 아직 찻상을 들지 않았을 그 순간에서 잡지 않는가?"라고.

강설

1) 본래 부처

　송산 화상(松山和尙)은 마조 스님의 법을 이은 스님인데, 본 어록에서 방거사와 법거량하는 것 외에 그의 전기는 전해지지 않고 있다. 지금의 경우는 거사가 송산 스님을 방문해서 함께 차를 마실 때의 일이다. 거사가 찻상(찻잔을 올려 놓는 상)을 들고서 송산 스님에게 "사람은 모두 자신의 본분이 있는데, 왜 말할 수 없습니까?"라고 물었다.

『여래장경(如來藏經)』에는 다음과 같은 법문이 있다. "어느 때 부처님께서는 회중의 보살들 앞에서 선정에 들어 신통력으로 주변에 연꽃을 피게 했는데, 그 연꽃 한 송이 한 송이에는 부처님이 앉아계셨다. 돌연 그 연꽃들은 시들어버리고 가운데의 부처님들도 보이지 않게 되었는데, 이 윽고 다시 찬란한 빛이 비치기 시작했다.

이 기이한 현상을 보이고 나서 부처님은 보살들에게 '천안을 가진 사람이 연꽃 중의 부처님 모습을 발견하는 것처럼, 여래도 또한 스스로의 지혜와 눈을 가지고 탐욕·진에·우치·갈애·무명을 비롯한 수천만의 번뇌에 덮여 있는 모든 중생을 관찰한다. 거기에서 여래는 그러한 번뇌에 덮여 있는 중생들의 내면에 자신과 똑같은 지혜를 가지고 똑같은 눈을 가진 여래가 있는 것을 발견하고, 그들 중생 가운데에 여래의 법성이 변함없이 존재하여 중생이 윤회의 길을 방황해도 조금도 더럽혀지지 않는 것을 본다.'라고 말씀하셨다."

지금 거사가 묻고 있는 '사람은 모두 자신의 본분이 있다.'라는 말은 위의 『여래장경』의 말씀과 같이, 사람은 누구나 본래부터 부처로서의 천성을 갖추고 있고 따라서 부처의 지견을 개시(開示)할 자격도 구비하고 있다라는 의미다. 그렇지만 '말하지 못하는 것'은 무엇 때문인가? 지금 거사는 찻상을 들고 그것을 송산에게 보이면서 이 질문을 했다. 즉 그는

'이것은 무엇인가, 그것을 사람들이 알아맞힐 수 없는 것은 무슨 까닭인 가?'라고 묻고 있는 것이다.

지금 여기에 찻상이라는 이름과 모양을 갖는 하나의 존재가 있다. 그 실체를 어떻게 붙잡을 것인가? 찻상이라는 이름은 임시로 붙여진 이름이 다. 그렇다면 인연의 화합에 의해서 잠시 나타나 있는 찻상을 도대체 어 떻게 부를까? 사람들은 모두 보편적인 규정에 의해서 찻상이라 부르지 만, 나는 아무래도 말할 수 없다는 근원적인 질문이다. 그리고 지금 거사 의 물음에는 '그것이 왜 말해질 수 없는가?'에 대한 이유를 묻는 것만이 아니고, '당신은 그것을 말할 수 있는가?'라는 대결적인 구도를 던지고 있다.

2) 진리는 말로 표현할 수 없다

이에 송산 스님은 "사람은 모두 그것이 있기 때문에 말할 수 없는 것이 다."라고 대답했다. 송산 스님의 이 대답은 완전히 말을 끊은 정말 멋진 말이다. 송산 스님이 말하는 '말할 수 없음'과 거사가 묻는 '말할 수 없음'에는 차원의 차이가 있다.

거사의 물음은 가화합(假和合)된 사물의 본래 이름은 '말할 수 없음' 이지만, 송산 스님의 대답은 제법의 본질은 마땅히 '말할 수 없음'이다. 왜 말할 수 없는가? 송산 스님은 '제법, 즉 진여법성 그것은 말해질 수 없 기 때문이다.'라고 말을 끊고 있다.

그러자 거사는 다시 스님에게 "그런데 사형(師兄)님께서 말할 수 있는 것은 무슨 까닭입니까?"라고 반문하니, 송산 스님은 "말이 없는 그대로 있을 수만은 없는 것이지."라고 대답했다. 거사가 송산 스님에게 사형이라 칭한 것은 두 사람이 같이 마조 스님에게 사사한 법상의 형제이기 때문이다. 송산 스님은 위에서 "사람은 모두 그것이 있기 때문에 말할 수 없다."고 대답했는데, 거사는 그것을 붙잡아서 "당신이 이렇게 대답하는 것은 말이 아니냐?"고 묻고 있다. 이에 송산 스님은 "말이 없는 그대로 있을 수만은 없기 때문이다."라고 대답했다.

무슨 까닭인가? 다름이 아니라 나에게 '본분'이 있기 때문이다. 『금강경』 비설소설분 제21에는 "설법이라는 것은 법을 가히 설할 것이 없음을 이름하여 설법이라 한다."고 설시하고 있다. 본래 부처인 송산이 부처의 지견을 보일 목적으로 말할 것이 없는 말을 하고 있다는 것이다.

그러자 거사는 "정말로 대단하십니다."라고 말했다. 이에 송산 스님이 차를 마시자, 거사가 "사형님은 차를 마시면서 왜 손님한테 읍(揖)을 하지 않습니까?"라고 말했다. 그러자 송산 스님이 "누구에게?"라고 물으니, 거사가 "이 방 선생에게."라고 자신을 가리켰다. 이에 송산 스님이 "새삼스럽게 읍할 필요가 어디에 있는가?"라고 반문했다.

거사가 찻상을 사용해서 제기한 문제는 송산 스님에 의해서 멋지게 받아졌을 뿐만 아니라, 깨끗하게 그치게 하는 효과로 나타났다. 때문에 거사는 송산 스님에게 찬탄의 말을 했다. 그러나 거사는 도리어 주도권을 빼앗겨 후수가 되고 말았다. 이에 거사는 뒤의 단하 스님의 비평처럼, 송산 스님을 작란하려는 속셈에서 '차를 마시면서 왜 손님한테 읍을 하지 않느냐?'고 따졌다. 읍(揖)이란 중국 영화에서 가끔 볼 수 있는 것처럼, 한 손을 다른 손의 등에 붙이고 이마까지 올려서 예를 표하는 중국인의 인사법이다.

　지금까지의 대화에서는 거사가 묻고 송산 스님이 대답하는 주인과 손님의 관계였다. 그런데 주도권을 상실한 거사는 지금 송산 스님을 주인으로 하고 자신을 객으로 확실하게 대치시켜서 후수에서 벗어나고자 하는 것이다. 뒤에서 이어지는 대화는 송산 스님의 두 번째 깨끗한 대응이다. 사람 모두가 동등하게 본래 부처인데, 거기에 왜 사사건건 주객의 문제를 들고 나오느냐? 주인이 곧 객이고 객이 곧 주인이라는 말이다. 송산 스님의 "새삼스럽게 읍할 필요가 어디에 있는가?"라는 반문은 파란을 일으켜서 교묘함을 그르치고 있는 거사의 어른답지 못함을 꽉 눌러 놓고 있다.

　그 후 단하 스님이 이 말을 듣고 "만약 송산 스님이 아니었다면, 그 노장에게 한바탕 휘둘렸을지도 모를 일이었다."고 말했다. 이에 거사는 이 말을 듣고 사람을 보내 단하 스님에게 말을 전했다. "왜 아직 찻상을 들지 않았을 그 순간에 잡지 않는가?"라고.

　찻상을 들기 전의 시점이라고 하면 두 사람이 먼저 만난 때다. 내가 송산과 어떻게 대면했는가? 우리 두 사람의 만남의 최초에 있어서 무엇이 일어났는가? 혹은 일어나지 않았는가? 그 때 송산을 어떻게 보았는가? 거사는 이러한 것들에 관한 소식이야말로 단하 스님이 알아야 할 점이라고 말하고 있다.

　그러나 거사 자신이 그 시점에 관한 한 어떤 흔적도 남기지 않았다. 확실한 흔적은 송산 스님과의 만남이고, 거기에서 그가 패한 것은 확실하다. 그것은 그 자신의 흔적이 증명하고 있다. 그것에 입을 대서 '찻상을 들지 않았을 때'를 취한다는 것은 거사답지 않은 말이다. 단하 스님은 송산 스님을 칭찬하고 있다. 그러면서 또한 거사의 작란의 강함을 인정하고 있다.

9-2 소는 그것을 모른다

居士가 一日에 與松山과 看耕牛次에 士指牛曰, 是伊時中更安樂이로되 只是未知有로다 山曰, 若非龐公이면 又爭識伊로다 士曰, 阿師道어다 渠未知有箇什麼닛고 山曰, 未見石頭어니 不妨道不得이로다 士曰, 見後作麼生이닛고 山撫掌三下하다

해석

거사가 어느 날 송산 스님과 함께 밭을 갈고 있는 소를 보았는데, 거사는 소를 가리키며 송산 스님에게 말했다.

"저것이야말로 하루 종일 안락하지만, 다만 그런 것을 알지 못합니다."

"만약 방 선생이 아니라면 아무래도 그런 것을 보지 못했을 것입니다."

"큰스님, 저것은 도대체 무엇이 그런 것을 알지 못하는가, 한 말씀 해주십시오."

"아직 석두 스님을 친견하지 않았기 때문에 그것을 말하지 못해도 상관없습니다."

"친견했다면 어떻게 됩니까?"

그러자 송산 스님은 손바닥을 세 번 쳤다.

강설

1) 가치관의 기준

여섯 갈래의 길을 윤회하는 중생은 괴로움에 처해있다는 것이 불교의 대 전제다. 그렇다면 그 중생들은 어떤 괴로움이 있는가?『대지도론(大智度論)』제46권에는 "육도(六道) 중생들은 모두가 몸과 마음의 고뇌를 받고 있나니, 지옥의 중생은 고문을 받는 고통이 있고, 축생은 서로 죽이고 해치는 고통이 있으며, 아귀는 굶주리는 고통이 있고, 인간에게는 욕심을 구하는 고통이 있으며, 천상에서는 애욕을 여읠 때의 고통이 있고, 아수라 갈래에서는 싸움을 하는 고통이 있다."라고 논하고 있다.

또한『자설경(自說經; Udāna)』에는 "다른 것(他)에 종속되는 것은 전부가 괴로움이고, 자유는 모두가 즐거움이다. 만약 사람에게 해야 할 일이 있으면 그것에 시달린다. 확실히 속박은 벗어나기 어려운 것이다."라고 설하고 있다.

위의 두 인용문을 종합해 보면, 불교에서 말하는 괴로움이란 자기가 바라는 대로 되지 않는, 자기의 희망에 부합되지 않는 육체적·감각적인 고통과 정신적·심리적인 고뇌를 같이 말하고 있는 것으로 볼 수 있다. 따라서 축생에게는 서로 죽이고 해치는 고통과 자유가 없이 사육되는 고통이 있다고 여겨진다.

그런데 거사가 어느 날 송산 스님과 함께 밭을 갈고 있는 소를 보았는데, 거사는 소를 가리키며 송산 스님에게 "저것이야말로 하루 종일 안락하지만, 다만 그런 것을 알지 못합니다."라고 말했다. 지금의 거사의 발언은 인간이 설정한 가치의 기준 이전의 상식적인 견해에 서 있다. 저 소는 묵묵히 일하면서, 어떤 보답도 구하지 않는 무공덕행(無功德行)으로 안락한 삶을 살고 있다. 인간조차 닮기 어려운 훌륭한 생존방식이다. 다만 축생이기 때문에 '그러한 사실'을 알지 못하고 있다는 것이다.

그러한 사실이란 무엇인가? 다른 말로 바꾸어서 말할 수는 없다. 왜냐하면 어떠한 말이든 일단 언어로 개념화되면 그것은 언어에 의한 한정을 받아, 그것의 본래적인 절대성은 상실되어서 상대적인 가치에 떨어지기 때문이다. 위에서 인용한 고통의 개념을 보더라도 그것은 어디까지나 인간의 입장에서 설정한 상대적인 것이다.

이 부분을 대하면서 필자는 문득 오래 전에 읽은 그리스인 작가 카잔차키스(Kazantzakis)의 소설 『희랍인 조르바(Zorba The Greek)』가 생각났다. 이 소설에서 주인공 조르바는 "만약 여자가 독수공방하는 것이 사실이라면 그건 우리 남자들 잘못이다. 우리는 너나 할 것 없이 마지막 심판을 받는 날이 오면 우리가 한 행동을 모두 설명할 수 있어야 한다. 하느님은 온갖 죄를 용서할 것이다. 하지만 여자와 잘 수 있는데 자지 않는 사나이와 남자하고 잘 수가 있음에도 불구하고 자지 않는 여자는 용서하지 않을 것이다."라고 외치고 있다.

이것은 윤리관의 문제가 아니고 가치관의 본질적인 문제를 제기하고 있다. 축생이 고통에 처해 있다는 생각은 인간의 가치관이고 인간의 생각이다. 이 지구상에 인간만큼 이기적인 동물은 없기 때문에 사람들은 모든 것을 인간 위주로 판단한다. 심지어 온갖 치장을 시킨 개를 아파트에서 가지고 놀면서도 개에게 선행을 베풀고 있다고 고집한다. 또한 자기 위주로 사물을 판단한다. 육체적인 노동으로 삶을 영위하는 사람들이라고 반드시 불행한 것은 아닐 것이다. 그에게 자기의 삶에 대한 번민이 없다면 그 노동이야말로 가장 행복한 삶인 것이다. 그런데도 우리들 대부분은 가난한 삶은 불행한 것으로 간주해버린다. 지금 거사가 말하고 있는 '소가 처해 있는 안락'은 이러한 인간 삶의 근원적인 문제를 제기하고 있는 것이다.

2) 깨달음을 보여라

그러자 송산 스님은 "만약 방 선생이 아니라면 아무래도 그런 것을 보지 못했을 것입니다."라고 말했다. 송산 스님의 이 발언은 거사를 칭찬한 말이긴 하나 분명히 빈정거림이 묻어있다. 축생 자신의 일을 당신이 어떻게 알 수 있는가? 또한 '그런 것을 알지 못한다.'고 하니, '무엇을 알지 못하는 것인가?'라는 거사의 제기의 방법을 은근히 꼬집고 있는 것이다.

사실 거사의 발언은 상식적인 견해에서 사람과 소의 대비에 있어서 양자를 근본적으로 나누는 요건으로써 '그런 것을 알지 못함'을 취하고 있다. 거기에는 또한 그 자신이 그것을 어떻게 알고 있는가는 숨겨져 있지만, 실은 상대방의 응답을 기대하면서 가지고 나온 준비된 것이다. 송산 스님은 그것을 먼저 읽고 문제를 거사 자신에게 있어서 '그런 것을 알

195

지 못함'은 무엇인가라는 것보다도, 소를 등장시킨 방법 그것에 관점을
두고서 그의 훌륭함을 칭찬하고 있다. 그러나 실은 소를 등장시켜 '그런
것을 알지 못함'의 문제를 그가 갖고 나온 것에 대해 암묵적으로 비판하
고 있는 것이다.

이에 거사는 "큰스님, 저것은 도대체 무엇이 그런 것을 알지 못하는
가, 한 말씀해주십시오."라고 말했다. 송산 스님의 암묵적인 비판을 거사
는 재빨리 읽고서 이러한 반격으로 나온 것이다. 이 반문은 소 그것에 초
점을 맞춘 형식을 취하면서, 사실은 송산 스님에게 있어서 '그런 것을 알
지 못함'은 무엇인가를 묻고 있다.

그가 당초에 설정한 사람과 소라는 대비가 여기에서는 교묘하게 없
어져버리고, 즉 그 자신에게 있어서 '그런 것을 알지 못함'은 숨긴 채로
상대방의 그것을 파고들면서 송산 스님을 검증하려고 한 것이다. 사람은
누구나 부처의 세계에 살고 있다. 불국토에 살고 있기 때문에 모두가 부
처다. 거기에는 어떠한 모자람도 없다. 불행을 찾아보아도 찾을 수 없다.
부처님의 공덕생명이 있을 뿐이다. 그런데도 인간은 고통을 받고 있다.
무슨 까닭인가? 자신이 곧 완전무결한 부처인 사실을 깨닫고 있지 못하
기 때문이다. 이제 큰스님께서 자신이 부처라는 사실을 보여 달라는 거
사의 교묘한 질문이다.

그러자 송산 스님은 "아직 석두 스님을 친견하지 않았기 때문에 그것
을 말하지 못해도 상관없습니다."라고 대답하니, 거사는 "친견했다면 어
떻게 됩니까?"라고 물었다. 이에 송산 스님은 손바닥을 세 번 쳤다. 여기
에서도 송산 스님은 재차 오히려 저자세를 취하고 있다.

당신은 석두 선사를 친견해서 큰 안목을 갖추게 되었다. 그러나 나는 아직 선사를 친견하지 않았기 때문에 '그런 것을 알지 못함'에 관하여 할 말이 없다. 아니 말하지 못한다고 해도 상관없다. 이것이 나의 답이라는 말이다. 석두 스님을 구실로 해서 거사의 공격을 가볍게 받아넘기고 있는데, 사실 이 대답은 '있는 것을 아는 것이야말로 말할 수 없는 것이다.'라는 응수다. 지금 송산 스님이 '말하지 못해도 상관없다.'라고 말한 것도 '진실로 그것을 알고 있는 것이야말로 말할 수 없는 것이다.'라는 묵직한 메아리를 함께하고 있는 것이다.

여기에 송산 스님은 "석두 스님을 친견한 후라면 어떠하냐?"라는 거사의 물음에 손바닥을 세 번 친 것으로 답을 했다. 즉 "석두 스님을 친견한 후라면 그것을 말할 수 있다."라는 말을 바꿔 짝, 짝, 짝 하고 손을 세 번 쳐 보인 것이다. 역설적으로 말하면 "석두 스님을 친견한 후는 드디어 그것을 말할 수 없는 것이야말로 명명백백하게 바로 말할 수 있다. 어떻게? 이렇게!"라는 것이다.

9-3 송산 스님의 지팡이

居士가 一日에 到松山하여 見山携杖子하고 便曰, 手中是箇什麼오
山曰, 老僧年邁하여 闕伊면 一步不得이니라 士曰, 雖然如是나 壯力
猶存이니다 山이 便打하니 士曰, 放却手中杖子하고 致將一問來하라
山抛下杖子하다 士曰, 這老漢아 前言不付後語로다 山이 便喝하니
士曰, 蒼天中更有怨苦로다하다

해석

거사가 어느 날 송산 스님이 계신 곳에 갔다. 송산 스님이 지팡이를 짚고 있는 것을 보고, 거사가 말을 걸었다.

"수중에 있는 것이 무엇입니까?"

"이 늙은 중은 나이가 너무 많아서, 이것 없이는 한 걸음도 걷지 못해!"

"그렇다 하더라도 아직 기력은 계십니다요."

그러자 송산 스님은 거사를 한 대 쳤다. 이에 거사가 말했다.

"수중의 지팡이를 놓고서, 질문을 하나 하십시오."

송산 스님은 지팡이를 던져버렸다. 거사가 말했다.

"영감님, 앞의 말은 뒤의 말과 부합되지 않습니다."

그러자 송산 스님이 '할'을 했다. 거사가 말했다.

"아이고 맙소사. 한탄에 더하여 원망스러움인가!"

강설

원효 스님이 저술한 『발심수행장(發心修行章)』에는 "부서진 수레는 갈수가 없듯이 나이가 들면 수행할 수가 없다. 누우면 게으름이 생기고, 앉으면 잡스러운 생각만 일어난다."라고 설시하고 있다. 늙으면 수행할 수가 없으니 젊을 때 부지런히 수행하라는 말이다. 그런데 우리 주변에는 젊을 때 열심히 수행하여 수행자의 참된 모습을 보여주던 스님이 늙어서는 속인보다 못한 짓을 하는 것을 볼 수가 있다. 나이가 들수록 수행이 무르익어야 하는데, 오히려 그 반대가 되니 한심한 생각이 들기도 한다.

이번의 문답은 노인이 된 수행자와의 법거량이다. 거사가 어느 날 송산 스님이 계신 곳에 갔는데, 마침 송산 스님은 지팡이를 짚고 있었다. 이를 보고 거사가 "수중에 있는 것은 무엇입니까?"라고 말을 걸었다. 참으로 싱거운 질문이다. 거사가 바보가 아닌 이상 어찌 송산 스님의 수중에 있는 것이 지팡이인 것을 모르겠는가? 거사로서는 그 지팡이를 구실로 해서 노승을 한번 가볍게 흔들어보고자 하는 장난기가 일어난 것이다. 즉 송산 스님이 지팡이에 의지해 있을 정도의 노인이면서도 '여기, 그리고 지금'을 대자유인으로 걸림 없이 살고 있는가, 어떤가를 보고 싶었던 것이다.

그러자 송산 스님은 "이 늙은 중은 나이가 너무 많아서, 이것 없이는 한 걸음도 걷지 못해!"라고 대답했고, 거사는 "그렇다 하더라도 아직 기력은 계십니다요."라고 말했다. 여느 때의 송산 스님답게 점잖고 여법한 대응을 하고 있다. 그러나 거사는 여느 때의 그답게 상대방의 대응을 눌러 끊으려고 도전하고 있다. 그런 치례적인 말이 아닌 '여기, 그리고 지금'을 보여달라는 도전이다.

이에 송산 스님이 거사를 한 대 때리니, 거사가 "수중의 지팡이를 놓고서, 질문을 하나 하십시오."라고 말했다. 거사의 도전에 송산 스님은 주저함 없이 그 기력을 발휘했다. 이것은 거사가 예기치 못한 것이었다. 스스로 나이가 너무 많은 늙은 중이라 하면서도 '여기, 그리고 지금'을 전광석화같이 보여주고 있다. 그리고 그것은 송산 스님이 자진해서 거사를 유인하고 있는 것이다. 거사는 송산 스님이 역시 기력을 가지고 계신 것은 잘 알았기 때문에, 이번에는 그 지팡이를 손에서 놓고서 자신에게 한 개의 문답을 걸어달라고 두 번째의 도전을 한다.

이에 송산 스님은 지팡이를 던져버리니, 거사가 "영감님, 앞의 말은 뒤의 말과 부합되지 않습니다."라고 말했다. 송산 스님이 지팡이를 던짐은 거사의 두 번째 도전에 바로 응한 것이다. 거사가 걸어 온 두 번째 유인에 어떤 이의도 달지 않고 바로 응한 것이다. 거사가 "앞의 말은 뒤의 말과 부합되지 않는다."라고 한 말은 "이것 없이는 한 걸음도 갈 수 없다."와 송산 스님이 지팡이를 던져버림으로써 보인 답을 가리킨다. 지팡이 없이는 한 걸음도 걸을 수 없다고 말하면서, 그 지팡이를 던져버리고서 그대로 서 있기 때문에 사리에 맞지 않는다고 말한 것이다.

그러자 송산 스님이 '할'을 했고, 거사는 "아이고 맙소사. 한탄에 더하여 원망스러움인가!"라고 말했다. 송산 스님의 이 '일 할'은 거사의 패배를 결정지었다. 거사는 송산 스님의 지팡이에 눈을 두고서 그 지팡이를 가지고 스님을 흔들어 보려고 했다. 그러나 송산 스님은 역으로 그 지팡이로써 거사에게 일격을 가했을 뿐만 아니라, 그것을 확 놓아버렸다.

잡고 놓음의 자재한 기용, 그러나 그것은 거사와 같은 교묘한 계획이 없는 자연 그대로의 작용이다. 그러한 사실을 놓치고 단지 송산 스님의 전후 대답의 불일치만을 어떻든 한번 추궁해보려고 시도하는 거사의 완고함에 송산 스님은 할을 한 것이다. 원망이란 여기에서는 자기 자신에 대한 원한이다. 거사 자신의 비참한 대패를 인정하고, 드물게 그 비참함에 스스로 주석을 붙이고 있는 것이다.

9-4 누른 잎과 푸른 잎

居士는 一日에 與松山行次에 見僧擇菜하고 山曰, 黃葉卽去하고 靑
葉卽留하라 士曰, 不落黃靑은 又作麼生고 山曰, 道取好하라 士曰,
互爲賓主也大難이로다 山曰, 却來此間하여 强作主宰로다 士曰, 誰
不與麼오 山曰, 是是로다 士曰, 不落靑黃은 就中難道로다 山笑曰,
也解與麼道라 士珍重大衆하니 山曰, 大衆放你落機處로다하다

해석

거사는 어느 날 송산 스님과 함께 걸어가다가 스님들이 밭에서 채소
를 손질하고 있는 것을 보았다. 이에 송산 스님이 말했다.

"누른 잎은 버리고, 푸른 잎은 남겨두어라."

그러자 거사가 송산 스님에게 말했다.

"누렇지도 않고 푸르지도 않은 것은 어떻게 합니까?"

"한번 말해보지 그래."

"서로간에 주객(主客)이 된다는 것은 역시 대단히 어렵습니다."

"일부러 여기까지 와서 주재자(主宰者)인 체하는 것은 아닐 테지!"

"그렇게 하지 않는 자가 있습니까?"

"그렇지, 그렇지."

"누렇지도 않고 푸르지도 않은 것은, 이 가운데서 말하기 어렵습니
다."

송산 스님이 웃으면서 말했다.

"그러나 그러한 말솜씨는 잘 되었어!"

거사는 대중들에게 "그럼 안녕히 계십시오." 하고 가볍게 인사했다. 그러자 송산 스님이 말했다.

"자네가 낙기(落機)한 곳을 대중들은 눈감아 준 것이다."

강설

1) 차별상에 떨어지지 않은 모습

『금강경』 일합이상분 제30에는 "만약 선남자·선여인이 삼천대천세계를 부수어 작은 먼지로 만든다면 어떻게 생각하느냐, 이 작은 먼지들이 얼마나 많겠느냐?"라는 수보리를 향한 부처님의 물음이 있다. 부처님께서 이렇게 물은 이유는 삼천대천세계는 작은 먼지로 이루어져 있고, 그 작은 먼지들이 모여서 삼천대천세계를 이루고 있음을 밝히고자 함이다. 삼천대천세계를 떠나서 작은 먼지가 있을 수 없고 작은 먼지를 떠나서 삼천대천세계가 이루어질 수 없다는 말이다. 이번의 대화는 이러한 본질과 현상에 관한 문제를 던지고 있다.

거사는 어느 날 송산 스님과 함께 걸어가다가 스님들이 밭에서 채소를 손질하고 있는 것을 보았다. 이에 송산 스님이 그 스님들을 향해서 "누른 잎은 버리고, 푸른 잎은 남겨두어라."라고 말했다. 지금 대중스님들이 하는 울력은 뽑아놓은 채소를 다듬는 작업이 아니라, 밭에서 자라고 있는 채소의 떡잎같이 마른 잎을 제거하는 일이다. 때문에 일상적인 울력에서 생각하면 송산 스님은 작업의 방법을 대중들에게 일러주고 있는 것이 된다. 그러나 항상 깨어있는 선사들의 말 한 마디는 근본진리의 추구에 초점을 두고 있다.

지금의 송산 스님 말 역시 누렇게 마른 잎은 버리고, 푸른 잎만을 남겨두는 스님들의 울력을 보고, 거기에 하나의 분별의 행위가 명확하게 행해지고 있는 것을 말하고 있는 것이다. 나아가 이 분별의 행위가 "다양한 형상과 개별성에 가득 찬 이 존재의 세계를 차별과 모양으로 인식한다는 것은 어떠한 것인가?"라는 질문을 간접적으로 내포하고 있는 것이다. 왜냐하면 청색과 황색이라는 말이 색의 다양성에 관해서뿐만 아니라, 일체의 차별상을 나타내는 대명사라고 할 수 있기 때문이다. 즉 일체 존재의 차별상을 대소·장단·경중 등 다양한 상대적 관점에서 파악하기도 하고 다양한 색깔로 파악하기도 하지만, 일체의 색깔을 대표하는 것으로 청색과 황색을 들고 있는 예가 많기 때문이다.

그러자 거사가 송산 스님에게 "누렇지도 않고 푸르지도 않은 것은 어떻게 합니까?"라고 물었다. 이 거사의 질문은 위에서 설명한 청색과 황색이라는 말이 갖고 있는 함축된 의미, 즉 일체의 차별상을 나타내는 대명사라는 토대 위에서 제기되고 있다. 상대적인 차별 존재를 그 차별이라는 상에 한정되지 않고 인식한다고 하면 어떤가라는 도전적인 질문이다. 그렇지만 거사의 이 질문은 본질과 현상이라는 일반론으로서의 해답을 구하고 있는 것은 아니다. 거사가 요구하는 것은 단지 차별상에 떨어지지 않는 스님의 모습을 보여 달라는 점이다. 즉 '차별상에 관한 당신의 훌륭한 모습을 보여주기 바란다.'라는 요구이다.

그러나 송산 스님은 거사에게 "한번 말해보지 그래." 하면서 요구를 받아들이지 않고, 그것을 모두 본인에게 되돌리고 있다. 이 말은 거사의 물음이 숨기고 있는 함정(陷穽)을 아무렇지도 않은 듯이 교환한 것이다. 거사는 "청색과 황색에 떨어지지 말고 청색과 황색을 분별해 보라."고 요구하고 있다. 거사가 덫을 놓고 요구하고 있는 것은 '청색과 황색'이라는 눈앞의 현상을 잘 분별하여 보여주는 것이다. 이것은 일보라도 어긋남이 있으면 '청색과 황색'을 넘어선 것일 뿐만 아니라, 분별의 모양에 더욱 분별을 가중시키는 결과가 되고 만다.

2) 손님과 주인의 호환

그러자 거사는 "서로 간에 주객(主客)이 된다는 것은 역시 대단히 어렵습니다."라고 말했다. 거사의 이 발언은 자신의 물음을 받아들이지 않는 송산 스님의 모습을 간접적으로 비판한 것처럼 생각된다. 원래 법거량이라는 것이 주인은 주인의 위치에 서고 손님은 손님의 위치에 서서서로 간에 응수하는 것이 아닌가? 그런데 스님의 태도는 그런 일반적인 방식을 따르지 않고 있으니, 더 이상 문답의 응수를 진행시킨다는 것이 어렵다는 말이다. 주인의 위치에 서서 "청색과 황색에 떨어지지 말고 청색과 황색을 분별해 보라."고 요구하는 거사의 제기를 송산 스님은 손님의 위치에 서서 받아들이기를 피했다. 그것이 거사는 어렵다는 것이다.

그러나 『손자병법(孫子兵法)』에서도 "지피지기(知彼知己)면 백전백승(百戰百勝)"이라 했다. 적을 알고 나를 알면 백번을 싸워도 백번을 다 이긴다는 말이다. 적을 알고 있는 사람은 공격만을 능사로 삼지 않는다. 때로는 방어인 후수를 자임할 수도 있다. 송산 스님은 자신을 후수로 돌림에

204

의해서 주객의 전위를 도모했고, 거사는 거기에 걸려든 것이다. 이제 주인의 위치가 된 송산 스님은 거사에게 "일부러 여기까지 와서 주재자(主宰者)인 체하는 것은 아닐 테지!"라고 즉각적으로 공격한다. 그러한 당신 자신이 일부러 나의 처소에 주제넘게 찾아와서 억지로 주재자가 되겠다고 치고 올라오는 것은 아닌가? 서로 간에 주인과 손님을 교대할 수는 없는 것이다. 그런데 당신은 나를 밀어내고 주인이 되려고 하는 것이 아닌가라는 반격이다.

이에 거사는 "그렇게 하지 않는 자가 있습니까?"라고 말했다. 송산 스님의 즉각적인 보복을 그대로 받아들여서 고스란히 되돌려준 말이다. 주인이라는 것이 따로 정해져 있는 것인가라는 반문이다. 새삼 출가 전에 즐겨 부르던 "빙글빙글 도는 의자. 회전의자에 임자가 따로 있나, 앉으면 주인이지."라는 유행가 가사가 생각나는 부분이다.

『임제록』시중(示衆)에는 "수처작주 입처개진(隨處作主 立處皆眞)"이라는 말이 있다. 어디에 있든 그 곳의 주인이 된다면 서있는 곳마다 그대로가 모두 참된 것이 된다는 임제 스님의 말씀이다. 상황과 처지에 끌려 다니지 않고, 그 곳에서 주체적 역할을 하면 그가 주인이고, 그것이 온전한 참된 삶이라는 것이다. 지금 거사는 이 말을 하고 있는 것이다. 주인노릇을 하면 누구라도 주인이고, 그것은 비단 자신뿐만 아니라 다른 사람들도 마찬가지다. 그런데 왜 스님은 자신만이 주인이라고 주장하느냐는 말이다.

그러자 송산 스님은 "그렇지, 그렇지."라고 말하여, 거사의 반문을 여법하게 받아들여서 인정하고 있다. 이에 거사는 "누렇지도 않고 푸르지도 않은 것은, 이 가운데서 말하기 어렵습니다."라고 말했다. 주인과 손님의 문제를 다시 처음의 '상대적인 차별존재를 그 차별이라는 상에 한정되지 않고 인식한다고 하면 어떤가?' 라는 분별의 문제로 되돌린 것이다. 그러면서 그 분별 가운데서도 가장 '말하기 어려운 곳'을 말해 보라고 고쳐서 요구하고 있다. 앞에서 송산 스님은 거사에게 '당신이 먼저 말해 보라.'고 선수를 쳤지만, 거사가 '이번에는 스님이 말할 차례다.'라고 역으로 요구한 것이다. 앞에서 송산 스님은 '서로 간에 주인과 손님을 교대할 수는 없다.'라고 말했다. 그런데 거사의 이 말에 의하여 거사가 자연스럽게 주인이 된 것이다. 손님과 주인의 호환이 자연히 이루어진 것이다. 어디에 있든 그 곳의 주인이 된다면 서 있는 곳마다 그대로가 모두 참된 것이 된다는 임제 스님의 말이 실현되고 있는 것이다.

그러나 거사의 끈질긴 요구에도 불구하고, 송산 스님은 웃으면서 "그러나 그러한 말솜씨는 잘 되었어!"라고 대답했다. 송산 스님이 웃었다는 것은 위에서 말한 것처럼, 자연적으로 손님과 주인의 호환이 실현되었음을 거사보다도 빨리 간파한 때문이다. 거기에는 또한 '분별 가운데서도 가장 말하기 어려운 곳'을 말할 수 있는 거사를 야유하여 웃고 있는 것이다. 그리고 '그러한 말솜씨가 잘 되었다.'는 말은 자연스럽게 주인이 된 거사의 말을 칭찬하고 있는 것이다.

필자는 젊었을 때 군대에 근무하면서 초급장교들을 대상으로 하는 군인정신 교관을 맡은 적이 있다. 그 당시 필자가 강의의 주제로 하고 있었던 것은 '군인정신은 곧 주인정신'이라는 내용이었다. 사실 군대야말로 주인이 없는 곳이다. 통수권은 대통령에게 있지만, 대통령이 군대의 주인은 아니다. 참모총장도 주인은 아니다.

그럼 누가 주인인가? 바로 말단 소총수로부터 사단장에 이르기까지 한 사람 한 사람이 모두 주인이다. 그것을 간과할 때 군대는 나라를 지킬 수 없게 된다. 어디 그뿐이겠는가! 사람이 세상을 살아가는 데 있어서 가장 중요한 것 역시 주인정신이다. 어느 곳 어느 때든 주인정신을 가진 사람들이 있는 곳에는 번영과 평화가 있게 된다.

문제는 주인정신은 없고 주인이 되고 싶은 욕망만 있는 것이다. 억지로 주인이 되기 위하여 투쟁을 일으키기 때문에 평화와 번영은 있을 수 없게 된다. 주인은 빼앗아서 되는 것이 아니다. 스스로 주인으로 살아야 주인이 되는 것이다. 송산 스님은 거사가 자신을 밀어내고 주인을 차지한 것이 아니라, 스스로 주인이 된 그 말솜씨를 칭찬하고 있는 것이다.

마침내 거사가 대중들에게 "그럼 안녕히 계십시오." 하고 가볍게 인사를 하자, 송산 스님은 "자네가 낙기(落機)한 곳을 대중들은 눈감아 준 것이다."라고 말했다. 송산 스님이 웃으면서 말한 한 마디에 거사는 마침내 정신이 번쩍 든 것이다. "크게 어렵다."고 스스로 말한 손님과 주인의 호환이 바로 실현되어 버린 것에 놀란 것이다. 그러나 그 알아차림은 완전히 후수가 된 자신에게 정신이 든 것이기 때문에 "그럼 이것으로 실례합니다."라고 물러나는 인사를 한 것이다.

송산 스님이 말한 '낙기'란 상대방을 제압하려고 기도한 자신의 마음 쓰임새의 작용이 도리어 본인의 발목을 잡는 결과가 된 것을 말한다. 거사는 선수를 잡으려고 기교를 부릴 뿐으로, 결국은 후수의 상태로 떨어진 것이다. 송산 스님은 그것을 붙잡아서 멈춤의 냉정함을 뒤집어씌운 것이다. 송산 스님의 "그러한 말솜씨는 잘 되었어!"라는 이 한 마디로 두 사람의 응수는 완벽하게 마무리가 되었기 때문에 대중들은 거사의 인사에 연연해하지 않는다는 말이다.

9-5 송산 스님의 자

一日에 松山이 與居士話次에 山驀拈起案上尺子云하대 居士는 還見麼아 士曰, 見이니다 山曰, 見箇什麼오 士曰, 松山이니다 山曰, 不得道著이어다 士曰, 爭得不道오 山乃抛下尺子하니 士曰, 有頭無尾得人憎이니다 山曰, 不是라 翁今日還道不及이로다 士曰, 不及甚麼處오 山曰, 有頭無尾處니라 士曰, 强中得弱卽有어니와 弱中得强卽無로다 山把住居士曰, 這箇老子는 就中無話處로다하다

해석

어느 날 송산 스님이 거사와 이야기하던 차에, 갑자기 책상 위에 있던 자를 잡아서 세우고 말했다.

"거사님에게는 보입니까?"

"보입니다."

"무엇이 보입니까?"

"송산 스님이."

"언어로써 규정해서는 안 됩니다."

"어째서 말로 하면 안 됩니까?"

이에 송산 스님은 자를 던져버렸다. 그러자 거사가 송산 스님에게 말했다.

"머리만 있고 꼬리가 없는 것은 남의 미움을 받습니다."

"그렇지 않습니다. 노인장이 오늘은 아직 온전히 말하지 못하고 있습니다."

"온전히 말하지 못한 곳이 어디입니까?"

"머리만 있고 꼬리가 없는 곳에."

"강함 가운데 약함을 볼 수 있는 일은 있어도, 약함 가운데 강함을 볼 수 있는 일은 없습니다."

이에 송산 스님이 거사를 붙잡고 말했다.

"이 늙은이는 유달리 말할 수가 없는 놈이다."

강설

1) 송산이라는 임시의 이름

『대품반야경』「삼가품」제7에는 "예를 들어 신체의 한 부분을 머리라고 하지만 이것 역시 이름만 있는 것처럼, 목덜미·어깨·팔·등·겨드랑이·넓적다리·종아리·발뒤꿈치도 다 여러 가지 요소가 모여서 된 것이다. 그리고 이러한 부분 및 이름은 나는 것도 아니고 없어지는 것도 아닌데도 불구하고 세간의 이름을 가지고 그렇게 부를 뿐이다. 이 이름은 안에 있는 것도 아니고, 밖에 있는 것도 아니며, 중간에 있는 것도 아니다."라고 설시되어 있다. 사람이라는 존재에 실체적인 성품이 있는 것이 아니라는 설명이다.

우리들은 한 사람의 여자를 두고 그 호칭이 경우에 따라서 달라지는 것을 본다. 남편에 대해서는 아내가 되고 자식에 대해서는 어머니가 되며, 부모에게는 자식이 되는 것이다. 만약 사람에게 어떤 실체적인 성품이 있다면 어떻게 한 사람의 여자가 딸도 되고 어머니도 되며, 부인이 되기도 하고 때로는 누이가 되기도 하겠는가? 있다면 그것은 말의 세계에서밖에 존재하지 않는다. 일체 모든 것은 단지 이름만 있을 뿐이다. 말은 불변이다.

이 말을 개념이라는 관념적 존재의 차원으로 환원하면 항상(恒常)하고 물질이 아니기 때문에 분할되지 않는 단일한 존재며, 우리들에게 의존하지 않기 때문에 자립적이라고 말할 수 있다. 우리들이 실재하는 것이라고 생각하는 모든 것은 사실은 언어에 불과한 것이고, 개념의 실체화에 불과한 것이다. 그러한 실체는 인간의 사유의 세계에만 존재하는 것으로 사실의 세계에서는 있을 수 없는 것이다. 그런데도 불구하고 우리들이 이 사실에 쉽게 접근하지 못하는 이유는 인간의 삶에 있어서 언어가 점하고 있는 역할이 너무나 크기 때문이다. 송산과의 마지막 대화는 사물과 말의 상관관계를 대상으로 하고 있다.

어느 날 송산 스님이 거사와 이야기하던 차에, 갑자기 책상 위에 있던 자를 잡아서 세우고 "거사님에게는 보입니까?"라고 말했다. 본문 '9-1'에서 거사는 찻상을 들고서, "이것을 무엇이라고 보는가, 말하시오."라고 물었다. 여기에는 처음부터 어떤 물건이 보여진다는 것은 그것을 언어로 정착시킬 수 있어야 한다는 것이 전제되어 있다. 그러나 지금의 상

210

황은 물건이 보여지는가, 어떤가가 먼저 제기되어 있다. '이 자를 무엇이라고 보는가?' 라는 의미보다도 '당신은 이것을 보아서 취하는가?' 라는 질문의 형태라고 말할 수 있다. 위에서 말한 것처럼, 한 여자가 딸도 되고 어머니도 되며, 부인이 되기도 하고 때로는 누이가 되기도 하는데, 당신은 그 여자를 무엇이라 여기고 있는가라는 질문이다.

그러자 거사는 "보입니다."라고 대답했고, 송산 스님은 다시 "무엇이 보입니까?"라고 물었다. 이에 거사는 "송산 스님이."라고 대답했다. 거사가 거기에서 본 것이 송산 그 사람이었다는 것은 송산이라는 임시의 이름을 가지고 나타나 있는 한 개의 주재자였다. 자는 말하자면 달을 가리키는 손가락에 지나지 않는다. 자를 자라고 규정하고 있는 사람, 자에게 자라는 이름을 부여하고 있는 사람, 그것이 송산 스님이었다. 즉 거사는 손가락 없이 달 자체를 본 것이다. 때문에 거사의 이 대답은 언어로 표현되기 이전의 소식이다. 한 여자가 딸도 되고 어머니도 되며, 부인이 되기도 하고 때로는 누이가 되기도 하지만, 그냥 사람으로 본다는 것이다.

그러자 송산 스님이 "언어로써 규정해서는 안 됩니다."라고 말하니, 거사는 "어째서 말로 하면 안 됩니까?"라고 반문했다. '언어로써 규정한다.'는 말은 자를 보고 취한 것을 '송산'이라는 이름으로써 규정하는 것이다. 왜 언어로써 규정해서는 안 되는가? 말하면 곧 허물이 되기 때문이다. 언어 이전의 소식을 송산이라는 언어로 표현했기 때문에 허물을 면할 수 없다는 말이다.

필자가 지금 이 글을 쓰고 있는 때가 오월 초순이다. 때문에 각화사 선실(禪室)에서 바라보이는 산천이 온통 연초록으로 물결치고 있다. 대자연이 계절의 인연을 만나 장관을 연출하고 있다. 가끔씩 찾아오는 지인(知人)들은 모두가 감탄을 발한다. 그러나 그들의 그 감탄사는 곧 분별로 표현되기 일쑤다. 영주 부석사의 풍광과 같다느니, 이 근방에 별장을 하나 지었으면 좋겠다느니, 이런 곳에서 일주일만 살았으면 원이 없겠다느니 하면서 상상의 날개를 편다. 그런데 그 상상의 날개는 언어로 표출된 세계다. 지금까지 살아오면서 습득한 온갖 지식과 관습의 소산물이다. 이 지식과 관습의 소산물이 아닌 언어 이전의 소식이 '아! 좋다.' 라는 극히 짧은 순간의 외침이다. 거기에는 선악·미추·시비·분별이 끊어져 있다. 공(空)이 현전된 곳이고 본래인이 숨 쉬는 곳이다. 바로 송산 스님이 말한 언어로써 규정해서는 안 되는 곳이다.

그러나 거사는 "왜 말하지 않을 수 없습니까?"라고 반문하고 있다. 나는 송산을 보았다. 그것을 확실히 말로 표현하지 않을 수는 없다. 왜냐하면 그것을 본 사람, 즉 방거사로서 확실히 나는 있기 때문이라는 말이다. 아름다운 풍광을 대하고 선악·미추 등이 생기기 이전의 소식을 '아! 좋다.' 라고 할 수도 있지만, 멋있다, 장관이다 등등의 표현을 할 수도 있다는 말이다.

2) 인간의 삶에 있어서 언어가 점하고 있는 역할

이에 송산 스님이 자를 던져버리니, 거사가 송산 스님에게 "머리만 있고 꼬리가 없는 것은 남의 미움을 받습니다."라고 말했다. 거사의 응수로 자의 용도는 끝났기 때문에 송산 스님은 그것을 던져버렸다. 그렇지만 과연 이 일단의 법거량이 이것으로써 완전히 수습되었는가? 아무래도 그렇게 생각되지는 않는다. 모처럼 제시된 자(尺)가 너무나도 빨리 그 쓰임이 끝나버렸고, 던져버린 타이밍조차 다소 늦어진 감이 있기 때문이다. 또한 송산 스님의 주인의 위치는 거사의 강인함에 압도되어서, 손에 있던 자는 이미 달을 가리키는 용도로 사용할 수가 없게 되었기 때문이다.

거사가 "머리만 있고 꼬리가 없는 것은 남의 미움을 받는다."라고 한 것은 유종의 미를 거두지 못한 송산 스님을 바로 꼬집은 말이다. 거사를 시험하기 위하여 자를 가지고 나온 자신의 마음 쓰임새의 작용이 도리어 본인의 발목을 잡아, 자를 중간에서 버리고 있는 송산 스님을 비판하고 있는 것이다.

그러자 송산 스님은 "그렇지 않습니다. 노인장이 오늘은 아직 온전히 말하지 못하고 있습니다."라고 말하니, 거사는 "온전히 말하지 못한 곳이 어디입니까?"라고 반문했다. 이에 송산 스님이 "머리만 있고 꼬리가 없는 곳에."라고 대답했다. 송산 스님의 "온전히 말하지 못하고 있다."라는 말은 거사의 말을 백퍼센트 단언할 수 없다는 의미다. 즉 거사가 말한 "시작은 좋았지만, 꼬리가 잘린 채 끝났다."는 거사의 비판에 대하여 아직은 완전히 승부가 정해지지 않았다는 반격이다.

그러나 완전한 승부처에 도착했다고 생각한 거사는 승부가 정해지지 않은 곳이 어디냐고 물었다. 이에 송산 스님은 머리만 있고 꼬리가 없는 곳이야말로 아직 단언할 수 없는 곳이라는 것이다. 거사가 사용한 말을 그대로 이용하면서 그 의미내용을 크게 바꾸고 있다. 자기가 본 것을 언어로 표현했을 때, 이미 그것은 언어의 테두리 안에 갇히고 만다. 풍광을 보고 '멋지다.'라고 말했을 때는 풍광의 한 부분만을 표현한 것뿐이다. 풍광을 가장 잘 표현하는 방법은 그냥 바라보는 수밖에 없다.

이렇게 어떤 한정을 접근시킬 수 없는 곳, 어떠한 규정도 용납하지 못하는 소식, 그것을 송산 스님은 '머리만 있고 꼬리가 없는 곳'이라 하였다. 즉 일의 단서는 있어도 종적을 남기지 않는 까닭에 언어의 표현이 미치지 못하는 곳이라는 것이다. 때문에 그것을 붙잡을 때 언어는 없어져 버린다는 것이다. 역으로 말하면 이 단원의 서두에서 말한 것처럼, 사물의 실체는 사실의 세계에서는 있을 수 없는데도 불구하고 우리들이 이 사실에 쉽게 접근하지 못하는 이유는 인간의 삶에 있어서 언어가 점하고 있는 역할이 너무나 크기 때문에 언어가 계속된다는 것이다.

이에 거사가 "강함 가운데 약함을 볼 수 있는 일은 있어도, 약함 가운데 강함을 볼 수 있는 일은 없습니다."라고 말했다. 거사의 이 말은 앞의 구를 거사 자신에게, 뒤의 구를 송산 스님에게 해당시켜 이해해야 할 것 같다. "강함 가운데 약함을 볼 수 있는 일은 있다."라고 한 것은 송산 스님의 '머리만 있고 꼬리가 없는 곳이 단언할 수 없음'이라는 비판을 거사가 용인한 것으로 보인다. 그러나 다음의 '약함 가운데 강함을 볼 수 있는 일은 없다.'라는 말은 역으로 송산 스님을 시종 약자로 규정하고 있는 것이기 때문이다.

확실히 전반의 응수에서는 송산 스님은 거사에게 압박되어 자를 던져버리는 약함을 드러내었지만, 후반에서는 '머리만 있고 꼬리가 없는 곳'이 단언될 수 없다는 지적으로 거사를 되받아치고 있다. 그러나 거사는 그 되받아침을 스님의 '강함'이라고는 인정하지 않고, 오히려 '약함'

214

의 뒤집기라고 보고 있는 것이다. 그리고 거사의 이러한 견해는 자신을
정립시키는 곳에만 머물지 않고, 송산 스님의 약점을 지적하고 있기도
하다. 송산 스님의 약점이란 '머리만 있고 꼬리가 없는 곳'이라고 언어
를 완전히 도외시하는 것은 그 자신조차도 할 수 없다는 것을 실은 송산
스스로가 알고 있다는 점이다. 거기를 거사는 보고 있는 것이다.

그러자 송산 스님은 거사를 붙잡고 "이 늙은이는 유달리 말할 수가
없는 놈이다."라고 말했다.

송산 스님이 '말할 수가 없는 놈'이라고 한탄한 말은 거사가 응수의
후반에서의 약점을 드러내 보인 것을 자인하면서도 반격의 수단으로 상
대방의 약점을 지적하는 교묘한 완급자재에 '정말 상대가 붙잡아 둘 수
없음'이라고 탄식하고 있는 것이다. 두 사람이 서로 간에 상대의 의중을
모두 읽고 있기에 긴 생각 없이 상대방의 심중을 알아차리고 응수에 임
하고 있다. 거기에 박진감 넘치는 기백은 없지만, 오월 초순의 산길을 나
란히 걸어가는 것 같은 낭만이 깃들어 있다. 이러한 법거량은 후세의 어
떤 정형화에 떨어진 선문답과는 차원을 달리하고 있다. 마치 한 마당 상
쾌한 선극(禪劇)을 본 듯한 생각이 든다. 물론 임제 스님의 할과 덕산 스
님의 방이 등장하기 훨씬 전의 일이니까 가능했을 것이다.

10. 본계(本谿)와의 대화

10-1 타인의 옳고 그름을 말하지 말라

居士가 問本谿和尙하대 丹霞打侍者는 意在何所닛고 谿曰, 大老翁
이 見人長短在아 士曰, 爲我與師同參일새 方敢借問하니이다 谿曰,
若恁麽면 從頭擧來하라 共你商量하리라 士曰, 大老翁은 不可說人
是非로다 谿曰, 念翁年老로다 士曰, 罪過, 罪過니이다하다

해석

거사가 본계 화상(本谿和尙)에게 물었다.

"단하 스님이 시자를 때린 것은 어디에 목적이 있었던 것입니까?"

"점잖은 노인장이 남의 허물을 들춰낸다는 것은."

"내가 큰스님과 동참(同參)의 신분이기에, 감히 여쭈어보는 것입니
다."

"만약 그렇다면, 처음부터 차근차근 말씀해보시오. 우리 함께 음미해
봅시다."

"점잖은 노인장은 다른 사람을 이러쿵저러쿵 말해서는 안 됩니다."

"이 늙은이가 나이가 너무 많지, 그렇지요!"

"아닙니다. 정말 죄송합니다."

강설

1) 시자의 허물

『육조단경』 오법전의 제1에는 "참되게 도를 닦는 사람이라면 세간사람 허물을 보지 않나니, 만약 다른 사람 허물을 보면 도리어 제 허물이 저를 지난다. 다른 사람 그르고 나는 옳다면 내가 그르게 여김이 제 허물 되리."라는 송(頌)이 있다. 수행자는 남의 허물을 보아서는 안 된다는 혜능 스님의 말씀이다. 이번의 대화는 이 수행자가 범할 수 있는 남의 허물을 보는 문제로 시작되고 있다.

어느 날 거사가 본계 화상(本谿和尙)에게 "단하 스님이 시자를 때린 것은 어디에 목적이 있었던 것입니까?"라고 물었다. 본계 스님은 방거사와의 법거량 외에는 이력이 전혀 알려져 있지 않은 인물이다. 다만 곧 이어 거사가 '내가 스님과 동참'이라고 말한 것으로 보아, 법의 형제로서 같이 마조 스님을 친견한 사람이라는 것만은 알 수 있다. 여기서 거사가 '단하 스님이 시자를 때린 것'이라고 말한 부분은 거사가 만들어 낸 말일 확률이 많다. 왜냐하면 현존하는 문헌에는 단하가 시자를 때렸다는 기록은 보이지 않기 때문이다. 그렇다고 거사가 터무니없는 말을 하고 있다는 것은 아니다. 왜냐하면 『조당집』권4 단하 편에 보이는 다음과 같은 에피소드는 직접적이지는 않지만, 간접적으로 그가 남양혜충 국사(南陽慧忠國師 : ?~778)의 시자를 때린 것을 보여주고 있기 때문이다.

단하 스님이 낙양에 이르러 혜충 국사를 친견하려고 갔다가 먼저 시자를 보고 물었다.

　“큰스님께서는 계시는가?”

　“계시기는 합니다만, 객을 만나시지는 않습니다.”

　“매우 깊고 먼 곳에 계시는구나.”

　“부처님의 눈으로 봐도 볼 수가 없습니다.”

　“용(龍)은 용의 새끼를 낳고, 봉황은 봉황의 새끼를 낳는구나!”

　시자가 이 일을 국사께 아뢰자, 국사께서 시자를 때렸다.

　어쩌면 여기서의 “용은 용의 새끼를 낳고, 봉황은 봉황의 새끼를 낳는다.”라고 말한 것이 시자를 때린 것으로 되었을지도 모른다. 그러나 당시에는 실제로 단하 스님이 시자를 때렸다고 전해졌는지도 모를 일이다. 하여튼 거사는 이 말을 전제로 하여 그 목적이 어디에 있었는지를 묻고 있다.

　그러자 본계 스님은 “점잖은 노인장〔大老翁〕이 남의 허물을 들춰낸다는 것은.” 하고 대답했다. “점잖은 노인장이 왜 남의 허물을 말하느냐?”고 나무라고 있는 것이다. ‘점잖은 노인장〔大老翁〕’이란 대가족의 통솔자인 장로(長老)라는 뜻이다. 한 문중이나 문파의 최고 어른이라는 말인데, 이 일구는 옛날부터의 격언을 배경으로 하고 있다.

　고대 중국에서는 한 문중의 최고 어른은 가족 한 사람 한 사람이 무엇을 하고 있는지 세세하고 알려고 해서는 안 되고, 또한 무엇을 말해도 듣지 않은 것처럼 하지 않으면 장로로서의 자격이 없다는 것이다. 즉 사람들의 장단점이나 시비에 관하여 알려고 하지 않는 것이 ‘대노옹’의 첫째

218

덕목이라는 것이다.

　본계 스님은 지금 거사를 조금은 야유하여, "나이가 많아 장로로서의 풍격을 갖추고 있는 당신이 남의 허물을 들추어내는 데 열심인 것에 놀랐다."는 것이다. '남의 허물' 운운하는 것은 시자의 어떤 허물이 꾸짖음을 받을 만했는가 등등 남의 장단점을 말하는 것은 장로답지 않다고 얼버무리고 있는 것이다.

　이에 거사는 "내가 큰스님과 동참(同參)의 신분이기에, 감히 여쭈어보는 것입니다."라고 말하니, 본계 스님은 "만약 그렇다면, 처음부터 차근차근 말씀해보시오. 우리 함께 음미해 봅시다."라고 대답했다. 거사의 말은 본계 스님이 언급한 "대노옹은 남의 허물을 말하지 않아야 한다."라는 말에는 동감을 하지만, 동참의 인연으로 물어본다는 것이다. 여기서 말하는 동참의 신분이란 위에서 언급한 것처럼, 두 사람이 마조 스님의 법을 이은 사형사제 사이라는 말이다. 내가 대노옹이라면 스님도 대노옹이라는 속내가 녹아있는 말이다. 때문에 대노옹으로서 스님의 말씀을 듣고 싶다는 부드러운 반격이라 할 수 있다.

　위의 육조 혜능 스님의 게송에는 '남의 허물이 곧 자신의 허물'이라고 읊고 있다. 동일생명이기 때문이다. 혜충 국사의 시자에게 허물이 있다면 그것은 곧 거사 자신의 허물인 동시에 본계 스님의 허물이라는 말이다. 이렇게 되니 본계 스님은 "그렇다면 함께 음미해 보자."라고 말하여 거사의 덫에 걸리고 말았다.

2) 남의 허물을 말하는 허물

본계 스님이 자신의 덫에 걸린 것을 읽은 거사는 즉각 "점잖은 노인 장은 다른 사람을 이러쿵저러쿵 말해서는 안 됩니다."라고 창끝을 내민 다. 거사의 말은 본계 스님이 언급한 격언의 취지를 그대로 인용한 역공 이다.

임제 스님은 "대장부라면 주인이니 도적이니, 옳거니 그르거니, 색 (色)이니 재물이니 하며 쓸데없는 이야기로 세월을 보내지 않아야 한다." 라고 설하고 있다. 세간의 시비를 말하지 않는 것은 구도자의 기본적인 마음 자세이기 때문이다. 그런데 본계 스님은 시자뿐만 아니라 거사까지 를 포함한 모든 일의 자초지종을 살펴보자고 말했다. 때문에 본계 스님 이 말한 대노옹과 거사의 대노옹은 행동 범위에 차이가 나고 있다. 따라 서 거사의 역공은 수행자가 세간에 관심을 가지고 시비를 하는 것은 바 람직하지 않다는 의미를 내포하고 있다.

사실 초기경전에 보이는 석가모니 부처님의 모습은 세간생활에 대한 철저한 방기(放棄)다. 그 당시라고 해서 빈부의 문제나 인권유린의 사회 현상이 없었던 것은 아니었다. 그러나 부처님은 그러한 문제는 그 곳에 몸담고 있는 전문가에게 맡기고, 수행자는 수행자로서의 직분에 충실할 것을 요구하고 당신도 그렇게 45년을 사셨다.

원효 스님은 『발심수행장』에서 "마음속에 애욕을 여읜 사람을 사문 (沙門)이라 부르고, 세속을 그리워하지 않는 것을 출가라 한다."라고 말하 고 있는데, 이 말 역시 부처님의 모습을 가장 잘 묘사한 것이라 할 수 있 다. 그런데 현금의 출가인들은 어떠한가? 본분인 수행보다는 세간의 시비에 더 관심을 가지고, 그것이 마치 수행자의 본분인 것처럼 생각하고 활동하고 있지는 않은지. 그러면서 세간을 떠나서 출세간은 없다고 자신을 합리화하고 있지 않은가.

현대사회를 '프로(Professional)'의 시대라고 말하곤 한다. 아마추어(Amateur)는 설 곳이 없는 시대다. 부처님이야말로 수행자로서 프로 중의 프로였다. 거사는 본계 스님을 향하여 프로 수행자가 세간을 향하여 이러쿵저러쿵 말해서는 안 된다고 공격을 하고 있는 것이다.

그러자 본계 스님이 "이 늙은이가 나이가 너무 많지, 그렇지요!"라고 말하니, 거사는 "아닙니다. 정말 죄송합니다."라고 말했다. 본계 스님의 말은 '역시 그렇지. 나이가 나이인 만큼 무리도 아니지.'라는 뜻으로 대화의 종결을 유도하고 있다. 부드럽게 상대방을 포용하는 것 같은 말투이긴 하지만, 거사의 저돌적인 반격을 훌륭하게 뒤집은 통렬한 일격이다.

시비는 시비로 끝나지 않는다. 말을 하지 않으면 끝난다. 본계 스님은 거사의 말이 허물을 만들어내고 있음을 간파하고 있다. 그 허물을 덮기 위해서는 상대방의 입을 다물게 하는 도리밖에 없기 때문에 이렇게 말하고 있는 것이다.

이어지는 거사의 말은 솔직히 패배를 인정한 것이다. 그런데 최초의 질문인 '단하는 왜 시자를 때렸는가?'라는 주제는 '수행자는 남의 허물을 말하지 않는다.'라는 명제 가운데 흡수되어 버린 결과가 되어서, '단하의 뜻'은 묻혀버렸다. 그러한 형태로써 양자의 거량은 완결된 것이고, 주제가 사라진 것을 다시 논할 필요가 없는 것이다. 오히려 두 사람의 순역과 완급의 자재한 응수를 통해서 언제나 깨어 있는 수행자의 삶을 읽으면 그것으로 충분한 것이다.

10-2 그런 것인가, 그렇지 않은 것인가

本谿는 一日에 見居士來하고 乃目視多時하다 士乃將杖子畵一圓相하니 谿便近前하여 以脚踏하다 士曰, 與麼아 不與麼아 谿却於居士前하여 畵一圓相하다 士亦以脚踏하니 谿曰, 與麼아 不與麼아 士抛下拄杖而立하다 谿曰, 來時有杖하고 去時無로다 士曰, 幸自圓成이니 徒勞目視로다 谿拍手曰, 奇特다 一無所得이로다 士拈杖子便行이어늘 谿曰, 看路하고 看路하라하다

해석

어느 날 본계 스님은 거사가 찾아온 것을 보고, 잠깐 물끄러미 바라보았다. 그러자 거사는 지팡이를 가지고 지면에 일원상(一圓相)을 그렸다. 본계 스님이 휙 다가가서 발로 밟아버렸다. 이에 거사가 말했다.

"그런 것입니까, 그렇지 않은 것입니까?"

그러자 이번에는 본계 스님이 거사 앞에 일원상을 그렸다. 거사도 그것을 밟아버렸다. 본계 스님이 말했다.

"그런 것입니까, 그렇지 않은 것입니까?"

그러자 거사는 지팡이를 던져버리고 섰다. 이에 본계 스님이 거사에게 말했다.

"올 때는 지팡이가 있었는데, 갈 때는 없습니다!"

"다행히 멋지게 완성되었습니다. 물끄러미 바라보아도 무의미합니다."

본계 스님이 박수를 치면서 말했다.

"기특합니다. 아주 좋은 무소득(無所得)입니다."

거사는 지팡이를 집어 들고 바로 나가버렸다. 이에 본계 스님이 말했다.

"안녕히 가십시오. 안녕히 가십시오."

강설

1) 일원상의 의미

『금강경』 장엄정토분 제10에는 "부처님께서 수보리에게 이르시되, '어떻게 생각하느냐, 여래가 옛적에 연등불 회상에서 법에 얻은 것이 있느냐?' '아닙니다. 세존이시여, 여래께서는 연등불 회상에서 법에 실로 얻은 것이 없습니다.'"라고 설시하고 있다. 이번의 법거량은 이 '법에 실로 얻을 것이 없는 도리'를 문제로 전개되고 있다.

어느 날 본계 스님은 거사가 찾아온 것을 보고, 잠깐 물끄러미 바라보았다. 그러자 거사는 지팡이를 가지고 지면에 일원상(一圓相)을 그렸다. 본계 스님이 바로 다가가서 발로 밟아버리니, 거사가 "그런 것〔與麼〕입니까, 그렇지 않은 것〔不與麼〕입니까?"라고 말했다. 본계 스님이 거사를 계속 응시하는 것은 거사를 점검하려고 하는 예리한 시선이다. 거사가 '여기, 그리고 지금'에 대자유, 대해탈의 삶을 유지하고 있는지 어떤지를 살피고 있는 것이다. 스님의 의도를 알아차린 거사는 지팡이를 가지고 땅에다 일원상을 그렸다.

일원상이란 나(我)라는 집착과 법(法)이라는 집착을 여읜 곳에 드러나는 진공묘유(眞空妙有)를 상징하는 것으로, 이것을 그린다는 것은 불성(佛性)의 원만한 성취가 드러나 있다는 뜻이다. 따라서 거사의 행동은 지금의 자신이 대해탈 상태에 있음을 은연중에 나타내고 있는 것이다. 그러나 본계 스님은 그 일원상을 발로 밟아버렸다. 무슨 까닭인가? 밟아버린다는 것은 어떤 전제되어 있는 것을 부정하거나 초월할 때 취하는 행동이다.

산스끄리뜨 본(本) 『금강경』 여법수지분 제13에는 "반야바라밀이라고 여래가 설한 것 그것은 반야바라밀이 아니라고 여래는 설했다. 그래서 말하기를 반야바라밀이라고 한다."라고 설하고 있다. 어떤 것이 유일절대의 것 또는 희구되어야 할 구극(究極)의 가치로 규정되었을 때는 그것이 이치라고 하는 장애가 되어서 사람을 얽어맨다는 의미를 내포하고 있는 구절이다. 따라서 부처도 그것이 절대자로서 가치가 부여되었을 때는 바로 부처라는 마구니로 변하게 되는 것이다. 본계 스님은 일원상을 밟아버림으로써 어설픈 일원상의 제시가 두려운 파탄의 원인을 잉태한 허상의 구축에 떨어지는 것을 날려버린 것이다.

본계 스님은 거사의 일원상을 밟아버렸다. 그것이 거사의 일원상을 뒤집은 것인가, 아니면 진공묘유를 뒤집은 것인가? 그것도 아니라면 둘 다를 날려버린 것인가? 이 판단은 우리 각자의 몫이지만, 본계 스님의 행동에는 절대가치가 일원상으로 규정화되는 것을 거부하는 깨달음이 정면으로부터 제시되어 있다는 점은 틀림이 없다. 여기서 거사는 '그런 것인가, 그렇지 않은 것인가?' 라고 묻고 있다. '그런 것'이란 현실에 이렇게 있는 것 자체가 어떤 조작이 아니라 저절로 이렇게 있는 것을 뜻하는 표현으로, 흔들림 없는 진실의 현현(顯現)이라는 의미로 사용된다. 반면에 '그렇지 않은 것'이란 '그런 것'을 버린 상태나 뒤집은 모양을 뜻하고 있다.

『조당집』 제18 조주화상 편에는 이런 대화가 있다.

어떤 사람이 조주 스님에게 물었다.
"이렇게 온 사람도 스님께서 응대해 주십니까?"
"응대하느니라."
"이렇게 오지 않는 사람도 스님께서 응대해 주십니까?"
"응대하느니라."

여기에서는 어떤 상황에 자신을 붙잡고 다가오는 수행자를 '이렇게 오는 사람'이라 하고, 일체의 모습을 버려서 종적을 남기지 않고 다가오는 수행자를 '이렇게 오지 않는 사람'이라고 하는 것이다. 따라서 거사의 이 말은 본계 스님의 '절대가치가 일원상으로 규정화되는 것을 거부하는 깨달음'을 통째로 수용하려 하지 않고, "당신의 행위는 올바른 본래인의 모습인가, 그릇된 본래인의 모습인가?"라고 재빠르게 반격하고 있는 것이다. 이 반격에 이번에는 본계 스님이 거사 앞에 일원상을 그렸

225

다. 거사도 그것을 밟아버리니, 본계 스님도 "그런 것입니까, 그렇지 않은 것입니까?"라고 말했다. 거사의 반격을 본계 스님 역시 거사와 똑같은 방법으로 그를 점검하려고 "그런 것인가, 그렇지 않은 것인가?"라고 묻고 있는 것이다.

2) 해탈의 충만한 경지

그러자 거사는 지팡이를 던져버리고 섰다. 이에 본계 스님이 거사에게 "올 때는 지팡이가 있었는데, 갈 때는 없습니다!"라고 말했다. 여기에서 거사가 지팡이를 버린 것은 지금까지 양자가 완전히 동일한 방식으로 가지고 나온 일원상의 검증에 하나의 실마리를 붙잡기 위한 것이었다. 지팡이를 버린다는 것은 일원상을 송두리째 버렸다기보다는 일원상을 그리기 이전의 상태의 장소를 되찾자는 것이다. 따라서 '그런 것인가, 그렇지 않은 것인가?'라는 질문도 검증으로서의 계기를 잃고 만다. 그렇지만 거사는 지팡이를 버리고 그 자리에 '섰다.' 말하자면 본래 한 물건도 없는 본래인을 보인 것이다. 그리고 그것은 보다 고차원적인 '그런 것'의 현시(顯示)이기도 하다.

그러나 본계 스님은 그것을 살짝 피해간다. 거사가 지팡이를 버리고 가는 것에 의해서 새롭게 드러내 보인 것을 그는 그대로 받아들이려고 하지 않고, 도리어 버린 지팡이 그것에 문제를 되돌린 것이다. "여기에 올 때는 지팡이를 짚고 왔는데, 이제부터 지팡이 없이 갈 것인가?"라는 물음은 "그것으로 괜찮겠는가?"라는 반격이다.

이에 거사가 "다행히 멋지게 완성되었습니다. 물끄러미 바라보아도 무의미합니다."라고 대답했다. '다행히 멋지게 완성되었다.' 라는 것은 그가 지팡이를 버리고 선 대해탈의 충만한 경지를 가리키고 있다. '다행히' 라고 겸손한 것 같은 말투를 쓰고 있지만, 그 원만성취의 모양은 바로 진여 그 자체를 온몸으로 보여주고 있는 것이다. 이어지는 "물끄러미 바라보아도 무의미하다."라는 말은 그가 "이 훌륭한 원만성취를 조금 전 나를 물끄러미 응시하던 것과 마찬가지로 검증하려는 것은 소용없다." 라는 것이다. 즉 본계 스님의 "올 때는 지팡이가 있었는데, 갈 때는 없다."라는 비평을 단호히 거부한 말이다. 본계 스님은 오로지 지팡이의 유무나 오고 감을 '그냥 바라봄' 으로써 점검할 뿐이다. 따라서 스님은 일체의 종적을 털어버린, 한 물건도 본래 없는 자리에 선 거사의 소식에는 전혀 관심을 두지 않고 있다. 거사는 본계 스님의 이 점을 거부하며 공격하고 있는 것이다.

3) 얻을 것이 없음

그러자 본계 스님은 박수를 치면서 "기특합니다. 아주 좋은 무소득(無所得)입니다."라고 말했다. '아주 좋은 무소득' 이란 이 단원을 시작하면서 말한 『금강경』의 '얻은 것이 없다.' 는 그 뜻이다.

무소득이란 무엇인가? 『대지도론』 권 제18에서는 "모든 존재의 참다운 모습〔諸法實相〕 중에는 결정되어 있는 모양을 얻을 수 없기 때문에 얻은 것이 없음〔無所得〕이라 한다."고 설명하고 있다. 『대지도론』에 의하면 대상을 인지(認知)하지 않는 것이 얻을 것이 없음이다. 그렇다고 해서 그 대상이 있다고 생각하고 거기에 사로잡혀 집착하지 않는 것이 아니라, 어떠한 의미에 있어서도 얻을 것이 있음〔有所得〕을 허락하지 않는 것이다.

비유하자면 마치 교묘한 요술쟁이가 사거리 가운데서 대중(大衆)을 만들어 내고, 그들이 밥을 구하면 밥을 주고 물을 구하면 물을 주며, 내지 갖가지 구하는 바를 전부 주는 것과 같다. 이 때 그 요술쟁이는 실로 대중이 있어서 주는 것인가? 그렇지 않다. 그 대중도 베푸는 물건도 실로 있는 것이 아니고, 베푸는 것이 있다고 해도 실제로 주는 것은 없다. 이처럼 모든 것의 모양은 환상과 같은 것이다.

사실이 이러한데 어디 얻을 것이 있을 것인가! 이렇게 일체의 존재가 사물로서 파악될 수 없는 것이기 때문에, 즉 사물로서 파악할 수 있는 그러한 객체적인 법은 없기 때문에 최고의 깨달음의 지혜조차 취득할 수 있는 어떤 가치라는 것으로 있을 수는 없는 것이다. 이 무소득을 다른 말로는 자성청정(自性淸淨)이라 부르기도 한다. 소득이라는 말은 자신이 갖지 않은 어떤 것을 얻는 행위다. 그런데 본래 자기가 갖추고 있는 것은 얻을 필요가 없다. 본래 자기 것이기 때문에 얻을 것이 없는 것이다. 그래서 무소득을 자성청정이라 한다.

사실 일체 만유가 시간과 공간 속에서 실제로 존재한다는 생각에서 집착과 분별이 생기고 그러한 관념이 우리들을 구속한다. 그러나 그것은 실로 있는 것이 아니다. 바로 이 점을 체득하여 일체의 집착과 분별을 여읠 그 때 인간에게는 참된 해방과 자유가 있게 된다. 새장 속에 갇혀 있는 새가 좁은 새장과 거기에 놓여 있는 먹이가 전부라고 여겨 거기에 집착한다면 어찌 저 넓은 허공을 나는 자유와 해방이 있을 수 있겠는가. 새장속의 새가 새장에서 나올 때 자유가 있듯이 현상계에 대한 집착과 분별

228

을 여읠 때 우리들에게 공이라는 새로운 세계가 열려오는 것이다. 본계 스님이 박수를 치면서 '기특하다.' 라고 찬탄한 것은 거사가 이러한 실제 적인 성품을 훌륭하게 체현하여 보인 것을 '다행히 멋지게 완성되었다.' 라는 말로 확인하고 있기 때문이다.

본계 스님의 말이 끝나자 거사는 지팡이를 집어 들고 바로 나가버렸다. 이에 본계 스님은 "안녕히 가십시오. 안녕히 가십시오."라고 말했다. 거사는 한번 버린 지팡이를 주워서 들고 처음 올 때와 마찬가지로 지팡이를 짚고 나간다. 이것이 그의 자재한 원만성취의 작용이고, 앞의 본계 스님이 평한 말을 인용하면 "올 때도 지팡이가 있고, 갈 때도 지팡이가 있다."라는 것이다. 바로 "그런 것인가, 그렇지 않은 것인가?"를 초월한 본래인을 보인 것이다. 이어지는 본계 스님의 "안녕히 가십시오. 안녕히 가십시오."라는 말은 이 일단의 법거량이 원만구족의 완결에 다다른 것을 만족해하는 인사말이다.

11. 대매(大梅)와의 대화

11-1 매화의 열매와 씨

居士가 訪大梅禪師하여 纔相見便問하대 久嚮大梅라 未審梅子熟也 未아 梅曰, 你向什麼處下口오 士曰, 百雜碎니라 梅伸手曰, 還我核 子來하라하다

해석

거사가 대매 선사(大梅禪師)를 방문해서 서로 보자마자, 스님에게 물었다.

"오랫동안 대매(大梅)를 동경해왔습니다만, 매실(梅實)은 잘 익어 있습니까?"

"자네, 어디부터 입을 대겠는가?"

"백잡쇄(百雜碎)."

그러자 대매 스님은 손을 뻗쳐서 말했다.

"나에게 씨앗을 돌려주게."

강설

마조 스님의 입실제자(入室弟子)는 139인이라고 전해지고 있다. 이렇게 많은 사법제자 가운데 대매법상(大梅法常 : 752~839) 선사가 있다. 『전등록』 권7 대매산 법상 편에 의하면, 그는 양양(襄陽) 출신으로 형주(荊州)의 옥천사에서 수계한 후 널리 대소승의 불전을 연구하고 나아가 제방을 순례하던 중 마조 스님을 친견하고 "부처란 무엇입니까?"라고 물었다. 이에 마조 스님은 "마음이 곧 부처다."라고 대답했는데, 법상 스님은 이 말을 듣고 크게 깨달았다. 정원년간(貞元年間 : 785~804)에 천태산 중의 대매산 깊은 곳에 거처를 정했다. 마조 스님은 그 소식을 듣고 어떤 스님을 보내어 대매에게 묻게 했다.

"스님은 마조 대사로부터 무슨 법문을 듣고 이 산중에 살게 되었습니까?"

230

"대사는 나에게 마음이 곧 부처라고 말씀하셨다. 그래서 여기에 살게 되었다."

"대사가 요즈음은 그렇게 말씀하지 않습니다."

"어떻게 말씀하시는가?"

"요즈음은 마음도 아니고 부처도 아니라고 하십니다."

"그 늙은이가 언제까지 사람을 속이려고 하는가? 자기 멋대로 마음도 아니고 부처도 아니라고 하나, 나는 나대로 마음이 곧 부처라고 수행하겠다."

그 스님이 돌아와 마조 스님에게 보고하니, 마조 스님이 듣고 "대중이여, 매실이 잘 익었구나."라고 말했다. 그로부터 대매의 이름이 널리 알려져 수행자가 문하에 모여들게 되었다.

이러한 이력을 가지고 있는 대매 선사를 거사가 방문해서 서로 보자마자, 스님에게 "오랫동안 대매(大梅)를 동경해왔습니다만, 매실(梅實)은 잘 익어 있습니까?"라고 물었다. 이에 대매 스님은 "당신, 어디부터 입을 대겠는가?"라고 반문했다. 거사의 이 물음은 앞에서 밝힌 대매 스님의 약전에서 언급한 '매실이 익었다.'라는 마조 스님의 인증(印證)의 말을 들어서 알고 있는 상황에서 한 말이다. 마조 스님은 인정했다고 하지만, 과연 말 그대로인가 아닌가를 자신의 눈으로 직접 확인해 보겠다는 거사의 검문(檢問)이다.

거사의 이 물음에 대매 스님은 "어디부터 입을 대겠는가?"라고 반문하고 있는데, 이야말로 대매 스님의 원숙한 대기대용이 발로하고 있는 대답이다. 그에게는 새삼스럽게 스스로 '익어 있다.'라고 대답할 필요가 없는 것이다. '어디부터 덥석 먹겠는가?' 즉 자네는 나를 어떻게 먹어 볼 셈인가? 그 솜씨를 좀 보자라는 말이다. 단도직입의 반문이 아닐 수 없다.

그러자 거사는 "통째로 씹어버렸습니다〔百雜碎〕."라고 대답했다. 이에 대매 스님은 손을 뻗쳐서 "나에게 씨앗을 돌려주시게."라고 말했다. 백잡쇄란 무엇인가의 위치나 가치 또는 어떤 모양으로써 조정(措定)된 경지의 제시를 전부 부수어버린 것을 말하는 경우에 사용하는 말이다. 또한 그렇게 가루로 부서져 흩어져 있는 잔해를 가리키는 것이기도 하다. 지금의 경우에는 매실을 한입에 아드득아드득 씹어서 산산조각 나버린 상태를 표현하는 말이다. 즉 거사는 매실을 통째로 입에 넣어 씹었기 때문에 박살이 났다고 대답한 것이다.

이에 대한 대매 스님의 응답은 촌철살인(寸鐵殺人)의 경지를 보여주고 있다. 매실을 다 씹어 먹어도 그 안에 있는 딱딱한 부분인 씨앗은 남는다. 이렇게 절대로 부서지지 않는 것이 대매의 씨다. 그래서 "아무리 자네가 철의 이빨로 깨물어 부수려고 해도 이 씨앗만은 꿈쩍도 하지 않고 남아 있다. 자, 그것을 돌려 달라."고 대매 스님은 말하고 있는 것이다. 문득 『금강경오가해(金剛經五家解)』의 "천 자나 되는 긴 실을 곧게 드리우니, 한 물결이 막 일어나자 만 물결이 따르도다. 밤은 고요하고 물은 차가워 고기가 물지 않으니, 배에 가득히 허공만 싣고 달 밝은 데 돌아오도다. 〔千尺絲綸直下垂 一派纔動萬波隨 夜靜水寒魚不食 滿船空載月明歸〕"라는 야보 (冶父) 스님의 게송이 생각난다.

232

12. 대육(大毓)과의 대화

12-1 공양받는 법

居士가 到芙蓉山大毓禪師處한대 毓行食與居士하니 士擬接이어늘
毓縮手曰, 生心受施는 淨名早訶로다 去此一機면 居士還甘否아 士
曰, 當時善現은 豈不作家리오 毓曰, 非關他事니라 士曰, 食到口邊
이나 被人奪却이로다 毓乃下食한대 士曰, 不消一句子로다하다

해석

거사가 부용산(芙蓉山)의 대육 선사(大毓禪師)의 처소에 이르니, 대육
스님이 거사에게 공양할 음식을 내 왔다. 거사가 그것을 받으려고 하자,
대육 스님이 뻗쳤던 손을 끌어들이고 말했다.

"어떤 생각을 가지고 공양을 받는 것은 유마 거사가 일찍이 꾸짖은
바인데, 지금 내가 이 문제점을 피해버린다고 하면 거사는 기꺼이 동조
하시겠습니까?"

"당시에 수보리 존자는 대단한 수완가였습니다."

"다른 사람의 이야기는 아닙니다."

"입가까지 온 음식을 다른 사람에게 빼앗겨버렸습니다."

이에 대육 스님은 거사에게 식사를 대접했는데, 거사가 말했다.

"한 마디 문구도 필요치 않습니다."

강설

　『유마경』「제자품」에는 "수보리여, 만약 음식에 대하여 평등할 수가 있으면 모든 것에 대해서도 평등할 수가 있어야 합니다. 모든 것에 대하여 평등할 수가 있으면 음식에 대해서도 평등한 것입니다. 이러한 자세로 걸식을 하고 다닐 수가 있으면 주어진 것을 먹어도 좋습니다."라는 유마 거사의 말이 있다. 대육 스님과의 첫 대화는 당시에 수보리 존자를 혼나게 한 유마 거사의 이 말을 가지고 전개된다.

　거사가 부용산(芙蓉山)의 대육 선사(大毓禪師)의 처소에 이르니, 대육 스님은 거사에게 공양할 음식을 내 왔다. 거사가 그것을 받으려고 하자, 대육 스님이 뻗쳤던 손을 끌어들이고 "어떤 생각을 가지고 공양을 받는 것은 유마 거사가 일찍이 꾸짖은 바인데, 지금 내가 이 문제점을 피해버린다고 하면 거사는 기꺼이 동조하시겠습니까?"라고 물었다.

　대육 선사는 마조 스님의 법을 이은 제자로, 12세에 낙발(落髮)하고 23세에 장안의 안국사에서 구족계를 받았다. 뒤에 마조 스님에게 참알(參謁)하여 비밀히 조사의 뜻을 전해 받고, 원화(元和) 13년(818)에 비릉(毘陵)의 부용산에 머물면서 법을 폈으며 80세에 입적했다. 대육 스님이 부용산에 머물고 있을 때 거사가 찾아갔는데, 공양시간이 되어 여러 사람들의 발우에 대육 스님이 직접 밥을 담아주고 있었다. 마침내 거사 앞에 닿았을 때 이렇게 물은 것이다.

　'어떤 생각을 가지고 공양을 받는 것'이란 공양이라는 행위에 관해서 그 의의라든가 가치 따위를 염두에 둔다는 말이다. 이렇게 공양에 대하여 생각을 일으킨다면 그것은 유마 거사가 말하고 있는 '평등'과는 거리가 있다는 것이다. 공양이라는 것에 관해서 위와 같이 유마 거사가 엄하게 경계한 중요한 문제점이 있는데도 불구하고, "지금 내가 유마 거사의 경계를 무시하고 이 음식을 거사에게 준다고 하면, 그것을 기꺼이 받겠는가?"라는 물음이다. 즉 이 물음은 거사가 유마 거사와 어떻게 대결하는가를 시험해 보려고 하는 것이다.

그러자 거사는 "당시에 수보리 존자는 대단한 수완가였습니다."라고 대답했다. 거사가 이렇게 대답한 것은 대육 스님이 자신을 유마 거사와 대결시키려고 하는 작전을 읽고 능숙하게 피한 경우다. 그렇다면 왜 거사는 수보리 존자를 '대단한 수완가'라고 했을까? 경에서는 수보리 존자가 그러한 유마 거사의 말을 듣고는 망연자실하여 대답도 못한 채 발우를 가지고 가버렸다고 되어 있다. 그런데도 거사는 유마 거사의 말을 이해하지 못하고, 대답도 못한 채 발우를 가지고 가버린 수보리 존자의 일체를 잡아서 '대단한 수완가'라고 부르고 있는 것이다. 물론 경에서는 그가 대단한 수완가라고 하는 말은 나와 있지 않다.

여기서는 거사가 자신을 수보리로, 대육 스님을 유마 거사로서 자리매김하여 '이 수보리를 향해서 당신은 어떻게 유마로서 대할 것인가?'라는 암시를 주면서 대답하고 있는 것이다. 다시 말하면 거사는 당시의 유마 거사의 '대단한 수완'이 아닌 당신이라는 지금의 유마의 '대단한 수완'을 보여 달라고 역공을 취하고 있는 것이다.

이에 대육 스님은 "다른 사람의 이야기는 아닙니다."라고 응수하니, 거사는 "입가까지 온 음식을 다른 사람에게 빼앗겨버렸습니다."라고 말했다. 대육 스님이 말하고 있는 '다른 사람'이란 수보리 존자를 가리키고 있다. 즉 '나는 당신에게 묻고 있는 것이다. 수보리 존자와는 관계가 없다.' 라고 응수한 것이다. 대육 스님의 이 대답은 거사가 암시하고 있는 것을 이미 알고, 거사가 수보리로 자리매김해 오면서 자기를 유마로 자리매김 시키려는 의도를 교묘하게 피한 것이라 할 수 있다.

이어지는 거사의 '입가까지 온 음식을 다른 사람에게 빼앗겨버렸다.' 라는 말은 현재 자신의 입장은 저때의 수보리 존자와 똑같다는 것이다. '수보리와는 관계없다.' 라고 하는가? 그렇지 않다. 나는 지금 수보리의 입장에 나를 자리매김하여 스님과 대하고 있다는 말투다. 위에서 말한 것처럼, 대육 스님은 자신이 유마로서 자리매김되는 것을 교묘하게 피했다. 그러나 거사는 끝까지 자신을 수보리로서 자리매김한 입장을 고수함으로써 대육 스님의 회피를 허락하지 않는 것이다.

그러자 대육 스님은 거사에게 식사를 대접했다. 대육 스님은 어쩔 수 없이 유마 거사로서 거사를 대응한 것이다. 『유마경』에 의하면 수보리 존자는 유마 거사의 말에 두려움을 느껴서 음식이 담긴 발우를 내려놓고 그 집을 나오려 하였다고 한다. 그러나 유마 거사는 그것을 제지하며 말한다.

"수보리여, 발우를 가져가시오. 두려워하지 마시오. 왜냐하면 모든 존재는 꼭두각시 같은 것이기 때문입니다. 그대는 지금 두려워하지 않아도 됩니다. 왜냐하면 모든 말도 꼭두각시의 모습을 떠나지 못하며, 지혜로운 사람에 이르러서는 문자에 집착하지 않으므로 두려워할 바가 없는 것입니다. 왜냐하면 문자는 그가 표현하고자 하는 것과 떨어져 있기 때문입니다. 문자가 있지 아니한 것이야말로 해탈입니다. 해탈의 모습이라

236

는 것은 곧 모든 법인 것입니다."라고.

　아마도 수보리 존자는 이 유마 거사의 말을 받아들여 발우를 가지고 갔을 것이다. 즉 당초 유마 거사는 수보리 존자에 대해서 공양을 받을 만한 수행자로서의 자격을 엄하게 경계한 것에 의해서 공양을 드린 것이었지만, 끝에는 '모든 법이 해탈의 모습이다.' 라는 말로 발우를 가져가게 한 것이다. 대육 스님도 지금 그것을 모방하여 일단 드린 음식을 거사가 공양하게 한 것이다.

　이에 거사가 "한 마디 문구도 필요치 않습니다."라고 말했다. 대육 스님은 거사에게 음식을 주었다. 그러나 저때 유마 거사가 수보리 존자에게 말한 타이름의 말은 한 마디도 하지 않았다. 거사는 즉각 그 점을 붙잡아서 "나로서는 그러한 문구는 한 마디도 필요 없다."라고 딱 잘라서 눌러버린 것이다. 그러나 이 말에는 '여기에서 한 마디 설함에 의해서 스님의 대단한 수완을 보여주기 바랍니다만.' 이라는 속내를 숨기고 있는 것이다. 즉 거사는 도리어 그것을 언어로 표현하지 않고, 오히려 이쪽에서 대육 스님 쪽으로 돌려서 "그것은 필요하지 않으니, 아무쪼록 상관하지 마시오."라고 말하고 있는 것이다.

12-2 매우 중요한 곳

　士가 又問毓曰, 馬大師著實爲人處는 還分付吾師否아 毓曰, 某甲尙未見他이니 作麼生知他著實處리오 士曰, 祇此見知는 也無討處로다 毓曰, 居士也不得一向言說이어다 士曰, 一向言說이면 師又失

宗하리라 若作兩向三向이면 師還開得口否아 毓曰, 直是開口不得
이 可謂實也니라 士撫掌而出하다

해석

거사가 다시 대육 스님에게 물었다.

"마조 큰스님이 사람들을 위해서 진력하신 급소(急所)는 스님에게 전
수하셨습니까?"

"이 사람은 아직 그 사람을 만나보지도 못했는데, 어떻게 그 급소라
는 것을 알겠습니까?"

"참으로 그 높으신 견해야말로 어디에서도 찾을 수 없는 것입니다."

"거사님도 외곬으로 왈가왈부함은 그만 두십시오."

"외곬으로 왈가왈부한다고 하면, 스님께서도 토대가 무너져버리겠
지요. 만약 두 곬, 세 곬으로 몰두한다고 하면, 스님께서는 입을 열 수가
있겠습니까?"

"바로 그 입도 열 수 없다는 곳이, 즉 급소인 것입니다."

거사는 손뼉을 치면서 나가버렸다.

강설

거사가 다시 대육 스님에게 "마조 큰스님이 사람들을 위해서 진력하
신 급소(急所)는 스님에게 전수하셨습니까?"라고 물었다. 이에 대육 스님
은 "이 사람은 아직 그 사람을 만나보지도 못했는데, 어떻게 그 급소라는
것을 알겠습니까?"라고 대답했다. '진력하신 급소〔著實處〕'란 사람을 인

도하여 교화하는 가장 중요한 곳이라는 뜻이다. 마조 스님의 문하에는 준수한 선장(禪匠)들이 무려 139인이나 배출되었다고 앞에서 말했다. 대육 스님도 그 한 사람으로서 마조 스님이 '진력하신 급소'의 지도방법을 체험했을 것이다. 거사는 '그 곳의 소식을 말해줄 수 없는가?'라고 묻고 있는 것이다. 그리고 이 물음은 또한 마조 스님이 사람들을 위하는 법을 묻는 것을 핑계로 대육 스님의 법을 들어보겠다는 공격이기도 하다. 이 공격에 대육 스님은 "자신은 아직 마조 큰스님을 만나보지도 못했는데, 어떻게 그의 급소를 알겠는가?"라고 반격을 했다.

이미 대육 스님의 약전에서 말한 것처럼, 그는 사실 마조 스님을 참알하여 비밀히 조사의 뜻을 전해 받았다. 그런데도 "아직 만나지 않았다."고 말하는 것은 무슨 까닭인가? 그것은 약산과의 대화 '3-1'에서 약산 스님이 거사에게 "그렇다면 거사님은 석두 큰스님을 친견하지 못했다고 말해도 좋겠습니까?"라고 묻고 있는 것과 궤를 같이 하고 있다. 또한 보제와의 대화 '7-1'에서 "석두선(石頭禪)의 종지는 나에게 와서 그림자도 형체도 없어져버렸다."라고 대답하고 있는 것도 같은 맥락이다.

대육 스님이 마조 스님을 만나서 깨달음을 얻고 법을 이었지만, 지금은 마조 스님의 법은 완전히 용해되어 있어서 그 흔적도 남아 있지 않는 것이다. 흔적도 남아 있지 않는 속에서 보다 고차원적인 독자의 법을 형성한 것이다. 대육 스님은 이러한 자세야말로 마조 스님의 법을 얻은 것이라고 말하고 있는 것이다. 황벽(黃檗) 스님이 『전심법요(傳心法要)』에서 "한 법도 얻지 않음을 이름하여 마음을 전하는 것이 된다."라고 함도 바로 이것이다.

그러자 거사가 "참으로 그 높으신 견해야말로 어디에서도 찾을 수 없는 것입니다."라고 찬탄의 말을 하니, 대육 스님은 "거사님도 외곬으로 왈가왈부함은 그만 두십시오."라고 말했다. 함부로 언설을 나불거려서는 안 된다는 말이다. "지금 당신은 나의 견지(見知)를 칭찬하고 있지만, 그 도리는 당신도 이미 알고 있는 것이 아닌가? 그렇다면 쓸데없이 입술을 놀리는 짓은 그만두라."고 면박을 하고 있는 것이다.

이에 거사가 "외곬으로 왈가왈부한다고 하면, 스님께서도 토대가 무너져버리겠지요. 만약 두 곬, 세 곬으로 몰두한다고 하면, 스님께서는 입을 열 수가 있겠습니까?"라고 반문하니, 대육 스님은 "바로 그 입도 열 수 없다는 곳이, 즉 급소인 것입니다."라고 대답했다. 그러자 거사는 손뼉을 치면서 나가버렸다. 대육 스님의 면박에 거사는 그대로 물러나지는 않고, 오히려 정면으로 되받아치고 있다. '내가 그런 기분이 되어서 외곬으로 따로 내세워 말한다면, 스님 쪽은 마조 스님을 넘어서서 자신이 구축한 근본이 붕괴되고 말 것이다.'라는 대단히 강한 반격이다.

거사의 이어지는 말인 '두 곬, 세 곬'이라는 표현은 원문의 양향(兩向), 삼향(三向)을 번역하기 위하여 필자가 만들어낸 말이다. 외곬(一向)이라는 것은 당시에도 보통으로 사용된 말이지만, 양향, 삼향은 그렇지 않다. 애초부터 이러한 말은 없는 것인데, 거사가 일향 위에 있는 것을 강조하기 위하여 그 순간 뜻을 따라 양향과 삼향이라고 다그쳐서 말을 붙인 말투다. 외곬으로 말해도 스님의 근본이 무너지는데, 두 곬 세 곬으로 말한다면 스님은 입도 열 수가 없게 된다는 것이다.

거사의 반격에 대육 스님은 입을 열 수가 없는 곳, 즉 말을 할 수가 없는 곳이 바로 마조 스님이 '진력하신 급소' 라고 응답했다. 거사 쪽에서는 "만약 내가 두 번 세 번 계속해서 말한다면, 스님은 입도 열지 못 한다."라고 도전한 것이지만, 대육 스님은 그 도전을 무시하고 다만 그 '입도 열지 못 한다' 라는 점만을 취해서 '언어의 표현으로 미치지 못하는 곳' 이라는 의미로 승화시킨 것이다.

그리고 나아가 "입도 열지 못하는 소식을 당신은 함부로 무턱대고 왈가왈부하고 싶어 하는 것이다." 라고 비판을 가하고 있다. 정말 신선한 대육 스님의 법거량을 종결짓는 일구인 것이다.

거사가 손뼉을 쳤다는 것은 '정말 훌륭하다' 는 감탄의 행위고, 그대로 나갔다는 것은 자신의 멋진 패배에 마음으로부터 만족했기 때문이다.

13. 칙천(則川)과의 대화

13-1 늙음과 건강

居士가 相看則川和尙次에 川曰, 還記得初見石頭時道理否아 士曰, 猶得阿師重擧在니라 川曰, 情知久參事慢이로다 士曰, 則川老耄는 不當龐公이라 川曰, 二彼同時어니 又爭幾許리오 士曰, 龐公鮮健은 且勝阿師로다 川曰, 不是勝我라 祇欠汝箇幞頭로다 士拈下幞頭曰, 恰與師相似로다하니 川大笑而已하다

해석

　거사가 칙천 화상(則川和尙)과 만났을 때, 칙천 스님이 거사에게 말했다.

　"처음으로 석두 스님을 친견했을 때의 인연을 기억하고 계십니까?"

　"또 다시 큰스님이 그 일을 제기하셨습니다."

　"아니야, 오랫동안 참구하고 있으면, 만사가 멍청해진다고 절실히 깨달은 놈이라서."

　"칙천의 늙어빠짐은 이 방 선생 정도까지는 아니지 않습니까?"

　"두 사람은 같은 세대, 그렇게 다르지는 않을 것이야."

　"이 방 선생의 강건함은 아마 큰스님보다는 나을 것입니다."

　"자네가 나보다 나은 것은 아니야, 단지 자네의 복두(幞頭)가 나에게는 없을 뿐이지."

　그러자 거사는 복두를 휙 벗어버리고 말했다.

　"어! 스님과 똑같이 닮았습니다."

　칙천 스님은 한바탕 웃어버리고 말았다.

강설

1) 병문안

　『대품반야경』「무작품」제43에는 "만약 선남자·선여인이 반야바라밀을 받아 지니며, 가까이 하고 바르게 사유하면 내내 눈이 병들지 않고, 귀·코·혀·신체도 또한 내내 병들지 않습니다. 몸을 다쳐 불구가 되지 않고, 쇠약하게 늙지도 않으며, 결코 횡사(橫死)를 당하지 않는다."라고 설시하고 있다.

또한 『임제록』에는 "그대들이 만약 쉬기만 하면 그대로가 청정법신의 세계다. 그대들이 한 생각도 나지 않으면 곧 보리수에 올라 삼계에 신통 변화하여 마음대로 화신의 몸을 나타내리라. 그래서 법의 기쁨과 선의 즐거움(法喜禪悅)을 맛보며, 몸에서는 저절로 빛날 것이다. 옷을 생각하면 비단 옷이 천 겹으로 걸쳐지고, 밥을 생각하면 백 가지 진수성찬이 그득히 차려지며, 다시는 뜻밖의 재난이나 병에 걸리는 일도 없을 것이다. 깨달음(菩提)에는 어떤 머물 곳이 없다. 그러므로 얻을 것도 없다."라고 설하고 있다. 그러나 현실적으로 큰 선지식에게도 병은 있고, 재난이 따르기도 한다. 그렇다면 수행자에 있어서 병이란 무엇일까?

거사가 칙천 화상(則川和尙)과 만났을 때, 칙천 스님이 거사에게 "처음으로 석두 스님을 친견했을 때의 인연을 기억하고 계십니까?"라고 말했다. 칙천 스님은 마조 스님의 법을 이은 제자이긴 하지만, 방거사와의 인연 외에는 상세한 기록이 없는 인물이다. 본 어록에서는 이렇게 거사와 그냥 만난 것으로 되어있지만, 『전등록』 권8에는 '거사가 대사의 병을 보살피고 있을 때'라고 당시의 상황을 설명하고 있다. 즉 법거량을 위하여 만난 것이 아니라, 칙천 스님을 간병하고 있을 때 스님이 문제를 제기한 것이다.

처음으로 석두 스님을 만났을 때의 인연(道理)이란 쉽게 말하면 그 때 어떠한 깨달음의 지혜를 얻었는가 하는 것이다. 달리 표현하면 석두 스님의 선을 어떻게 파악하고 있는가라는 말이다. 그리고 이 물음은 또한 그것을 파악한 방거사의 현재의 깨달음의 경지를 점검하려는 의도를 갖고 제기한 것이다.

이에 거사가 "또 다시 큰스님이 그 일을 제기하셨습니다."라고 말했다. '또 다시 스님으로부터 그것을 제기 받았다.'라는 표현은, 그런 질문은 이젠 진절머리가 난다는 어투다. 사실 본 어록을 통해서도 같은 종류의 문제 제기가 여러 번 있었다. 때문에 거사로서는 이러한 표현을 할 수도 있었을 것이다. 그러나 거사의 이 반문에는 '몸도 불편한데 왜 또 새삼스럽게 석두 스님의 일을 마음에 두느냐?' 라는 속내가 감추어져 있기도 하다.

2) 칙천 스님의 노성(老成)한 경지

그러자 칙천 스님은 "아니야, 오랫동안 참구하고 있으면, 만사가 멍청해진다고 절실히 깨달은 놈이라서."라고 대답했다. '오랫동안의 참구〔久參〕'란 보통 참선수행을 10년 이상 계속하고 있는 것을 말하는데, 우리나라에서는 이렇게 수행하고 있는 스님을 구참납자(久參衲子)라 부르고 있다. 따라서 구참납자가 많아야 수행의 전통이 유지되고 선원도 여법한 모습을 보여줄 수 있다. 그런데도 우리들의 현실은 그렇지 않은 것 같다. 우선 구참납자를 찾아보기 힘들다. 그나마 있는 구참납자들도 대중처소의 잘못된 수행환경을 이겨내지 못하고 개인 토굴을 찾아 떠나기 일쑤다. 정말 직업선객(?)이 아닌 눈 푸른 구참선객이 많은 선원을 보고 싶다.

각설하고, 보통이라면 오랫동안의 참구에 의해서 견지는 노숙해지고

도안(道眼)이 갖추어지는 것인데, 칙천 스님은 '만사가 멍청해졌다.' 라고
말하고 있다. 거사와 석두 스님의 만남이 어떠했는가를 새삼스럽게 묻는
것은 그것 때문이라고 변명한 것이기는 하지만, 실은 '만사가 멍청해진
상태' 가 칙천 스님의 노숙한 경지를 드러내 보인 곳이다. 일 없는 사람이
라는 말이다.

이에 거사가 "칙천의 늙어빠짐은 이 방 선생 정도까지는 아니지 않습
니까?" 라고 반문하니. 칙천 스님은 "두 사람은 같은 세대, 그렇게 다르지
는 않을 것이야." 라고 응수했다. 여기에서 거사는 지금까지 칙천 스님을
칭하던 '큰스님' 이라는 호칭을 확 바꾸어 상대를 별안간 '칙천' 이라 부
르고 있다. 거사는 석두를 없애버리고 상황을 자신과 칙천의 대결로 끌
고 간 것이다. 거사는 먼저 칙천 스님이 스스로 말한 '만사가 멍청해진
상태' 를 그대로 받아들여 '늙어빠졌다.' 라고 단정하는 것으로부터 공격
을 시작했다. 자신보다는 젊은 사람이 만사에 정신이 없다고 하니 어불
성설이라는 말이다. 칙천 스님의 깨달음의 경지를 자신과 비교하고자 하
는 것이다.

이에 대한 칙천 스님의 대답은 "누가 보아도 우리 두 사람은 세대가
같다." 라는 말이다. 그러나 세대가 같다는 말이 결코 같은 연배라는 뜻은
아니다. 두 사람이 모두 비슷한 시기에 석두 스님을 친견하고 가르침을
받았다는 것을 이렇게 표현하고 있는 것이다.

그러자 거사는 "이 방 선생의 강건함은 아마 큰스님보다는 나을 것입
니다." 라고 말했다. 비슷한 시기에 석두 스님을 친견하고 가르침을 받았
다고 해도 원기 왕성한 점에서는 스님보다도 내가 어쨌든 더 낫다는 반

격의 끈을 놓지 않은 말이다. 이상의 응수에서는 오로지 연령과 건강에 관해서의 상하가 문제로 되어 있는 것처럼 보인다. 문제가 제기되는 상황이 병에 걸린 사람과 간병하는 사람 사이이기 때문에 자연스러운 대화처럼 비쳐질 수도 있다. 그러나 사실은 그것에 의해서 벌어지고 있는 싸움은 어느 쪽의 법이 보다 노성(老成)해 있는가라는 점에 초점이 맞추어져 있다. 유마 거사가 병을 빙자하여 불이법(不二法)의 법석을 마련하는 것과 같은 것이다.

여기에서 필자가 처음에 제기한 수행자와 질병에 관해서 살펴보자. 『대품반야경』에서 설하고 있는 반야바라밀의 염송(念誦)이란 『임제록』에서 말하고 있는 쉰다는 것이다. 즉 수행하여 대해탈인이 되면 뜻밖의 재난이나 병에 걸리는 일이 없다는 것이다. 공(空)의 입장에서 보면 재난이나 병에 걸리는 실체가 본래 없기 때문에 공을 체득하고 있는 사람에게 그러한 일이 생기지 않는 것이 오히려 자연스럽다. 그런데도 현실적으로 재앙이 생기는 것을 『대품반야경』에서는 "전생의 업보는 어쩔 수 없다."라는 말로 일축하고 있다.

그렇다면 전생의 업보로 생긴 병이나 재난을 수행자는 어떻게 받아들이는가? 그것을 위의 칙천 스님의 행동에서 볼 수 있다. 스님의 입장에서는 병이라는 것이 병으로써 스님을 구속하고 있지 않다. 병으로써 오히려 법거량의 소재로 삼고 있다. 어떤 재앙이나 병이 당사자를 고통이라는 것으로 속박하지 못할 때 그것은 이미 병이 아니다. 단지 삶의 한 형태일 뿐이다. 『금강경』 불수불탐분 제28에는 "보살은 지은 복덕을 탐내거나 집착하지 않나니, 이 까닭에 복덕을 받지 않는다고 말한다."라고 설시하고 있다. 마찬가지 의론이 고통의 문제에서도 해당된다고 생각한다. 즉 "보살은 업보의 고통에 집착하지 않기 때문에 고통을 받지 않는다." 라고 바꾸어 말할 수 있는 것이다. 행복이라는 것은 객관성이 없다. 그것은 남의 평가에서 주어지는 것이 아니라 자신만이 느낄 수 있는 것이기 때문이다.

거사의 끈질긴 공격에 칙천 스님이 "자네가 나보다 나은 것은 아니야, 단지 자네의 복두(㡤頭)가 나에게는 없을 뿐이지."라고 응수하자, 거사는 복두를 홱 벗어버리고 "어! 스님과 똑같이 닮았습니다."라고 말했다. 이에 칙천 스님은 한바탕 웃어버리고 말았다. '단지 자네의 복두가 나에게는 없을 뿐이지'란 나는 속인이 아니고 스님이라는 뜻이다. 양자에 있어서 법의 우열의 문제를 갑자기 승속(僧俗)의 차이로 바꾸어버린 것이다.

지금까지의 법거량에서는 양자 모두 같은 구도자로서의 입장에서 서로 응수해 왔다. 그런데 거사가 지나치게 외곬으로 그 도의 우열을 도전해 왔기 때문에 칙천 스님은 논쟁의 장소를 승속이라는 위상으로 전환시킴으로써 상대방의 집요한 추구를 교묘하게 바꾼 것이다. 그러나 거사의 행동과 말은 칙천 스님을 도망가지 못하게 역으로 그 '승속논법'을 이용하여 상대를 꼼짝 못하게 하고 있다. "복두를 쓰고 있기 때문에 속인이라고 한다면 그것을 벗어버린 지금의 나는 승(僧)이 아닌가?"라는 역습이다. "원래 법에는 승과 속의 차별은 없다."라고 거사는 말하고 있는 것이다. 이어지는 칙천 스님의 웃음은 거사의 끈질긴 성격을 높이 평가하는 무언의 표시가 아닐까!

13-2 법계는 몸을 용납하지 않는다

一日에 則川摘茶次에 士曰, 法界不容身이니 師還見我否아 川曰,
不是老僧이면 洎答公話로다 士曰, 有問有答이 蓋是尋常이로다 川
乃摘茶不聽하다 士曰, 莫怪遍來容易借問하소서 川亦不顧하다 士
喝曰, 這無禮儀老漢아 待我一一擧向明眼人하리라 川乃抛却茶籃
하고 便歸方丈하다

해석

어느 날 칙천 스님이 차밭에서 차를 따고 있을 때, 거사가 말했다.

"법계(法界)는 몸을 용납하지 않는다고 하는데, 그런데 스님께서는 그
중에서 나를 볼 수 있습니까?"

"만약 이 노승(老僧)이 아니었다면, 자네의 물음에 대답해버릴 것이
야."

"질문이 있으면 대답이 있는 것이 일상의 관습이 아닐까 생각합니다
만."

그러나 칙천 스님은 차를 딸 뿐, 들은 척도 하지 않았다. 이에 거사가
말했다.

"아까는 별 생각 없이 여쭙게 되었는데, 언짢게 여기지 마십시오."

칙천 스님은 그래도 상대하려 하지 않았다. 거사가 고함치고 말했다.

"이 예의도 모르는 늙은이야, 내가 낱낱이 눈 밝은 사람들에게 알려
줄 것이다."

　그러자 칙천 스님은 차 광주리를 던져버리고 곧장 방장실에 돌아가 버렸다.

강설

1) 자기 법신이 법계에 충만

　어느 날 칙천 스님이 차밭에서 차를 따고 있을 때, 거사가 "법계(法界)는 몸을 용납하지 않는다고 하는데, 그런데 스님께서는 그 중에서 나를 볼 수 있습니까?"라고 물었다. 법계란 우주만유의 모든 존재가 자성을 가지고 각자의 영역을 지켜 조화를 이루어가는 세계이다. 그런데 화엄사상(華嚴思想)에서는 이 법계가 부처의 몸이라고 한다. 즉 부처의 법신은 법계에 편만하다고 말하고 있다. 때문에 법신을 법계신이라고 하는 수가 있다. 거사의 물음은 이처럼 법계가 그대로 부처의 법신이기 때문에 거기에 다시 어떤 몸을 수용할 수 없다는 것을 전제로 하고 있다. 따라서 거사의 질문은 "그런데도 불구하고 스님께서는 이 법계 가운데에 이 방거사라는 몸뚱이를 과연 볼 수가 있을까?"라는 어려운 문제를 제기하고 있는 것이다.

　본문 '3-1'에서 약산 스님이 거사에게 "일승(一乘) 가운데, 이 한 가지 일을 두는 것이 가능하겠습니까?"라고 묻고 있는 것과 같은 취지다. 그리고 이 물음에는 스스로를 불신(佛身)으로서 파악한 거사의 확실한 깨달음이 바탕이 되어 있다.

　『조당집』 권10에는, 어떤 스님이 현사(玄沙 : 854~932) 스님에게 "어떤 것이 바르고 묘한 마음입니까?"라고 물으니, 스님이 "온 시방세계는 모두 이 진실인의 본체다."라고 대답한 말이 있다. 현사 스님의 이 대답이 바로 거사가 깨닫고 있는, 자기의 법신이 온 세계에 현현하고 있다는 자각을 말하고 있는 것이다.

그러자 칙천 스님은 "만약 이 노승(老僧)이 아니었다면, 자네의 물음에 대답해버릴 것이야."라고 대답했다. "일승(一乘) 가운데, 이 한 가지 일을 두는 것이 가능하겠는가?"라는 약산 스님의 물음에 거사는 "나는 하루하루 입에 풀칠하는 것조차 벅찹니다. 그것을 둘 수 있을지 어떨지는 전혀 관심 밖입니다."라고 대답했다. 또한 석두 선사는 거사로부터 "일체의 존재와 상관하지 않는 자, 그것은 어떤 사람인가?"라는 질문을 받고, 바로 손으로 거사의 입을 막았다. 그러나 칙천 스님은 "만약 자신이 아니었다면, 그 물음에 대답해버릴 것이다."라고 부드럽게 답을 거부했다. 역시 칙천 스님의 여법한 종풍을 보인 것이라고 하겠다.

2) 독각승 같은 성격

이에 거사가 "질문이 있으면 대답이 있는 것이 일상의 관습이 아닐까 생각합니다만."이라고 말했지만, 칙천 스님은 차를 딸 뿐 들은 척도 하지 않았다. 그러자 거사가 "아까는 별 생각 없이 여쭙게 되었는데, 언짢게 여기지 마십시오."라고 말했다. 칙천 스님이 말로써 말을 막는 대답을 하자, 거사는 일순간 당황한 것이다. 그로서는 보기 드물게 하수가 되어서 "질문에는 대답하는 것이 세상의 관습이다. 그렇다면 인정머리 없음이 지나치지 않는가?"라고 재촉하듯이 말하고 있다.

250

그러나 역시 스님은 대답이 없다. 차츰 엄하게 되어가는 칙천 스님의 거부에 거사는 조금 곤혹스러워하면서 던진 말이 "아까는 별 생각 없이 여쭙게 되었는데, 언짢게 여기지 마시오."라는 것이다. 자신의 몸뚱이가 곧 부처의 몸이라고 하는, 어찌 보면 자만심에 가득 찬 아슬아슬한 질문을 두려운 기색도 없이 갖고 나온 것에 대한 송구함이 묻어있는 말이다. 그러나 대다수 구도자에게 불가결한 수치심은 그에게는 찾아볼 수 없다. 도를 위해서 신명을 돌보지 않는 용맹심만 있는 것이다. 칙천 스님이 들은 척도 하지 않은 것, 그 점을 꼬집고 있는 것이다.

칙천 스님은 그래도 상대하려 하지 않았다. 이에 거사가 "이 예의도 모르는 늙은이야, 내가 낱낱이 눈 밝은 사람들에게 알려줄 것이다."라고 고함을 쳤다. 그러자 칙천 스님은 차 광주리를 던져버리고 곧장 방장실에 돌아가 버렸다. 원문의 할왈(喝曰)은 '악' 하고 할을 한 후에 다음의 말을 한 것이 아니고, 큰 소리로 고함치듯이 말했다는 것이다. 칙천 스님이 계속해서 상대를 하지 않으니, 거사는 이렇게 고함치듯이 큰 소리로 말한 것이다.

거사의 말은 지금까지의 문답응수의 내용을 안목을 갖춘 제3자에게 말해서 그 판정을 구해보도록 하자는 것이다. 왜냐하면 칙천 스님이 자기의 물음에 대답하려 하지 않고, 시종 자신을 무시한 것을 거사는 크게 불만스럽게 여기고 있기 때문이다. 그렇지만 이 문답의 결착을 거사 자신이 보는 것은 공평하지 않기 때문이다. 칙천 스님이 차 광주리를 버렸다고 하는 것은 거사와의 문답을 끊어버림이고, 곧장 방장실에 돌아간 것은 거사에 대한 단호한 결별이다.

칙천 스님은 오직 자신의 세계를 고수할 뿐, 상대와 생사를 함께하는 데는 관심이 없다. 거사는 칙천 스님의 그 독각승(獨覺僧) 같은 성격을 읽지 못한 것이다. 그렇다고 수행자로서 독각승 같은 성격을 가졌다고 해서 잘못되었다는 말은 아니다. 독각이든 성문이든 보살이든 모두가 법계의 몸인데, 단지 거사가 미처 거기까지를 생각하지 못하고 고함을 지른 것도 허물을 면하기 어렵다는 것이다.

13-3 주인과 손님

川이 一日에 在方丈內坐어늘 士來見曰, 只知端坐方丈하고 不覺僧到參이로다 時川垂下一足하다 士便出하여 三兩步却回하다 川却收足하다 士曰, 可謂自由自在로다 川曰, 我是主라 하다 士曰, 阿師只知有主하고 不知有客이로다 川喚侍者하여 點茶하니 士乃作舞而出하다

해석

어느 날 칙천 스님이 방장실에 앉아 있는데, 거사가 찾아와 뵙고 말했다.

"방장실에 단좌(端坐)할 줄만 알고, 스님이 친견하러 오는 것은 눈치채지 못하십니다."

그 때 칙천 스님은 한쪽 발을 내렸다. 거사는 바로 밖으로 나가서 두세 걸음 걷고는 되돌아왔다. 칙천 스님이 이번에는 그 발을 끌어들였다.

252

이에 거사가 스님에게 말했다.

"정말이지, 자유자재하십니다."

"나는 주인이야!"

"큰스님께서는 주인이 있는 것만 알고, 손님이 있는 줄은 모르십니다."

칙천 스님이 시자를 불러 차를 달이라고 했다. 그러자 거사는 춤을 추면서 나가버렸다.

강설

1) 고목선(枯木禪)

『육조단경』제7 남돈북점에는 혜능 조사가 지성(志誠) 스님에게 "마음에 머물고 고요를 관하는 이것이 병이요, 선(禪)이 아니다. 마냥 앉아 있는 것은 몸을 구속하는 것이니 무슨 이익이 되랴! 내 게송을 들어라.

> 살아서는 앉아서 눕지 아니하고
> 죽어서는 누워서 앉지 못하네.
> 한 구의 냄새나는 뼈다귀로
> 어찌 공과(功果)를 세운다 하랴."

라고 설해주고 있다. 좌선이 곧 선이라는 고정관념을 깨면서 몸짓만의 선을 비평하고 있는 부분이다.

칙천 스님과의 마지막 대화는 이 좌선의 문제로 시작되고 있는데, 이 것은 아마도 앞 단원에서 칙천 스님이 보여준 독각승 같은 성격을 비평 하기 위해서 거사가 일부러 덫을 놓은 것 같다.

어느 날 칙천 스님이 방장실에 앉아 있는데, 거사가 찾아와 뵙고 "방 장실에 단좌(端坐)할 줄만 알고, 스님이 친견하러 오는 것은 눈치 채지 못 하십니다."라고 말했다. 이 발언의 의미는 이 문답의 끝에 거사가 스스로 말하는 '주인이 있는 것만 알고, 손님이 있는 줄은 모른다.'는 것과 같은 맥락이다.

그 때 칙천 스님은 방장실에서 고목한암(枯木寒巖)처럼 응연(凝然)히 가부좌하고 좌선삼매에 들어 있었을 것이다. 거사는 스님의 그 삼매경을 쳐부수는 수단으로 이렇게 나온 것이다. 자신의 세계 안에서 자기의 완 성만을 추구하는 주인공의 자세는 다른 사람과의 관계를 단절한 곳에서 정립된다. 그러나 그것은 극히 폐쇄적인 자기충족일 뿐이다. 따라서 거 기에 살고 있는 주인공은 전혀 행위가 없는 메마른 주인공일 뿐이라는 비판을 가하고 있는 것이다.

고목선(枯木禪)이라는 말이 있다. 옛날 어느 노파가 암자를 지어 어떤 스님을 20년 동안 공양하였다. 늘 젊은 처녀에게 밥을 보내어 시중들게 하더니 하루는 처녀를 시켜서 그 스님을 안고 "젊은 여자를 안으니 기분 이 어떠합니까?"라고 묻게 했다. 그러자 그 스님은 "고목이 찬 바위에 기 댄 것 같아 삼동에 따뜻한 기운이 없다."라고 대답했다. 처녀가 노파에게 그 사실을 말하니, 노파는 "나는 20년 동안 완전 속인 놈에게 공양하였구 나." 하고 드디어 그 스님을 쫓아내고 암자를 불태워버렸다는 이야기로

『오등회원(五燈會元)』에서 나온 말이다.

선문에서 파자소암(婆子燒庵)이라 불리는 이 화두는 그 수행승의 말에 무슨 허물이 있는가를 궁구하는 것이 관건이다. 거사는 지금 칙천 스님에게 그러한 고목선의 자세를 꼬집고 있는 것이다. 혜능 조사가 말하고자 하는 것도 역시 마찬가지다. 장좌불와(長坐不臥)의 수행을 비평하는 것이 아니라, 독각승의 마음자세를 나무라고 있는 것이다.

2) 하화중생의 수행

거사의 말을 들은 칙천 스님은 바로 한쪽 발을 내렸다. 거사는 바로 밖으로 나가서 두세 걸음 걷고는 되돌아 왔다. 칙천 스님이 이번에는 그 발을 끌어들였다. 이에 거사가 스님에게 "정말이지, 자유자재한 행동이십니다."라고 말하니, 칙천 스님이 "나는 주인이야!"라고 응수했다. 선상(禪床)에서 결가부좌하고 있던 칙천 스님이 거사의 말이 끝나자 한쪽 다리만을 풀어서 내려놓은 것이다. 불자나 주먹을 세운다거나 눈을 깜빡이는 것과 같은 하나의 작용을 보인 것이다.

『조주록』에는, "어떤 스님이 조주 스님에게 '어떻게 해야만 모든 경계에 혹하지 않겠습니까?'라고 물었다. 이에 조주 스님이 바로 한쪽 발을 내려뜨리자 그 스님은 얼른 신발을 내밀었다. 스님이 그 발을 끌어들이고 일어서자, 그 스님은 말이 없었다."라는 기록이 있다.

조주 스님은 한쪽 발을 내리는 것에 의해서 한 경계를 보이고, 거기에 그 스님이 어떻게 대응하는가를 점검하려고 한 것이다. 그러나 칙천 스님의 경우는 거사를 점검하려는 것이 아니라, '단좌'의 경계로부터 출발

한 하나의 작용의 제시라고 볼 수 있다. 그것은 또한 거사를 손님으로 대접하지 않는 칙천 스님의 독특한 가풍을 보인 것이기도 하다.

거사가 바로 밖으로 나가서 두 세 걸음 걷고는 되돌아온 것은 일단 칙천 스님의 하나의 작용을 평가하여 밖으로 나갔다가 이젠 확실한 손님의 신분으로 다시 왔다는 의미다. 즉 칙천 스님의 응수하는 방법을 완전한 것이라고 인정하지 않고, 다시 무엇인가를 이끌어 내는 것에 의해서 그 작용을 충족시키려고 한 것이다. 그러나 칙천 스님은 내렸던 발을 끌어들였다. 일단 열었던 세계를 닫아버린 것이다. 반격을 감행한 거사는 이렇게 해서 퇴각하지 않을 수 없게 되었다. 먼저의 칙천 스님의 작용은 그 자체로 완전한 것이 되었고, 지금 스스로를 닫은 것도 극히 자연적인 작용이 된 것이다.

거사가 "정말이지, 자유자재한 행동이다."라고 한 말은 상대방을 향한 퇴각하는 장수의 감탄이다. 시종 말이 없는 가운데 연출되는 스님의 동정과 완급, 그리고 순역(順逆)의 자재한 사용의 구분에 거사는 놀라서 찬탄을 하고 있는 것이다.

그러자 칙천 스님은 처음으로 "나는 주인이다."라고 입을 열었다. 그러나 열었던 세계를 닫고서 재차 자기만의 세계에 되돌아 간 그가 여기에서 이렇게 발언한 것은 불필요한 것이었다. 이미 주인인 사람은 자신이 주인이라고 우길 필요가 없기 때문이다. 여기에서 양자의 주객의 형세는 역전하게 된다.

칙천 스님의 사족과 같은 말을 듣고 거사가 즉각 "큰스님께서는 주인이 있는 것만 알고, 손님이 있는 줄은 모르십니다."라고 말하니, 칙천 스님이 시자를 불러 차를 달이라고 했다. 그러자 거사는 춤을 추면서 나가 버렸다. 거사의 말은 칙천 스님의 허점을 보고 바로 내리친 결정타이다. 독각승은 다른 사람을 안중에 두지 않는다. 상구보리만 있지 하화중생은 없다. 오직 자기만 존재한다. 주인인 자신만 관심의 대상이지 손님이라는 존재는 구제의 대상이 아니다. 그런데 이제 와서 칙천 스님은 손님과 대치되는 주인임을 주장하고 있다. 그렇다면 당연히 손님을 함께 생각하는 주인이 되어야 한다. 그런데도 칙천 스님은 손님을 홀대하고 있다는 것이다.

칙천 스님이 시자를 불러 차를 달이라고 한 것은 거사를 이젠 손님으로서 대접하려고 하는 것이다. 그러나 그것은 이미 제2기에 떨어져 버린 것이다. 완전히 후수로 뒤바뀐 뒤의 일이다.

그렇다면 이렇게 자신이 후수가 된 것을 알면서도 칙천 스님은 왜 거사에게 차를 주려고 한 것일까? 그것은 지금에 와서 비로소 '손님이 있는 것'을 생각한 그가 '주인'으로서 그런 대로의 배려를 표현한 것이라고 할 수 있다. 구제할 중생이 주변에 있는 것을 인정하고 이웃과 함께 하는 수행이 참된 수행임을 가르쳐주고 있는 것이다. 이것을 알아차린 거사는 기쁨에 충만했다. 차를 마실 필요도 없는 것이다. 춤을 추면서 나갔다는 것은 차를 마시는 것, 즉 손님의 신분으로 있는 것을 거부함과 동시에 칙천 스님을 다시 주인의 세계로 돌려준 것이다. 왜냐하면 모두가 주인이기 때문이다.

14. 낙포(洛浦)와의 대화

14-1 더위와 추위

居士가 到洛浦禪師하여 禮拜起曰, 仲夏毒熱하고 孟冬薄寒이니다 浦曰, 莫錯하라 士曰, 龐公年老하니이다 浦曰, 何不寒時道寒하고 熱時道熱고 士曰, 患聾作麼아 浦曰, 放汝二十棒하리라 士曰, 瘂却我口하고 塞却汝眼이로다

해석

거사가 낙포 선사(洛浦禪師)의 처소에 와서, 예배하고 일어서서 말했다.

"한여름은 찌는 듯이 덥고, 초겨울은 으스스하게 춥습니다."

"아니지, 틀렸습니다."

"이 방 선생이 나이가 많기 때문입니다."

"어째서 추울 때는 춥다고 말하고, 더울 때는 덥다고 말하지 않습니까?"

"귀머거리에게 무엇이라 말하겠습니까?"

"당신에게 방망이 20대를 먹여야 하겠지만, 그냥 넘어갑니다."

"내 입은 벙어리가 되었고, 당신 눈은 덮여져 있습니다."

강설

　『전등록』제28권에는 "도는 수행이 필요치 않으니 더럽히지만 말라. 무엇을 더럽힌다고 하는가? 생사의 마음을 가지고 애써 향해 나가려 하면 모두가 더럽히는 것이다. 그 도를 당장에 알고자 하는가? 평상심(平常心)이 도이다. 무엇을 평상심이라 하는가? 조작이 없고, 시비가 없고, 취사(取捨)가 없고, 단상(斷常)이 없고, 범부와 성인이 없는 것이다."라는 마조 스님의 법문이 있다. 그리고 '평상심이 도' 라는 말은 '마음이 곧 부처' 라는 말과 함께 마조 스님의 가장 대표적인 사상으로 자리매김하고 있다.

　이번의 대화는 '평상심이 도' 라는 것을 가지고 전개된다. 거사가 낙포 선사(洛浦禪師)의 처소에 와서, 예배하고 일어서서 "한여름은 찌는 듯이 덥고, 초겨울은 으스스하게 춥습니다." 라고 말했다.

　낙포 선사(洛浦禪師)는 전기가 전혀 나타나 있지 않은 스님이다. 어떤 사람들은 『종용록』35칙과 41칙에 등장하는 낙포원안(洛浦元安 : 805~881) 스님을 같은 인물로 보기도 하지만, 방거사가 808년에 입멸한 것을 생각하면 시대가 맞지 않는다. 하여튼 거사가 낙포 스님에게 한 말은 당시에 일반적으로 사용되던 계절의 인사법 문구를 두 개 말하고 있다. 즉 당시의 중국에서는 사계절의 각 달마다 상대의 신분에 맞게 사용하는 각종 인사의 용어가 있었는데, 그 중의 두 개를 붙여서 말하고 있는 것이다. 『조주록』에는 그가 처음 남전 스님을 친견할 때의 상황을 이렇게 기록하고 있다.

남전 스님이 조주에게 물었다.

"너는 주인이 있는 사미냐, 주인이 없는 사미냐?"

"주인이 있는 사미입니다."

"누가 너의 주인이냐?"

"초봄이라 하지만 아직도 날씨가 차갑습니다(孟春猶寒). 바라옵건대, 큰스님께서는 기거하심에 존체 만복하소서."

남전 스님은 이에 유나(維那)를 불러 말씀하셨다.

"이 사미에게는 특별한 곳에 자리를 주도록 하라."

위의 조주 스님의 말은 바로 중국인의 인사법을 따르고 있고, 거사의 말 역시 궤를 같이 하고 있다. 거사가 말하고 있는 중하(仲夏)는 5월, 맹동(孟冬)은 10월, 그리고 조주 스님이 말한 맹춘(孟春)은 정월이라는 것을 참고로 밝혀 둔다. 이러한 거사의 말에 낙포 스님이 "아니지, 틀렸습니다."라고 응수하니, 거사는 "이 방 선생이 나이가 많기 때문입니다."라고 대답했다. 낙포 스님의 말은 거사의 표현이 잘못되었다는 것이 아니다. 그 말을 하기까지의 평상심이 아닌 조작과 취사의 분별심이 본래인의 작용은 아니라는 것이다. 그러나 거사는 "나이가 많은 탓으로 이렇게밖에 말하지 못한다."라고 조금 멍청하게 말하는 것으로 상대방을 물리치고 있다. 그러나 이 말 속에는 비수가 숨겨져 있다. 거사의 속내는 낙포 스님이 1년 4계절을 어떻게 살고 또한 행동하고 있는가를 단적으로 묻고 있는 것이기 때문이다.

그러자 낙포 스님은 "어째서 추울 때는 춥다고 말하고, 더울 때는 덥다고 말하지 않습니까?"라고 반문한다. 『조주록』에는 "내 그대들에게 말하는 법을 일러주겠다. 만약 사람들이 갑자기 '조주 스님은 무슨 법문을 하시던가?'라고 묻거든, 그저 '추우면 춥다고 하고 더우면 덥다고 하더라.'라고 대답해 주라."라는 법문이 있다. 일체의 작위나 취사를 버린 평상의 마음으로 여법한 생활 가운데서 도 그 자체를 즐긴다고 하는 취지다. 낙포 스님의 말 역시 조주 스님의 말이나 위의 마조 스님의 '평상심이 도'라는 것을 말하고 있다. 그리고 '이것이 나의 삶이고 행동이다.'라고 거사에게 보여주고 있다.

이에 거사는 "귀머거리에게 무엇이라 말하겠습니까?"라고 반격을 가한다. '그런 귀머거리 같은 짓은 하지 말라.'는 뜻이다. 즉 '방 선생이 나이가 많다.'고 말한 것을 듣지 못했다고는 말하지 말라는 것이다. 거사가 낙포 스님의 '틀렸다'라는 말을 '방 선생이 나이가 많다'라고 물리친 것은 위에서 말한 것처럼, 그의 최초의 발언인 "한여름은 찌는 듯이 덥고, 초겨울은 으스스하게 춥다."라는 말에 대한 고집이다. 즉 낙포 스님을 '귀머거리가 되었다.'라고 단정한 것은 그가 자신의 발언에 귀를 기울이려고 하지 않았다는 점을 반격함과 동시에 낙포 스님의 "어째서 추울 때는 춥다고 말하고, 더울 때는 덥다고 말하지 않는가?"라는 그의 삶의 형태를 거부하는 입장을 취한 것이다. 거사는 어떤 관점에서, 왜 낙포 스님의 '평상심이 도'를 거부한 것일까?

이 점을 밝히기 위해서는 거사의 최초의 발언과 낙포 스님의 '평상심이 도'를 대비해 볼 필요가 있다. 먼저 거사는 '찌는 듯이 덥고 으스스하게 추움'을 안이하게 털어버리고 평상심에 빠져 드는 것을 하지 않았다.

거사가 처음부터 한여름과 초겨울의 기묘한 병렬을 일구 가운데 넣어서 인사를 한 것은 낙포 스님을 점검하기 위한 것이었다. 그런데도 낙포 스님은 그것을 알아차리지 못하고 거사의 평상심을 틀렸다고 부정하고는 춥고 더움만을 들고 나온 것이다. 여기서 거사는 낙포 스님의 생활을 관념적인 평상심에 머물고 있다고 보고 거부한 것이다. 그렇다. 마조 스님의 평상심이 곧 도라는 말은 관념이 아니라 체득이다. 체득이 없이, 즉 '산이 산이 아닌 것'을 경험하지 못한 '산이 곧 산이라는 말'은 범부도 할 수 있는 소리이다. 거사는 낙포 스님에게서 이것을 읽은 것이다.

그러자 낙포 스님은 "당신에게 방망이 20대를 먹여야 하겠지만, 그냥 넘어갑니다."라고 말했고, 거사는 "내 입은 벙어리가 되었고, 당신 눈은 덮여져 있습니다."라고 대답했다.

낙포 스님은 거사의 완강한 저항에 놀라서 물러서고 있다. 그렇다고 해서 거사를 반격할 만한 살아 있는 수단도 없다. 거사의 빈틈없는 자기 정립은 그 나름의 평상심이 도임을 인정하지 않을 수 없을 정도로 공고(鞏固)하다. "당신에게 방망이 20대를 먹여야 하겠다."라는 발언에는 그러한 속내가 묻어 있다.

방망이 20대를 먹일 허물을 찾을 수 없으니 그냥 넘어갈 수밖에 없는 것이다. 구태여 그 허물을 찾아보자면 나이가 많음을 내세워 거만하게 뽐낸 정도라고 할까!

"내 입은 벙어리가 되었고, 당신 눈은 덮여져 있다."라는 거사의 마지막 말은 스님이 그렇게 나오니, 나는 더 이상 할 말이 없다는 종전(終戰)의 선언이다. 당신과는 말이 통하지 않으니 내가 벙어리가 되고 말았다.

그러나 스님의 눈은 어떠한가? 스스로 눈을 가리고 있기 때문에 실상을 보지 못하고 있다는 것이다.

이렇게 해서 이번의 법거량은 거사의 일방적인 승리로 끝나고 있다.

15. 석림(石林)과의 대화

15-1 단하(丹霞)의 작용

石林和尚이 見居士來하고 乃竪起拂子曰, 不落丹霞機하고 試道一句子하라 士奪却拂子하고 却自竪起拳하다 林曰, 正時丹霞機로다 士曰, 與我不落看하소서 林曰, 丹霞는 患瘂하고 龐公은 患聾이로다 士曰, 恰是라한대 林無語하다 士曰, 向道偶爾로다 林亦無語하다

해석

석림 화상(石林和尚)이 거사가 오는 것을 보고, 불자(拂子)를 들어 세우고 말했다.

"단하(丹霞)의 작용에 떨어지지 않고서 한 마디 일러보시오."

그러자 거사는 불자를 빼앗아 가진 후, 이번에는 자기의 주먹을 들어 보였다. 이에 석림 스님이 말했다.

"이것이야말로 단하가 펼친 작용이다."

"나에게 단하의 작용에 떨어지지 않는 것을 한번 보여주시오."

"단하는 벙어리고, 방 선생은 귀머거리다."

"정말 그렇군요."

석림 스님은 아무 말이 없었다. 이에 거사가 말했다.

"아까는 우연히 그렇게 말이 나온 것인데."

석림 스님은 역시 아무 말이 없었다.

강설

석림 스님은 마조 스님의 법을 이은 인물인데 자세한 전기는 알려져 있지 않다. 이 석림 화상(石林和尙)이 어느 날 거사가 오는 것을 보고, 불자(拂子)를 들어 세우고 "단하(丹霞)의 작용에 떨어지지 않고서 한 마디 일러보시오."라고 말했다. 석림 스님은 거사가 단하 스님과 절친한 도반인 것을 이미 알고 있었다. 때문에 그는 거사의 선풍(禪風)에 단하선의 색깔이 투영되어 있을 것이라고 생각했다. 거기에서 그는 단하 스님 종풍(宗風)의 흔적을 완전히 지우고 거사의 독자적인 대자유인의 경지를 보이라고 요구하고 있다.

그러자 거사는 불자를 빼앗아 가진 후, 이번에는 자기의 주먹을 들어 보였다. 이에 석림 스님이 "이것이야말로 단하가 펼친 작용이다."라고 말했다. 거사가 석림 스님의 불자를 빼앗아 가졌다는 것은 '단하의 작용에 떨어지지 않고서' 라는 한정된 질문 그 자체를 먼저 털어버린 것이다. 사실 단하 스님과 거사는 출가 이전부터의 친구이고, 승속으로 나뉜 이후에도 탁마의 도반으로 지내고는 있지만 피차간에 선풍에 영향을 끼치는 관계는 아니었다. 때문에 단하의 작용에 떨어지지 않는다는 전제가 벌써 성립되지 않는다는 강력한 표현이다. 이어서 자기의 주먹을 세웠다는 것은 단하가 본래 상정될 수 없는 곳에 있는 거사의 독자적인 선풍을 제시한 것이다.

이에 대하여 석림 스님은 독자적인 거사의 선의 작용을 단하의 것이라고 우기고 있다. 그러나 석림 스님의 속내는 거사가 비록 단하선의 영향을 받지 않고 있다고 해도, 지금 거사가 보인 작용은 역시 독자적인 것은 아니라는 것이다.

여기에서 거사가 "나에게 단하의 작용에 떨어지지 않는 것을 한번 보여주시오."라고 말하니, 석림 스님은 "단하는 벙어리고, 방 선생은 귀머거리다."라고 대답했다. 문제의 소재가 단하의 작용에서 개인의 선의 작용으로 이동된 것을 간파한 거사는 역습을 가하고 있다. 그렇다면 어느 누구의 영향도 받지 않은 석림 스님의 독자적인 선풍을 한번 보이라고 거사는 요구하고 있는 것이다. 그러나 석림 스님은 스스로의 선의 작용을 단적으로 제시하지 않고, "단하는 벙어리고, 방 선생은 귀머거리다."라는 말로 단하와 거사의 선을 비판하는 것으로 그것을 대신했다.

『벽암록』 제88칙에는 "여러 총림의 노스님들이 모두 사람을 제접하고 중생을 이롭게 한다고 하나, 갑자기 귀머거리, 봉사, 벙어리가 찾아왔을 때는 어떻게 맞이하겠는가? 봉사에게 백추를 잡고 불자를 곧추세워도 그는 보지 못하며, 귀머거리는 일체의 어언삼매(語言三昧)도 듣지 못하고, 벙어리에게는 말을 하도록 시켜도 하지 못한다. 이들을 어떻게 맞이할까? 만일 이들을 제접하지 못한다면 불법은 영험이 없는 것이다."라는 현사 스님의 법문이 있다. 지각이나 인식을 넘어선 진리를 사람들에게 이해시킬 수 있는 도리는 무엇인가라는 물음이다.

석림 스님이 말하고 있는 "단하는 벙어리다."라는 것은 그의 선의 작용은 언어표현을 끊고 있다는 표현이고, "방 선생은 귀머거리다."라는 것은 어설픈 언어삼매는 거사에게는 전혀 통용되지 않는다는 의미이다. 특히 거사를 향한 비평 속에는 무엇을 설해주어도 듣지 않는 거사의 견고한 자기정립을 칭찬하는 속내가 녹아 있다.

그러자 거사가 "정말 그렇군요."라고 말하니, 석림 스님은 아무 말이 없었다. 이에 거사가 "아까는 우연히 그렇게 말이 나온 것인데."라고 말했지만, 석림 스님은 역시 아무 말이 없었다. 석림 스님이 자신의 반격을 회피하고 대신 단하와 자기의 선풍을 비평한 것을 거사는 일단은 긍정해주었다. 그러나 속내는 왜 대답을 회피하는가라는 추궁이다. 그렇지만 석림 스님은 역시 대답을 하지 못하고 있다. 거사의 다음 말은 "정말이지 그렇다."라는 자신의 말을 당신은 진정으로 받아들이고 있는가라는 물음이다. 확인 사격이다. 그 확인 사격에 석림 스님은 역시 묵묵부답이다. 오늘 석림 스님은 거사의 적수가 못된 것이다.

15-2 언구(言句)를 아끼지 말라

林이 一日에 問居士하대 某甲이 有箇借問하니 居士는 莫惜言句하라 士曰, 便請擧來하소서 林曰, 元來惜言句로다 士曰, 這箇問訊은 不覺落他便宜로다 林乃掩耳하다 士曰, 作家로다 作家로다하다

266

해석

어느 날 석림 스님이 거사에게 물었다.

"한 가지 여쭈어 볼 것이 있습니다. 거사님께서는 언구(言句)를 아끼지 말아주십시오."

"무슨 말씀인지 들어봅시다."

"벌써 언구를 아끼고 계십니다."

"이 질문에는 조금 멋들어지게 속아 넘어가려고 한 것입니다."

그러자 석림 스님은 양손으로 귀를 막았다. 이에 거사가 말했다.

"과연 수완가다. 과연 수완가야."

강설

어느 날 석림 스님이 거사에게 "한 가지 여쭈어 볼 것이 있습니다. 거사님께서는 언구(言句)를 아끼지 말아주십시오."라고 말했다. '언구를 아끼지 말라'는 조건을 붙인 것은 그 물음 자체가 언설을 초월한 문제의 제기인 것을 암시하고 있다. 때문에 이 문제는 언설을 초월한 곳을 언구를 사용해서 대답하라는 것이다. 이러한 이율배반적인 질문은 앞에서도 수차례 있었다. 가령 '6-2'에서 백령 스님이 "말을 해도 말을 하지 않아도, 어느 쪽도 피하지 못한다. 대체 무엇으로부터 피하지 못하는지, 그대가 한번 말해 보시오."라는 것과 같은 취지다. 지각이나 인식을 넘어선 진리를 당신의 언구로써 말해 달라, 언구를 아껴서 사용하지 않는 입장은 용인하지 않겠다는 감당하기 어려운 질문이다.

이에 거사가 "무슨 말씀인지 들어봅시다."라고 하니, 석림 스님은 "벌써 언구를 아끼고 계십니다."라고 말했다. 언설을 여읜 진리를 언설로써 표현하라는 요구에 거사는 '무슨 말인지 들어보자.'라고 대답했다. 어찌 보면 이 말은 석림 스님에게 본론을 요구하는 것처럼 들릴 수도 있다. 그러나 이 말은 본론의 요구가 아니라 언설을 여읜 진리를 언설로써 표현한 것이다. 물음이 포함하고 있는 암시를 충분히 이해한 위에서 살짝 응한 것이지만, 그 응한 태도가 실은 그 암시 자체에의 단적인 회답인 것이다. 여기에 선문답의 묘미가 있다. 간결하고 담백한 맛이 나는 선의 작용이라 하지 않을 수 없다.

이어지는 석림 스님의 "벌써 언구를 아끼고 있다."라는 단정은 위에서 말한 거사의 응답을 바로 읽고 한 말로, 석림 스님의 예리한 선의 작용을 정면에서 드러내 보인 것이다. 거사의 응답이 '언구를 아낀' 대답으로 바뀌어 이해될 수 있다는 사실을 거사 자신도 미처 생각하지 못한 것이다. 거사가 허점을 드러낸 것이다. 이 점을 석림 스님은 놓치지 않고 반격한 것이다.

그러자 거사는 "이 질문〔問訊〕에는 조금 멋들어지게 속아 넘어가려고 한 것〔落他便宜〕입니다."라고 말했다. 거사의 말은 허점을 돌출시킨 자신의 패배에 대한 지극히 솔직한 독백이다. 질문이라고 번역한 '문신'은 대면의 인사의 말로 사용되는 아주 진지한 질문을 의미하고, 속아 넘어가려고 한 것이라는 '낙타편의'란, 인사말의 페이스에 놀아나고 말았다, 그놈에게 멋지게 당했다는 뜻이다. 이러한 어투는 석림 스님이 처음 말한 것이 자신을 함정에 빠뜨리기 위해서 꾸민 계책의 물음이었는가, 즉 언설을 넘어선 것을 언설로써 말해보라는 원리적인 물음이 관심사였던 것은 아니었는가라는 조금은 불편한 심기를 담고 있다. 앞에서도 말한 것처럼, 거사는 '무슨 말인지 들어보자.' 라고 깨끗이 응했다. 석림 스님의 다음 질문에 진지하게 응답할 계획이었다. 그러나 석림 스님은 거사의 허점을 파고들어 공격을 했고, 정말 기가 질린 거사는 항복의 말을 하고 만 것이다.

거사의 말에 석림 스님은 양 손으로 귀를 막았다. 이에 거사가 "과연 수완가다. 과연 수완가야." 라고 말했다. 거사의 솔직한 패배의 독백은 석림 스님의 귀를 예리하게 찔렀다. 비록 거사의 항복을 받아내긴 했지만, 언설을 넘어선 것을 언설로써 말하는 것의 엄격함과 곤란함, 그리고 두려움을 알면서도 그것을 거사에게 강요한 자신을 살펴보게 한 것이다. 그것도 거사가 자신의 의도를 알아차리고 항복했을 때야 더할 나위가 있겠는가! 그래서 석림 스님은 귀를 막은 것이다.

그러나 거사는 '과연 수완가' 라고 석림 스님을 찬탄하고 있다. 석림 스님이 스스로를 반성하고 있는 것에 깊은 공감을 섞은 찬탄이다. 거사는 자기 자신의 항복의 독백이 그 정도로까지 석림 스님을 강타하고, 그렇게 통렬한 자성을 불러 일으킬 것이라고는 생각하지 못했다. 그런데도 그러한 효과가 생길 수 있었던 것은 바로 석림 스님의 수승한 자질 때문인 것이다. 여기서 거사는 스님을 향한 감동과 찬탄이 '수완가' 라는 말로 표현된 것이다.

15-3 입이 있어도 말할 수 없다

林이 一日에 自下茶與居士하니 士纔接茶하거늘 林乃抽身退後曰,
何似生고 士曰, 有口道不得이니다 林曰, 須是恁麼라야 始得다 士拂
袖而出曰, 也太無端이로다 林曰, 識得龐翁了也라하니 士却回하다
林曰, 也太無端이로다 士無語어늘 林曰, 你也解無語로다하다

해석

어느 날 석림 스님이 거사에게 손수 차를 대접했다. 거사가 찻잔을 잡
으려고 하자, 석림 스님은 몸을 거의 뒤로 젖히고 말했다.

"자! 어떻습니까?"

"입이 있어도 아무 말 할 수 없습니다."

"그렇지 않고서는 안 되지."

거사는 획 옷소매를 떨치고 나가면서 말했다.

"너무 방정맞다."

"방 선생님을 다 알아버렸습니다."

이에 거사가 되돌아오자, 석림 스님이 말했다.

"너무 방정맞다."

거사는 말이 없었다. 그러자 석림 스님이 말했다.

"아! 무언(無言)에도 아주 능숙하십니다."

270

강설

어느 날 석림 스님이 거사에게 손수 차를 대접했다. 거사가 찻잔을 잡으려고 하자, 석림 스님은 몸을 거의 뒤로 젖히고 "자! 어떻습니까?"라고 말했다. 유마 거사가 걸식하러 온 수보리에게 보시할 때의 이야기를 상기하게 하는 상황이다.

이미 우리들은 대육과의 대화 '12-1'에서 『유마경』「제자품」을 통하여 이 상황을 살펴보았는데, 거기에는 "수보리여, 만약 음식에 대하여 평등할 수가 있으면 모든 것에 대해서도 평등할 수가 있어야 합니다. 모든 것에 대하여 평등할 수가 있으면 음식에 대해서도 평등한 것입니다. 이러한 자세로 걸식을 하고 다닐 수가 있으면 주어진 것을 먹어도 좋습니다."라는 유마 거사의 말이 있었다. 여기에서 석림 스님이 '어떤가'라고 질문한 것도 대육 스님 때와 마찬가지로 '나라고 하는 이 유마에 대해서, 자네 수보리는 어떻게 대응하겠는가?'라는 점검의 질문이다.

그러자 거사는 "입이 있어도 아무 말 할 수 없습니다."라고 대답했다. 저 때의 수보리처럼, 나는 입은 있지만 아무 것도 말할 수 없다는 대답이다. '할 말이 없다.'가 아니고, '말할 수가 없다.'라는 어투다. 지금까지의 대화에서도 '말함과 말하지 않음'의 대결에 있어서 가끔 논제가 되었는데, 여기에서도 그 언설로써의 무게를 이 말은 짊어지고 있다. 즉 저 때의 수보리 존자는 유마 거사에게 꼼짝 못해서 반격의 언설도 없이, 입도 떼지 못하고 잠시 망연히 있었다고 했다. 그러나 수보리 존자가 아무 말도 할 수 없었던 이유를 단지 망연자실한 탓이라고만 말할 수 없는 것이다. 왜냐하면 '말할 수가 없다.' 라는 말은 '언설로써는 표현할 수 없는 나변(那邊)의 소식까지도 동시에 가지고 있기 때문이다. 때문에 지금 거사는 언설을 여의고 있는 진리는 말할 수 없다는 입장에 선 수보리가 되어서 대답하고 있는 것이다.

이에 석림 스님이 "그렇지 않고서는 안 되지."라고 말하니, 거사는 홱 옷소매를 떨치고 나가면서 "너무 방정맞다."라고 말했다. 석림 스님의 말은 "입이 있어도 아무 말 할 수 없다."라는 거사의 응답을 시인한 말이기는 하지만, 그것뿐으로 거사에게 차를 주고 싶지 않다는 것이다. 그러자 거사는 옷소매를 떨치고 나섰는데, 이것은 석림 스님이 유마 거사로서의 행동을 하지 않았기 때문이다. 『유마경』에서는 유마 거사가 최후에 밥을 가득 담은 발우를 수보리 존자에게 주어서 돌아가게 했다는 문맥으로 되어 있다. 그런데도 지금 상황은 이쪽이 스스로 수보리로서 여법하게 앉아서 기다리고 있는데, 상대방은 여법한 유마로서 대응하지 않기 때문에 거사는 결연하게 자리를 떠난 것이다. 그것도 화가 나서 하는 표현인 '너무 방정맞다.' 는 말을 남기고.

그러자 석림 스님이 "방 선생님을 다 알아버렸습니다."라고 하자, 거사가 되돌아왔다. '방 선생님을 다 알았다.' 는 말은 당신의 행동과 말을 통해서 그대의 본성을 다 보았다는 것이다. 그것도 수승한 수보리가 아니고, 입은 있어도 아무 말도 할 수 없는 곳에 서 있지 않은 성질 고약한 방 선생님을 보았다는 것이다. 이에 거사는 돌아왔다. 왜 되돌아 왔는가? '당신을 보아버렸다.' 고 뒤집어 씌웠기 때문이다. 그리고 어떻게 보았는가를 들어보려고 생각했기 때문이다. 들어본 뒤에 그 때야말로 수보리가 아닌 방 선생으로서 다시 대결해 보려고 생각했기 때문이다.

　이에 석림 스님이 "너무 방정맞다."라고 말했으나 거사는 말이 없었다. 그러자 석림 스님이 "아! 무언(無言)에도 아주 능숙하십니다."라고 말했다.

　석림 스님의 '너무 방정맞다.' 라는 말은 대화에서 빠져나오겠다는 말이다. 공격하고는 적시에 철수하는 게릴라식 장수의 면모다. 여기에서 거사는 순간적으로 멍하게 되었다. 거사가 말이 없었던 것은 멍한 데서 생긴 공백을 의미하고 있다. 이어지는 '무언(無言)에도 능숙하다.' 라는 말은 석림 스님의 일방적인 휴전 선언이다. 거사의 앞의 답인 '입이 있어도 말할 수 없다.' 라는 말을 그대로 역수로 이용하여 상대방의 입을 봉해 버린 것이다. 이제 남은 일은 차나 마시는 일이다.

16. 앙산(仰山)과의 대화

16-1 앙산(仰山)인가 복산(覆山)인가

居士가 訪仰山禪師하여 問하대 久嚮仰山에 到來爲甚麼却覆고 山竪起拂子하니 士曰, 恰是로다 山曰, 是仰인가 是覆인가 士乃打露柱曰, 雖然無人이나 也要露柱證明하도다 山擲拂子曰, 若到諸方하면 一任擧似하노라하다

해석

거사가 앙산 선사(仰山禪師)를 방문하여 여쭈었다.

"오래 전부터 앙산(仰山)을 뵙고자 했습니다만, 그런데 와서 보니 엎드려 있는 것은 무슨 경우입니까?"

그러자 앙산 스님은 불자(拂子)를 들어 세웠다. 이에 거사가 말했다.

"정말 그렇군요."

앙산 스님이 말했다.

"위를 향해서 있는가, 엎드려져 있는가?"

그러자 거사가 노주(露柱)를 탁 치고 말했다.

"공교롭게도 다른 사람은 없습니다만, 이 노주가 증명해 주기를 바랍니다."

앙산 스님은 불자를 던져버리고 말했다.

"자네가 제방의 선사들을 친견할 때, 이 일을 마음대로 말해줘도 상관없네."

강설

1) 거짓 도인

앙산(仰山)이라는 이름으로 널리 알려진 스님 가운데 위산(潙山) 스님의 법을 이은 앙산혜적(仰山慧寂 : 807~883)이 있다. 그러나 혜적 스님과 거사는 시대가 맞지 않기 때문에 지금의 앙산 스님과는 다른 사람이다. 역시 전기는 알려져 있지 않은데, 거사가 이 앙산 선사(仰山禪師)를 방문하여 "오래 전부터 앙산(仰山)을 뵙고자 했습니다만, 그런데 와서 보니 엎드려 있는 것은 무슨 경우입니까?"라고 여쭈었다.

앙산이란 문자대로 해석하면 '위로 향한 산'이라는 뜻이다. 거사는 앙산 스님의 법호를 법거량의 소재로 하여 공격을 시작한 것이다. 즉 "진작부터 위로 향한 산을 보고 싶었는데, 막상 와서 보니 위로 향하여 있지 않고 엎드려져 있다. 도대체 어찌된 영문인가?"라는 것이다. 초대면의 앙산 스님을 먼저 흔들어서, 어떻게 나오는가를 시험해 보기 위하여 일부러 비꼬는 질문을 한 것이다. 물론 그 때 앙산 스님이 머리를 숙이고 있었다든가, 혹은 스스로를 닫은 형태로 살고 있다든가 하는 경우는 아니다.

이에 앙산 스님이 불자(拂子)를 들어 세우니, 거사가 "정말 그렇군요."라고 말했다. 방바닥에 놓여져 있던 불자를 세우면 앙(仰)이 되고 다시 놓으면 복(覆)이 된다. 앙산 스님은 불자를 세움으로써 '앙인가? 복인가?'라는 질문 그 자체를 털어버린 '이것이 앙산이다.'라는 것을 보여주고 있다. 그러자 거사 역시 '그렇다.'고 앙산 스님의 응수를 긍정했다.

그러나 앙산 스님이 "위를 향해서 있는가, 엎드려져 있는가?"라고 사족을 달아서 반문하니, 거사는 노주(露柱)를 탁 치고 "공교롭게도 다른 사람은 없습니다만, 이 노주가 증명해 주기를 바랍니다."라고 말했다. 앙산 스님이 불자를 세워서 들고 "위로 향하고 있는가, 엎드려져 있는가."라고 묻는 것은 실은 자신이 "위로 향하고 있는가, 엎드려져 있는가."를 묻고 있는 것이다. 그리고 이 반문은 "정말 그렇다."라는 거사의 대답에 마음이 걸려서 사족을 단 것이다.

또한 거사의 대답이 마음에 걸렸다는 것은 불자를 세워서 보인 그의 본래인이 공고하면서 원만구족한 정립이 아닌 것을 드러내고 있는 것이다. 그러면서도 그는 자신의 본래인이 완전무결한 것이라고 생각하고 있는 것이다. 때문에 그는 거사에게 자신의 자기정립을 '앙복(仰覆)'의 물음을 통해 역수로 이용하여 묻고 있는 것이다. 만약 앙산 스님이 이 사족을 붙이지 않았다면 어떻게 되었을까? 필자의 생각으로는 거사가 속을 수도 있다고 여겨진다. 그러나 앙산 스님은 사족으로 말미암아 파탄이 저절로 드러나고 말았다.

2) 불망어계

거사가 노주를 치고 "다른 사람은 없지만, 이 노주가 증명해줄 것이다."라고 한 말은 앙산 스님에게는 말이 통하지 않는다고 간파하고, 양자의 흑백을 분명히 할 증인으로서 노주를 지정한 것이다. 물론 제삼자가 같이 있었다고 해도 거사는 역시 노주를 증인으로 세웠을 것이다. 노주(露柱)는 선종어록에 자주 나타나는데, 구체적으로는 어떤 것인지 알 수는 없다. 글자 면에서 살펴보면 건물 바깥 노천에 세워져 있는 돌이나 나무로 된 기둥이라고 생각된다. 아마도 법당이나 승당 앞의 정원이나 돌계단의 밑에 세워서, 어떤 문자를 조각한 것일지도 모르겠다. 『벽암록』제83칙에는 이렇게 설시되어 있다.

운문 스님이 대중 법문을 하였다.

"고불(古佛)과 노주가 사이좋게 지내는데, 이는 몇 번째 등급일까?"

스스로 대신하여 말하였다.

"남산에 구름 일어나니, 북산에 비가 내린다."

그러자 앙산 스님은 불자를 던져버리고 "자네가 제방의 선사들을 친견할 때, 이 일을 마음대로 말해줘도 상관없네."라고 말했다. 앙산 스님은 여전히 자신이 바른 깨달음을 얻었다고 생각하고 있다. "이 일을 마음대로 말해줘도 상관없다."라는 말은 "나의 깨달음의 상태에 관해서는 천하 사람의 평가에 맡겨두라."는 것이다. 그러나 거사로서는 그 노주의 판정에서 이미 충분한 것은 말할 필요도 없다.

서두의 "오래 전부터 앙산을 뵙고자 했다."는 거사의 표현처럼, 거사는 오래 전부터 앙산 스님의 명성을 듣고 있었는지 모른다. 그것은 스님이 주변에서는 대도인으로 소문이 자자했던 것을 말해준다. 아니면 스님스스로 깨달았다고 큰소리치고 있었는지 모른다. 그러나 실제로 거사가 만나본 앙산 스님은 깨달음과는 거리가 먼 인물이었다. 소위 사이비 도인이었다.

이러한 일들은 요즈음도 비일비재하다. 한소식했다, 깨달았다 등등의 허황된 소리를 하면서 선남선녀를 속이는 무리가 적지 않다. 계율 가운데 4바라이법(四波羅夷法)이 있다. 이 계를 범하면 다시는 스님이 될 수없는 중죄를 말한다. 이 가운데 네 번째가 불망어(不妄語)인데, 이것을 율전에서는 "만일 비구가 아무 것도 아는 것이 없이 자칭 '내가 성인법(聖人法)을 얻었다.' 라는 망어를 하면 이것은 비구의 바라이니 같이 있지 못한다."라고 설하고 있다. 즉 거짓말이 바라이에 해당되는 이유는 깨닫지 못한 사람이 깨달았다고 하는 죄가 그만큼 크기 때문이다.

수행자 스스로도 견성하지 못하고서 깨달았다고 거짓말하지 말아야 하고, 신도들도 무엇을 얻었다고 큰소리치는 사람을 믿지 않아야 한다. 왜냐하면 본래 얻을 것이 없는데, 그것을 얻었다고 하면 그 자체가 벌써 잘못된 것이기 때문이다. 본 어록에 이 난이 설정되어 있는 이유는 이러한 점을 염두에 둔 편집이 아닐까 여겨진다.

17. 곡은(谷隱)과의 대화

17-1 삿된 무리의 퇴치

居士가 訪谷隱道者하니 隱問曰, 誰오 士竪起杖子하니 隱曰, 莫是上上機麼아 士抛下杖子하니 隱無語하다 士曰, 只知上上機하고 不覺上上事로다 隱曰, 作麼生이 是上上事오 士拈起杖子어늘 隱曰, 不得草草어다 士曰, 可憐强作主宰로다 隱曰, 有一機人하니 不要拈槌竪拂하고 亦不用對答言辭로다 居士若逢이면 如何則是오 士曰, 何處逢고 隱이 把住한대 士乃曰, 莫這便是否아하고 驀面便唾어늘 隱無語하다 士與一頌曰, 熖水無魚下底鉤에 覓魚無處笑君愁로다 可憐谷隱孜禪伯이여 被唾如今見亦羞로다

해석

거사가 곡은도자(谷隱道者)를 방문하니, 곡은이 "누구십니까?" 라고

물었다. 거사가 지팡이를 들어서 세웠다. 곡은이 "그것이 상상기(上上機)입니까?"라고 말했다. 거사가 지팡이를 던져버리자, 곡은은 말이 없었다. 거사가 말했다.

"단지 상상기를 알 뿐, 상상사(上上事)는 깨닫지 못했습니다."

"어떤 것이 상상사입니까?"

그러자 거사는 지팡이를 잡아서 일으켰다. 곡은이 말했다.

"조잡한 흉내는 그만 두시오."

"억지로 주인공이 되어보려고 애쓰는 것이 애처롭소."

"여기에 하나의 작용을 갖춘 사람이 있다. 추자(槌子)를 드는 일도 불자(拂子)를 세우는 짓도 하지 않는다. 대답도 언사(言辭)도 필요로 하지 않는다. 이러한 사람을 거사가 만난다면, 어떻게 나가야 좋겠습니까?"

"어디에서 만납니까?"

곡은이 거사를 꽉 잡았다. 그러자 거사는 "이것이 그것이라는 것입니까?"라고 말하고, 얼굴에다 침을 뱉었다. 그러나 곡은은 아무 말이 없었다. 거기에서 거사는 송(頌)을 한 수 지어주었다.

"펄펄 끓는 물 속에는 물고기가 살지 못하는데
그대는 거기에 낚싯대를 드리우는구나.
어디에도 물고기는 찾을 수 없으니
탄식하는 그대가 우습기 그지없네.
가련하기 짝이 없는 곡은산(谷隱山)의
선객(禪客)인 척하는 자(孜)형이여.

이제는 침까지 뱉어버렸으니

나 보기가 오히려 부끄럽구나."

강설

1) 야호선(野狐禪)

위의 앙산 스님을 통하여 견성하지 못한 스님이 깨달은 척하며 큰스님 행세를 하는 예를 보았다. 이렇게 깨닫지 못한 자가 이미 깨달은 체하여 사람을 속이는 것을 가리켜 선종에서는 야호선(野狐禪)이라고 한다. 이렇게 야호선을 하는 사람은 승속의 구분이 없다. 앙산 스님이 출가인으로서 야호선을 하는 사람이라면 이번에 거사가 만나고 있는 인물은 스님이 아니면서 야호선을 하는 사람이다. 이 사람을 거사가 어떻게 퇴치하는지를 살펴보자.

거사가 곡은 도자(谷隱道者)를 방문하니, 곡은이 "누구십니까?"라고 물었다. 이에 거사가 지팡이를 들어서 세우니, 곡은이 "그것이 상상기(上上機)입니까?"라고 말했다.

곡은 도자에 관하여서는 알려진 것이 없다. 단지 곡은이 양주(襄州)의 산 이름이기 때문에 거기에서 혼자 수행하면서 살던 은사(隱士)가 아닐까 추측할 뿐이다. 뒤의 송에 자선백(孜禪伯)이라고 부르고 있기 때문에 자(孜)라고 부르는 상당한 선자(禪者)이거나 스스로 독각자로서 자임한 인물이 아닐까 여겨진다. 곡은의 물음에 거사는 지팡이를 세워서 응수하니, 곡은은 '그것이 상상기의 작용'이냐고 반격을 했다. 조금은 사람을 업신여기는 태도이고, 상대방을 향한 경계의 자세가 엿보이는 어투다.

향엄지한(香嚴智閑) 선사가 대오를 했을 때, 멀리에 있는 스승 위산 선사의 은혜에 감사하고 또한 그 덕을 찬양한 송을 한 수 지었는데, 그 중에 "제방의 모든 달도자(達道者)는 전부 우리 스승을 상상기라고 말한다."고 찬탄하고 있는 것처럼, 격식을 뛰어넘은 가장 높은 선사를 이렇게 부르고 있다.

곡은의 물음에 거사가 지팡이를 던져버리자, 곡은은 말이 없었다. 그러자 거사가 "단지 상상기를 알뿐, 상상사(上上事)는 깨닫지 못했습니다."라고 하니, 곡은이 "어떤 것이 상상사입니까?"라고 물었다. 거사가 지팡이를 던져버린 것은 곡은의 지나친 자기방어와 발언을 날려버리기 위한 행동임과 동시에 상상기란 말 자체를 제거하여 흔적도 남기지 않는 엄격한 작용을 보인 것이다.

그러나 곡은은 그러한 거사의 행동에 대하여 아무 말이 없었다. 거사가 말한 '상상기를 알뿐, 상상사는 깨닫지 못했다.'는 것은 마음의 쓰임새만을 알고 실재적인 일은 마음에서 요달하지 못했다는 의미다. 즉 관념적인 지식만 알아서 가지고 있을 뿐, 깨달음을 체득하지는 못했다는 비평이다. 따라서 이어지는 곡은의 '어떤 것이 상상사냐?'는 물음은 깨달음의 체득의 경지를 당신은 어떻게 드러내 보이겠는가라는 반격이다.

2) 자유자재한 선의 작용

이에 거사가 지팡이를 잡아서 일으키니, 곡은이 "조잡한 흉내는 그만 두시오."라고 말했다. 그러자 거사가 "억지로 주인공이 되어보려고 애쓰

는 것이 애처롭소."라고 응수했다. 거사는 갑자기 지팡이를 든 것으로써
상상사를 바로 드러내 보였다. 거사는 지팡이를 세우고, 다음으로 던지
고, 마지막으로 잡아서 일으킴으로써 자유자재한 선의 작용을 유감없이
발휘했다. 그렇지만 곡은은 '조잡한 흉내는 그만 두라(不得草草).'고 거
사의 작용을 긍정하지 않았다.

원문의 '부득초초'는 '3-2'에서 약산 스님의 제자 전 선객이 거사에
게 손바닥으로 얻어맞았을 때도 한 말이다. 거사의 행동이 곡은에게는
유치한 장난으로 보였던 것이다. "그런 익살맞은 짓은 그만두라'는 기색
을 띤 어투다. 거사가 응수한 '억지로 주인공이 되어보려고 애쓰는 것이
애처롭다."는 말은 '9-4'에서 송산 스님이 말한 "일부러 여기까지 와서
주재자(主宰者)인 체하는 것은 아닐 테지!"라는 말과 비슷한 표현이다. 정
말 불쌍하게도 고생만 한 주인공이다. 그런 인품도 아니면서 주재자가
되려고 무리하고 있다는 말이다.

그러자 곡은이 "여기에 하나의 작용을 갖춘 사람이 있다. 추자(槌子)
를 드는 일도 불자(拂子)를 세우는 짓도 하지 않는다. 대답도 언사(言辭)도
필요로 하지 않는다. 이러한 사람을 거사가 만난다면, 어떻게 나가야 좋
겠습니까?"라고 하니, 거사는 "어디에서 만납니까?"라고 반격했다. 곡
은이 말하고 있는 이 삼구는 선가 일반의 격식에는 없는 독자적인 곡은
자신의 것이다. 곡은은 "가련하게도 구태여 주재를 짓는다."라고 한 거
사의 단정에 승복하지 않고, "자네에게 그렇게 보이는 것은 어떠한 선의
범주도 초월한 나의 선의 작용을 모르기 때문이다."라고 항변하고 있는
것이다. 그러나 거사는 "그런 하나의 작용을 갖춘 사람을 어디에 가면 만

날 수 있는가?"라고 반문을 한다. 곡은을 일부러 무시하기 위해서 멍청하게 말한 것이다.

이에 곡은이 거사를 꽉 잡았다. 그러자 거사는 "이것이 그것이라는 것입니까?"라고 말하고, 얼굴에다 침을 뱉었다. 그러나 곡은은 아무 말이 없었다. 물론 곡은이 거사를 잡은 것은 자신이 하나의 작용을 갖춘 사람이라는 의미다. 이미 모든 것을 읽고 있는 거사는 "이것이 그것인가?"라고 말했는데, 이 말은 그런 작위적인 것이 당신이 말한 하나의 작용을 갖춘 사람인가라는 말이다. 마침내 거사는 야호선을 하는 곡은의 얼굴에 침을 뱉었지만, 곡은은 이미 넋이 나가 있었던 것이다. 거기에서 거사는 아래와 같은 송(頌)을 한 수 지어주었다.

> "펄펄 끓는 물 속에는 물고기가 살지 못하는데
> 그대는 거기에 낚싯대를 드리우는구나.
> 어디에도 물고기는 찾을 수 없으니
> 탄식하는 그대가 우습기 그지없네.
> 가련하기 짝이 없는 곡은산(谷隱山)의
> 선객(禪客)인 척하는 자(孜)형이여.
> 이제는 침까지 뱉어버렸으니
> 나 보기가 오히려 부끄럽구나."

18. 간경(看經) 때의 대화

18-1 경을 읽는 위의(威儀)

居士가 因在床上臥看經하거늘 有僧이 見曰, 居士여 看經에 須具威
儀라하니 士翹起一足하니 僧無語하다

해석

거사가 침대 위에 누워서 경을 보고 있는데, 그것을 본 어떤 스님이
말했다.

"거사님, 경을 볼 때는 위의(威儀)를 바르게 하지 않으면 안 됩니다."

그러자 거사는 한 쪽 발을 들어올렸다. 이에 그 스님은 말이 아무 없
었다.

강설

거사가 침대 위에 누워서 경을 보고 있는데, 그것을 본 어떤 스님이
"거사님, 경을 볼 때는 위의(威儀)를 바르게 하지 않으면 안 됩니다."라고
말했다. 필자는 다년간 불교방송의 신행상담 프로그램인 '자비의 전화'
를 진행한 적이 있다. 많은 질문 가운데 "누워서 경을 읽으면 벌을 받는
가?"라는 내용도 자주 있었다. 그 때마다 필자는 "부처님은 경을 읽지 않
는 사람도 벌을 주지는 않는다."라고 답해주었다. 부처님은 죄를 지은 사
람에게 징벌을 하는 어른은 아니다. 가령 어떤 중생이 백 가지 행동 가운

데 악행을 아흔아홉 가지나 하고 한 가지만 선행을 했다면, 부처님은 아흔아홉 가지는 보지 않고 한 가지 선행만 보는 어른이다. 그것이 부처님의 자비다. 즉 부처님은 누워서 경을 보든 앉아서 보든 관계치 않고, 단지 경을 보는 것만을 보시고 찬탄하는 것이다.

그렇지만 경을 읽는 것에는 두 종류가 있다. 첫째는 간경(看經) 그 자체를 수행으로 하는 경우고, 둘째는 불교 교리의 이해를 위해서 다시 말하면 지식의 습득을 위해서 경전을 읽는 경우다. 지식의 습득을 위해서 경전을 읽는데 무슨 위의가 필요하겠는가? 그러나 간경수행일 경우에는 사정이 달라진다. 선정을 닦기 위해서는 계율을 지녀야 하고, 계율을 지닌다는 것은 마음 이전에 신체적인 위의가 따라야 하기 때문이다.

지금 거사에게 "경을 볼 때는 위의를 바르게 해야 한다."고 충고한 스님은 두 번째 경우에 서서 말을 하고 있다. 그러나 그 스님의 마음속에는 경을 누워서 보면 불경스럽다는 통념이 자리잡고 있었음을 부정할 수는 없을 것이다.

그러자 거사는 한 쪽 발을 들어 올렸는데, 그 스님은 말이 아무 없었다. 한 쪽 발을 들어 올리고 누워 있는 거사의 자세를 연상하면 미륵반가사유상이 떠오른다. 미륵반가사유상을 뒤로 눕혔을 때 어떤 모양인가? 거기에서는 한 쪽 발은 반가부좌의 모양을, 다른 쪽 다리는 반쯤 펴져 있다. 지금 거사의 자세를 옆에서 보면 한 쪽 발로 선 채 다른 다리를 뻗고 있다. 그렇다면 한 쪽 발을 들어 올린 거사는 누워서 경을 보고 있는가, 미륵반가사유상처럼 해서 경을 보고 있는가? 일체 현상을 고정관념에서 바라보면 거기에서 벗어날 수가 없다. 거사는 특정한 위의라는 고정관념에 사로잡혀 있는 그 스님에게 그 고정관념을 없애라고 말하고 있다. 그러나 그 스님은 거사의 깊은 뜻을 읽을 수 없었다. 아무 말도 할 수 없었던 것은 너무나 당연한 일이다.

19. 화주승(化主僧)과의 대화

19-1 보시를 받는 방법

居士가 一日에 在洪州市賣笊籬하여 見一僧化緣하고 乃將一文錢問曰, 不辜負信施道理를 還道得麼아 道得卽捨라하니 僧無語하다 士曰, 汝問我하라 與汝道하리라 僧便問하대 不辜負信施道理作麼生고 士曰, 少人聽이로다 又曰, 會麼아 僧曰, 不會니다 士曰, 是誰不會오

해석

어느 날 거사가 홍주(洪州)의 시장에서 조리를 팔고 있는데, 어떤 스님이 화주(化主)를 받고 있는 것이 보였다. 이에 거사는 한 푼의 돈을 손에 쥐고 물었다.

"스님은 신심 있는 보시를 저버리지 않는 도리를 말할 수 있습니까? 만약 말할 수 있다면 이것을 드리겠습니다."

그러나 그 스님은 아무 말이 없었다. 이에 거사가 말했다.

"스님이 나에게 물으십시오. 그러면 말해드리겠습니다."

그러자 그 스님이 물었다.

"신심 있는 보시를 저버리지 않는 도리란 어떤 것입니까?"

거사는 "거의 듣는 사람이 없습니다."라고 말하고, 다시 덧붙여서 말했다.

"알겠습니까?"

"모르겠습니다."

"도대체 누가 모르는 것일까?"

강설

1) 죽세공 방거사

어느 날 거사가 홍주(洪州)의 시장에서 조리를 팔고 있었다. 본 어록에서는 방거사와 연관되어 조리가 세 번 언급되어 있다. 지금의 경우와 '7-1'에서 거사가 대동보제 선사(大同普濟禪師)를 만나자, 손에 들고 있던 조리를 치켜 들고는 "대동 큰스님! 대동 큰스님!" 하고 불렀다는 부분, 그리고 '25-2'에 나타나 있는 "거사가 조리를 팔러갈 때, 다리를 내려오다가 헛발을 디뎌 넘어졌다."라는 것이다. 이러한 것을 근거로 거사의 일가가 죽세공을 만들어 시장에 팔면서 그것으로 근근이 생계를 영위했다는 것을 기정사실로 하고 있다. 그러나 서문에 의하면 거사의 가계는 죽세공과는 거리가 먼, 부친이 형양의 태수를 지낸 부유한 관료집안이었다.

거사는 당나라 정원간(貞元間 : 785~98)에 수만 수레에 상당하는 가재를 배에 싣고 동정(洞庭)에 있는 상강(湘江)에 저어가서 그것을 전부 물 속

에 가라앉혀 버리고 가솔을 이끌고 죽세공이 되었다. 또한 거사가 임종
할 다시 그의 아들은 화전을 일구고 있었다. 왜 거사는 스스로 가난한 죽
세공의 길을 택한 것일까? 그가 재물을 물 속에 가라앉히려 했을 때, 많
은 사람들이 이구동성으로 말렸다. 그러나 거사는 "내가 이미 원수라 생
각하고 버리면서, 어찌 다른 사람에게 주겠는가? 재물은 몸과 마음을 근
심하게 하는 원수이다."라고 말하고 그 말을 듣지 않았다.

또한 거사는 자신의 게송에서 "세상 사람들은 많은 재물을 중하게 여
기지만, 나는 순간의 고요함을 즐긴다. 많은 재물은 사람의 마음을 어지
럽히고, 고요함은 진여의 성품을 나타낸다."라고 읊고 있다. 그리고 무엇
보다 관심을 끄는 것은 거사가 임종에 즈음해서 유언처럼 말한 "다만 온
갖 있는 것들을 비우기를 원하고, 결코 없는 것들을 채우지는 말라."는
말이다. 거사는 평생 동안 수행에 방해가 되는 일체를 비우기를 원하고,
명성이나 권력이나 재물을 채우지 않았다. 그리고 간결한 삶을 원했다.
소위 의론이 아닌 선적(禪的)인 삶을 실천했다. 그것이 그가 죽세공이 된
이유였다.

이렇게 삶 자체를 수행으로 일관했던 거사의 면모는 이번의 '화주승
(化主僧)과의 대화'에서도 여실히 드러난다. 조리를 팔고 있을 때 보게 된
화주승을 향하여 거사는 한 푼의 돈을 손에 쥐고, "스님은 신심 있는 보
시를 저버리지 않는 도리를 말할 수 있습니까? 만약 말할 수 있다면 이것
을 드리겠습니다."라고 말을 걸었다.

수보리 존자가 유마 거사에게 탁발을 갔을 때, 유마 거사에게 호되게
당한 그 도리를 거사가 말하고 있는 것이다. 물론 이 대화는 '12-1'에서

중심문제가 되었고, 또한 '15-3'에서는 거사 쪽이 이 문제를 돌출시켜 "입이 있어도 말할 수 없다."라고 답하고 있다. 다만 여기에서는 역으로 거사가 화주하는 스님을 향해서 "말할 수 있는가?"라고 질문하고 있는 차이가 있다. 이렇게 거사는 한 푼의 돈을 시주하면서도 불법의 진리와 연관을 시키고 있는 것이다.

2) 본분사를 잊지 말라

그러나 그 스님은 아무 말이 없었다. 이에 거사가 "스님이 나에게 물으십시오. 그러면 말해드리겠습니다."라고 말했다. 그러자 그 스님이 "신심 있는 보시를 저버리지 않는 도리란 어떤 것입니까?"라고 물었다.

『대지도론』제3권에는 스님들을 유수승(有羞僧)·무수승(無羞僧)·아양승(啞羊僧)·실승(實僧)이라는 네 부류로 분류하여, "유수승이란 계를 지켜 깨뜨리지 않고 몸과 입을 깨끗이 간직하며 좋고 나쁨을 잘 분별하기는 하지만, 아직 도를 얻지 못한 스님이다.

무수승이란 계를 범하고 몸과 입을 깨끗이 간직하지 못하며, 온갖 나쁜 짓을 다하는 스님이다. 아양승이란 비록 계는 범하지 않았으나 둔하여 지혜가 없고 좋고 나쁨을 가릴 줄 모르며, 가볍고 무거움도 모르고 죄있고 죄 없음도 모르며, 대중에 일이 있어 두 사람이 싸우면 판결을 하지 못하고 잠자코 말이 없는 것이 마치 흰 염소가 사람이 죽여도 소리치지 못하는 것같이 하는 스님이다. 실승이란 유학(有學)이나 무학(無學)이나 네 가지 과위에 머물러서 사향도(四向道)를 실천하는 스님이다."라고 설시하고 있다.

그 화주승은 어느 부류에 해당할까? 고금을 막론하고 도에는 뜻이 없으면서 그냥 중노릇이 좋아서 절에 있는 스님들이 있다. 그 화주승도 아직 도에는 관심이 없는 스님처럼 보인다. 때문에 거사의 물음에 대답도 못하고 물으라고 하니 묻고 있다.

그러자 거사는 "거의 듣는 사람이 없습니다."라고 말하고, 다시 덧붙여서 "알겠습니까?"라고 말했다. 그러나 그 스님은 역시 "모르겠습니다."라고 대답했고, 이에 거사는 "도대체 누가 모르는 것일까?"라고 말을 끊었다.

거사가 '거의 듣는 사람이 없다.'라고 한 말은 신심 있는 보시를 저버리지 않는 도리를 듣는 사람이 거의 없다는 것이다. 덧붙인 '알겠는가?'란 신심 있는 보시를 저버리지 않는 도리를 이제는 알겠는가라는 말이다. 그 화주승이 모르겠다고 대답한 것은 너무나 당연한 일이다.

거사가 마지막에 던지는 '도대체 누가 모르는 것인가?'란 그것을 모르는 '자네란 도대체 어떤 것인가?'라는 반문이다. 이 말이야말로 처음부터 거사가 해주고 싶었던 말이다. 적어도 '모른다.'라고 말하는 사람으로서 당신이 있다는 것을 자각한다면, 그 자각의 원점에서 새로운 눈이 열리는 계기를 잡을 수 있다는 말이다. 화주승의 일을 하더라도 승려의 본분사(本分事)를 놓지 말라는 당부이다.

20. 목동과의 대화

20-1 길도 모른다

居士는 一日에 見牧童하고 乃問하대 路從什麼處去오 童曰, 路也不
識이니다 士曰, 這看牛兒아 童曰, 這畜生아 士曰, 今日什麼時也아
童曰, 插田時也라하니 士大笑하다

해석

어느 날 거사는 목동을 만나자 물었다.

"이 길은 어디로 통하는 것인가?"

"길도 모르십니까?"

"이 소치는 아이 놈이!"

"이 축생(畜生)이!"

"지금이 어느 때지?"

"밭을 일구는 땝니다."

거사는 크게 웃었다.

강설

어느 날 거사는 목동을 만나자 "이 길은 어디로 통하는 것인가?"라고
물었다. 이에 목동이 "길도 모르십니까?"라고 반문하니, 거사는 "이 소

치는 아이 놈이!"라고 말했다.

이 단원을 보면서 생각나는 것이 『선문염송(禪門拈頌)』의 다음과 같은 본문이다.

"세존이 어느 날 두 사람이 돼지를 메고 지나가는 것을 보시고 '그것이 무엇인가?'라고 물으셨다. 이에 두 사람이 '부처님은 온갖 지혜를 갖추셨거늘 돼지도 모르십니까!'라고 대답하니, 부처님께서 '그러기에 물어보는 것이 아닌가!'라고 말씀하셨다."

부처님이 돼지를 모를 턱이 없고, 거사가 그 길이 어디로 통하는지 모를 리가 없다. 단지 범부들이 어떤 마음 씀씀이를 가지고 살고 있는지를 살펴보고 싶었을 뿐이다. '길도 모르냐?'라는 목동의 반문이나 '부처님이 돼지도 모르냐?'라는 두 사람의 대답이 모두 눈에 보이는 현상계만 인정하는 것이다. 그들 눈에는 그들이 메고 가는 것이 실은 돼지 탈을 쓴 부처인 것이 보이지 않는다. 목동의 의식에는 길은 단지 통로일 뿐이지 길이 곧 도(道)라는 것이 없다. 그러나 거사는 목동에게 멋지게 한방 맞았다. "나이도 많은 도인이 중요한 도(道)도 모르신다는 것은 아무래도 이상하다."라는 풍자가 목동의 생각과는 관계없이 저절로 울리고 있기 때문이다. '소치는 아이 놈'이라는 거사의 말은 '맹랑한 녀석이구나.'라는 어투다.

그러자 목동은 "이 축생(畜生)이!"라고 말했다. 다시 거사가 "지금이 어느 때지?"라고 물으니, 목동은 "밭을 일구는 땝니다."라고 대답했다. 이에 거사는 크게 웃었다. 목동이 거사를 향해서 '축생'이라고 말한 것은 누구나 알고 있는 길도 모르는 것을 보니 인간 이하라는 뜻이다.

일수사견(一水四見)이라는 말이 있다. 흘러가는 물을 보는 데도 사람은 먹는 물이라 보고, 물고기는 거주하는 집이라 보며, 아귀(餓鬼)는 피가 흐르는 것으로 보고, 천인(天人)은 보물로 장식된 땅으로 본다는 것을 표현한 말이다. 경우가 다르면 보는 견해도 달라진다는 것을 말하고 있다.

우리들은 세상을 살아가면서 서로 간에 자신들이 몸담고 있는 현실을 자신의 입장에서밖에 보려고 하지 않는다. 그리고 자신이 보고 생각한 것은 무조건 옳고, 다른 사람의 생각은 잘못된 것이라고 단정해버린다. 목동은 자기가 알고 있는 세상이 전부라고 생각하고 있다.

거사가 "지금이 어느 때냐?"라고 물은 것은 쌍방에 주고받은 성과 없는 농담 같은 응수를 끊기 위해서 가볍게 화두로 전향시킨 말이다. 그리고 거기에 대한 목동의 대답 여하에 따라서 인생을 생각하는 한 마디를 던져줄 계획이었다. 그런데 목동은 '밭을 일구는 때'라고 멋지게 대답해버렸다. 거사는 순간 머리를 한 대 얻어맞은 기분이 되었다. 물론 목동은 거사의 저의를 알고 답한 것이 아니다. 그의 일상생활의 소박함에서 극히 천진난만하고 자연스럽게 나온 대답인 것이다. 목장의 일이 끝났으니, 이제부터 밭을 일구는 시간이라는 일분의 틈새도 없는 원만구족의 삶을 보여주고 있는 것이다. 아직 어린아이이기 때문에 생에 대한 갈등이나 고민도 없을 것이다. 그야말로 자유인으로서 거짓 없는 훌륭한 조화의 삶을 목동은 보여주고 있는 것이다.

거사가 크게 웃은 것은 말 없는 패배를 의미한다. 그러나 그 패배는 상쾌한 기분을 가지게 했다. 세상의 사람들이 모두 저 아이처럼만 살 수 있다면 이 세상이 바로 정토(淨土)가 될 수 있다는 생각이 거사에게 일어났을 것이다. 그런데도 어찌 크게 웃지 않을 수 있겠는가!

21. 좌주(座主)와의 대화

21-1 금강반야의 참 성품

居士는 嘗遊講肆하여 隨喜金剛經타가 至無我無人處하여 致問曰, 座
主여 旣無我無人이면 是誰講誰聽이닛고 主無對하다 士曰, 某甲이 雖
是俗人이나 粗知信向이니다 主曰, 祇如居士라면 意作麽生고 士以偈
答曰, 無我復無人어니 作麽有疎親이리오 勸君休歷座하노니 不似直求
眞이니라 金剛般若性은 外絶一纖塵이라 我聞幷信受도 總是假名陳이
니라 主聞偈하고 欣然仰嘆하다

해석

거사는 일찍이 강사(講肆)에 나아가서 『금강경』 강의를 들은 적이 있
다. 그 때 '나(我)도 없고 사람(人)도 없다.'는 부분에 이르자 질문을 했다.

"좌주(座主)스님, '나도 없고 사람도 없다.'고 한다면, 도대체 누가 강
의하고 누가 듣습니까?"

좌주는 대답이 없었다. 이에 거사가 말했다.

"내가 비록 속인이지만, 줄거리는 조금 압니다."

강주가 말했다.

"그렇다면 거사님의 생각은 어떠합니까?"

그러자 거사는 게송으로 대답했다.

　'나도 없고 사람도 없으니

　어찌 멀고 가까움이 있으리오.

　좌주의 자리를 그만 두고

　바로 참된 길을 구함이 첫 번째 일이요,

　금강반야의 참된 성품은

　티끌 하나도 붙지 못하는 곳.

　아문(我聞)에서 시작하여 신수(信受)까지

　모두가 거짓이름의 진열이라오."

좌주는 이 게송을 듣고 환희하고 찬탄하였다.

강설

　거사는 일찍이 강사(講肆)에 나아가서 『금강경』 강의를 들은 적이 있다. 그 때 '나(我)도 없고 사람(人)도 없다.' 는 부분에 이르자 "좌주(座主) 스님, '나도 없고 사람도 없다.' 고 한다면, 도대체 누가 강의하고 누가 듣습니까?" 라고 질문을 했다.

　강사(講肆)라는 곳은 시중의 여러 곳에 설치되어 불전의 강의나 설법을 위해 공개된 교실이다. 여기에서 거사가 나아간 강사는 소위 교가(教家)에 속한 곳이어서, 주로 경전의 강의를 담당했다. 좌주(座主)란 『석씨요람(釋氏要覽)』에서 "학해(學解)가 우수한 자를 좌주라 한다. 일좌(一座)의

주(主)를 말한다."라고 설명하고 있는 것처럼, 스님들의 지위에 대한 호칭이 아니고 전문으로 하는 한두 가지 이상의 경론에 관해서 강좌를 갖는 법사를 말한다. 즉 거사는 『금강경』 강의가 열리고 있는 시중의 강당에 참석하여 경을 공부하다가 강의를 담당하고 있는 법사스님에게 물은 것이다. 무엇을 물었는가? 『금강경』 정신희유분 제6의 "이 모든 중생은 다시 아상·인상·중생상·수자상이 없으며, 법이라는 상도 없고 법 아니라는 상도 또한 없다."라는 부분에 이르러 '나도 없고 사람도 없다.'라고 한다면, 도대체 누가 강의하고 누가 듣는가?"라고 물었다. 경의 핵심이면서도 좌주스님으로서는 처음으로 접해보는 질문이었음에 틀림이 없다.

역시 좌주는 대답이 없었다. 이에 거사가 "내가 비록 속인이지만, 줄거리는 조금 압니다."라고 말하니, 좌주가 "그렇다면 거사님의 생각은 어떠합니까?"라고 물었다. 그러자 거사는 게송으로 대답했다. "나도 없고 사람도 없으니, 어찌 멀고 가까움이 있으리오."란 일체가 공(空)인 진리의 분상에서는 나라는 것도 없고 너라는 것도 없기 때문에 깨달음도 누구는 가까이 있고 누구는 멀리 있는 것이 아니다. 불법이라는 진리는 승속의 차이나 빈부귀천이나 남녀노소를 불문하고 깨달을 수 있는 것이다. 때문에 어떻게 해야 하는가? '좌주의 자리를 그만 두고, 바로 참된 길을 구함이 첫 번째 일'이라는 것이다. 선사들이 강사들을 향해서 이구동성으로 하는 말이다.

'금강반야의 참된 성품'이란 개개의 사물을 분석 판단하는 인식 작용을 초월하여 존재 전체를 근원적으로 파악한 지혜이다. 부처님이 부처로서 갖고 있는 지혜임과 동시에 모든 인간의 본성에 본원적으로 갖추고 있는 영지이기도 하다.

그것은 금강처럼 견고하여 부서지지 않고 징명한 광휘를 발하고 있다. 때문에 그 성품은 '티끌 하나도 붙지 못하는 곳'이다. 이 소식을 일찍이 혜능 조사는 "보리에 나무 없고 거울 또한 거울이 아니다. 본래 한 물건 없거니 어느 곳에 티끌 일어나랴."라고 읊고 있다. '아문(我聞)에서 시작하여 신수(信受)까지'란 『금강경』의 시작인 여시아문부터 마지막인 신수봉행까지를 말하니, 즉 경 전문을 이렇게 표현하고 있다.

'모두가 거짓이름의 진열이라오.'란 『금강경』이 깨달음을 얻게 하기 위한 방편의 언구에 지나지 않는다는 뜻이다, 거사의 입장에서 말하면 선종에서 가장 중요한 경전으로 취급하는 『금강경』조차도 진실의 법을 전하지 않는 공허한 언설에 지나지 않는다는 것이다.

좌주는 이 게송을 듣고 환희하고 찬탄하였다. 그러나 좌주스님이 거사의 게송을 듣고 참된 발심을 했다는 기록은 없다. 아니 필자의 생각으로는 거사의 말에 공감은 하였겠지만, 실행에 옮기지는 못했을 것 같다. 사교입선(捨敎入禪)의 길은 대장부만이 걸을 수 있는 길이기 때문이다.

22. 거사의 행화(行化)

22-1 대기대용(大機大用)

居士는 所至之處에 老宿多往復酬問하고 皆隨機應響하다 非格量

軌轍之可拘也라

해석

　어디든 거사가 가는 곳에는, 덕이 높은 선지식이 대개 서로 문답하고 응수했는데, 어느 곳에서도 상대의 근기에 맞추어져서 두드리면 울려 퍼지는 것 같은 대답이었다. 요컨대 평범한 규범이나 제도에 구속되지 않는 인물이었다.

강설

1) 거사의 선풍

　지금까지 살펴본 거사의 법거량 상대는 어떤 기준 속에 차례로 진행되고 있다. 물론 이것은 의도된 편집상의 문제겠지만, 처음 법을 얻고, 다음으로 대등한 수준의 선사들을 만나고, 마지막으로 당신이 제도해야 할 스님들이나 사람들을 만나고 있다. 그 때마다 거사는 상대의 근기에 맞추어 법거량을 하고 있다. 이러한 사실을 편집자는 "거사가 가는 곳에서는 어디든 덕이 높은 선지식이 대개 서로 문답하고 응수했는데, 어느 곳에서도 상대의 근기에 맞추어져서 두드리면 울려 퍼지는 것 같은 대답이었다."라고 말하고 있다. 또한 법거량의 형태나 삶의 모습을 통해서 읽을 수 있는 거사는 평범한 규범이나 제도에 구속되지 않는 인물임에 틀림이 없다.

　물론 거사에 대한 이러한 평가는 선문답이라는 것이 후대로 내려오면서 일종의 정형화된 방식을 띠고 있는 모습을 예단하고 나온 말이 아니다. 무명자의 서문에서는 당시의 불교계 전반의 상황을 "당 정원(貞元)·원화(元和) 때는 선종과 율종이 매우 번성하고 조사의 가르침이 번영하여 그 광휘는 사방에 미쳤고, 그 넝쿨은 팔방에 뻗쳐서 어디든지 들어가 있었다."라고 적시하고 있다. 거사가 활동하던 때가 선종(禪宗)이 당대(唐代)의 불교로 자리매김하는 시기임을 말하고 있는 부분이다. 이러한 때에 있어서 거사의 선은 '평범한 규범이나 제도에 구속되지 않는' 독자적인 가풍을 가지고 있었다. 때문에 거사의 선풍을 이해한다는 것은 중국 선종이 가지고 있는 본래의 의미를 가장 정확하게 알 수 있는 길이기도 하다. 그렇다면 거사의 선사상, 즉 중국의 선불교가 가지고 있는 본래적 의미는 무엇일까?

2) 혜능 조사의 불교

돈황본(敦煌本) 『육조단경』에는 서방정토에 관한 혜능 조사의 말씀을 이렇게 기술하고 있다. "동쪽 사람일지라도 다만 마음이 깨끗하면 죄가 없고, 서쪽 사람일지라도 다만 마음이 깨끗하지 않으면 허물이 있다. 미혹한 사람은 가서 나기를 원하나, 동방과 서방은 사람이 있는 곳으로는 다 한가지다. 다만 마음에 깨끗하지 않음이 없으면 서방정토가 여기서 멀지 않고, 마음이 깨끗하지 아니한 생각이 일어나면 염불하여 왕생하고자 하여도 이르기 어렵다. 십악(十惡)을 제거하면 곧 십만 리를 가고, 팔사(八邪)가 없으면 곧 팔천 리를 지난 것이다. 다만 곧은 마음을 행하면 도달하는 것은 손가락 튕기는 것과 같다. 다만 십선을 행하라. 어찌 왕생하기를 바랄 것인가!"

혜능 조사가 타방의 정토를 부정하고 마음의 정토를 설한 부분이다. 사실 서방 극락세계의 존재를 두고 논란이 벌어진 것은 어제 오늘의 일이 아니다. 이 논란에 쐐기를 박은 인물이 선종의 실질적인 창시자인 혜능 조사다. 즉 혜능 조사는 선과 정토는 양립될 수 없는 것을 전제로 하여 선종을 일으키고 있다. 그리고 이러한 견해는 경전상으로는 반야경과 정토경의 현격한 차이에서 기인하고 있다.

일본의 대표적인 반야사상가인 가지야마 유우이찌(梶山雄一) 박사가 그의 저서 『반야경』에서 "반야경과는 완전히 이질적인 것이라고 생각되는 정토경전"이라고 표현하고 있는 것도 마찬가지다. 그러나 그렇다고 해서 혜능 조사가 정토교는 불교가 아니라고 말한 것은 아니다. 『금강경』에는 "아뇩다라삼먁삼보리라고 이름할 만한 결정적인 법이 없으며, 또한 여래가 설하였다 할 고정된 법도 없다."라고 설하고 있다. 정토불교도 선불교도 똑같이 불교라는 말이다. 그런데도 혜능 조사는 정토불교를 배척하고 선불교를 창시하여 중국불교를 태동시켰다. 이유가 무엇일까?

3) 황하 문명과 선불교

학자들은 현존하는 인류문명을 크게 황하 문명, 인더스 문명, 메소포타미아 문명, 이집트 문명으로 대별하여 세계 4대 문명이라 부르고 있다. 이들 문명을 종교적으로 보면 황하 문명은 나머지 셋과는 차이가 있다. 즉 다른 문명은 종교적으로 창조신과 같은 절대적 존재를 설정하여 인간을 그 신에게 예속시키고, 인간의 길흉화복과 내세의 문제까지도 신의 영역으로 하였다. 그러나 황하 문명은 신을 설정하지 않았다. 때문에 인간의 문제는 인간이 해결할 것이었고, 죽음 이후의 문제는 관심의 대상이 아니었다. 이러한 황하 문명에 창조신의 냄새가 물씬 풍기는 인더스 문명의 지류인 불교가 들어왔다. 중국인들은 이 불교를 받아들이기는 했지만, 그들이 수천 년 동안 유지하고 있었던 현세의 인간 위주의 삶의 형태를 버리지는 못했다.

300여 년 동안 불교경전을 공부하던 그들은 마침내 불교 가운데서 그들의 사상과 일치하는 것을 찾아내었다. 그것이 선(禪)이었다. 거기에는 절대자도 없고 피조물도 없었다. 극락도 없고 지옥도 없었다. 있는 것이라고는 생생하게 살아서 숨쉬고 있는 인간뿐이었다. 그런데 그 인간이 괴로움에 처해 있다. 선사들은 이 점을 놓치지 않았다. 그들은 고통과 번민에서 벗어날 수 있는 불교를 피안(彼岸)에서 구하지 않고 현실생활과 차안(此岸)의 인생 속으로 진입시켜 '여기, 그리고 지금'에 실현시키고자 했다. 그들은 부처님이 하시고자 했던 가장 핵심적인 것을 파악하고 실천했던 것이다. 마침내 혜능 조사라는 걸출한 인물이 출세하여 지침서인 『육조단경』을 설했다.

돈황본(敦煌本) 『육조단경』에는 혜능 조사가 법달(法達) 스님에게 일러주는 말씀에 "부처님의 행을 하는 사람이 곧 부처님이다〔即佛行是佛〕."라는 구절이 있다. 그러나 현재 우리나라에 많이 유통되고 있는 덕이본(德異本)에는 이 구절이 보이지 않는다. 시간이 흐름에 따라서 혜능 조사의 본래 사상이 상당부분 변질되기 시작했다는 것을 직접적으로 보여주는 증거가 아닐까 여겨진다. 하여튼 혜능 조사의 본래의 선사상이 형이

상학적인 것의 추구가 아니라, '여기, 그리고 지금'의 현실생활에 기반을 두고 있다는 것을 '부처님의 행을 하는 사람이 곧 부처님이다.'라는 말에서 확인할 수가 있다.

4) 홍주종

혜능 조사의 선종을 실질적으로 확립시킨 인물이 마조도일(馬祖道一 : 709~788) 선사다. 그는 혜능 조사의 법을 이은 남악회양(南嶽懷讓 : 677~744) 선사로부터 심인(心印)을 받고 선사의 법을 이었다. 이 마조 스님의 선종을 규봉종밀(圭峰宗密 : 780~841) 스님은 홍주종(洪州宗)이라 부르고 있지만, 선종사에서는 조계적통의 3세로 하고 있다. 따라서 마조 스님의 법을 이은 방거사는 홍주종의 창시에 중요한 일익을 담당한 인물이라고 할 수 있다. 왜냐하면 위에서 살펴본 것처럼, 그의 선풍이 기존의 불교사상에서 볼 때는 평범한 규범이나 제도에 구속되지 않는 것이었는데, 그것은 혜능 조사로부터 이어지는 홍주종의 종풍을 그대로 대변하고 있기 때문이다.

그러나 실은 홍주종의 종풍이라는 것은 『육조단경』의 사상에 다름 아니다. 즉 법을 잇는다는 것은 스승의 깨달음과 자신의 깨달음이 같다는 것을 의미하는데, 이것은 달리 표현하면 스승과 제자가 동일한 불교관 내지 깨달음을 가지게 된 것을 뜻하고 있다. 따라서 마조 스님의 선사상이라고 말해지는 '평상심이 도'라든가 '마음이 곧 부처'라는 것도 『육조단경』의 사상을 달리 표현한 것이고, 임제 스님의 '무위진인(無位眞人)'이나 '수처작주 입처개진(隨處作主 立處皆眞)'이라는 말도 『육조단경』

에서 혜능 조사가 설한 내용의 표현의 차이일 뿐이다. 마찬가지로 방거사의 "물 긷고 나무 나르는 일이 바로 신통이고 묘용이다."라는 말과 "참 멋진 눈이다. 한 송이 한 송이가 다른 곳에는 떨어지지 않는구나!"라는 것도 실은 혜능 조사의 깨달음의 내용이다.

요즈음 우리 불교계에는 복고주의 열풍이 불고 있다. 대승불교가 흥기할 때 그들이 내세운 깃발은 "부처님의 근본정신으로 돌아가자."는 것이었다. 마찬가지로 요즈음에는 수행의 방법으로 '부처님의 최초 수행법'으로 돌아가자는 말들을 많이 하고 있고, 또한 그것을 열심히 찾고 있다. 그리고 또 한편에서는 '간화선(看話禪)'으로 한국불교의 선을 정립하자는 운동도 일어나고 있다. 그러나 필자의 생각으로는, 선수행의 입장에서는 그러한 말들이 모두 타당하지 않다고 여겨진다. 왜냐하면 선종의 텍스트는 『금강경』과 『육조단경』으로 충분하고, 『육조단경』의 주석서로서는 『임제록』 한 권이면 해결되기 때문이다. 『방거사 어록』에 나타나 있는 거사의 선사상은 그러한 사실을 너무나 잘 보여주고 있다.

23. 난이삼부곡(難易三部曲)

23-1 움집에서의 노래

居士는 一日에 在茅廬裡坐다가 驀忽云하대 難難難이로다 十碩油麻 樹上攤이여하니 龐婆云하대 易易易로다 如下眠床脚踏地여하다 靈照

云하대 也不難이며 也不易로다 百草頭上의 祖師意여하다

해석

어느 날 거사는 움집 안에 앉아 있다가 갑자기 말했다.

"아, 어렵고, 어렵고, 어렵구나! 열 섬의 참깨를 나무 위에 편다는 것이."

그러자 그 부인이 말했다.

"아, 쉽고, 쉽고, 쉽구나! 침상에서 내려와 발로 땅을 밟는 것같이."

이에 딸 영조가 말했다.

"어렵지도 않고, 쉽지도 않구나! 많고 많은 풀에 조사의 뜻이여."

강설

어느 날 거사는 움집 안에 앉아 있다가 갑자기 "아, 어렵고, 어렵고, 어렵구나! 열 섬의 참깨를 나무 위에 널어서 말린다는 것이."라고 말했다. 거사가 살던 집은 풀로 지붕을 이은 작은 움집이었던 모양이다. 이렇게 움집살이를 하고 있던 거사가 돌연히 이렇게 말한 것이다. 거사가 말한 '어렵고, 어렵고, 어렵다.' 란 중국의 육조(六朝) 이래의 민요인 행로난(行路難) 가사의 선율을 사용한 것이라고 한다.

그런데 거사는 "열 섬의 참깨를 나무 위에 널어서 말린다는 것이 어렵다."고 말하고 있다. 참깨의 수확방법은 밭에서 줄기를 채취하여 돗자리나 삼베 위에 널거나 단을 묶어 세워서 건조시킨 다음 꼬투리를 털어서 나온 깨알을 말리는 것이다. 그런데 거사는 이러한 작업방법을 택하지 않고, 참깨를 나무 위에 널어서 말린다는 것이 어렵다고 말하고 있다. 즉 거사는 절대로 불가능한 작업을 말하고 있다. 하기야 행로난이라는 노래 자체도 가사는 인생행로의 어려움을 괴로운 여행에 비유한 내용이라고 한다. 그렇다면 거사의 말은 무엇을 비유한 것일까? 열 섬의 참깨란 항하의 모래와 같이 수를 헤아릴 수 없을 만큼 많은 개별의 존재를 비유한 것이 아닐까! 이러한 수많은 존재가 평등하게 부처님의 은혜 속에서 부처님 지혜의 빛을 발할 수 있도록 인도하는 것, 이것은 정말 어려운 작업이라고 생각한 것은 아닐까!

거사가 이 말을 하게 된 정황을 다시 상상해 보자. 움집 안에서 좌선을 하고 있던 거사가 문득 창 밖을 보니, 거기에 찬란한 태양빛을 받아서 크게 자란 큰 나무가 있다. 그리고 그 나무 밑에는 막 수확한 참깨 대가 어지러이 던져져 있다. 문득 탐욕과 성냄과 어리석음에 속박되어 고통을 벗어나지 못하고 있는 중생들이 생각났을 수도 있다. 중생들을 향한 끝없는 연민의 정이다. 그러나 그들은 실상을 알아차리지 못하고, 실상을 알지 못하기 때문에 고해에서 벗어날 생각도 하지 못하고, 벗어날 생각을 하지 못하기 때문에 벗어날 길이 있음도 모르고 있다. 정말 어렵고, 어렵고, 어려운 일이다. 반야바라밀, 완성을 향한 끝없는 순환의 완성, 이렇게 거사는 이 구를 통해서 향상(上向)의 지향을 보이고 있는 것이다.

그러자 그 부인이 "아, 쉽고, 쉽고, 쉽구나! 침상에서 내려와 발로 땅을 밟는 것같이."라고 말했다. 양나라 부대사(傅大士)가 지은 것이라고 전해지는 행로이(行路易)라는 연작(連作)이 있다고 한다. 거사의 처는 이 행로이를 인용하여 '쉽고, 쉽고, 쉽다.'라고 말하고 있다. 어떻게 쉬운가?

'침상에서 내려와 발로 땅을 밟는 것같이' 쉽다는 것이다.

이것은 소박한 삶의 일상성을 극히 구체적이면서도 체험적으로 표현하고 있다. 거사를 향해서 "당신은 위를 향하기 때문에 어렵지만, 나는 밑을 향하기에 편안한 지면에 있다."고 말하고 있다. '20-1'에서 거사가 목동에게 "지금이 어느 때지?"라고 묻자, 목동이 "밭을 일구는 땝니다."라고 대답하는 그 목동의 삶을 부인은 쉽다고 말하고 있다. 마음에 번뇌가 없으면 삶은 쉽다. 배고프면 밥 먹고, 목마르면 물 마시고, 곤하면 자면 된다. 정말 쉽고, 쉽고, 쉬운 것이다. 거사의 향상의 지향과 부인의 하향의 지향이 선명한 대조를 이루고 있다.

이에 딸 영조가 "어렵지도 않고, 쉽지도 않구나! 많고 많은 풀에 조사의 뜻이여."라고 말했다. 삼조(三祖) 승찬 대사(僧璨大師)가 지은 『신심명(信心銘)』에 "대도(大道)는 본체가 넓어서 쉬울 것도 없고 어려울 것도 없거늘, 좁은 견해로 여우 같은 의심을 내어 서둘수록 더욱 더뎌 진다."라는 말이 있다. 영조는 이 『신심명』의 말을 인용하여 "어렵지도 않고 쉽지도 않다."라고 말하고 있다.

무엇이 어렵지도 않고 쉽지도 않는 것인가? '많고 많은 풀에 조사의 뜻'이다. 이 '많고 많은 풀에 조사의 뜻〔百草頭上祖師意〕'이란 뒤의 영조와의 대화 '24-1'에서 거사가 고인의 말로써 인용하고 있는 명명백초두 명명조사의(明明百草頭 明明祖師意)의 요약이다. 지금 움집 밖에 가득히 널려 있는 풀잎 끝마다에 조사스님들이 전해준 선의 마음이 역력히 살아있다는 것이다. 딸 영조는 부친과 모친의 말을 교묘하게 회통하고 있다.

24. 시게삼수(詩偈三首)

24-1 일을 마친 범부

元和中에 居士는 北遊襄漢하여 隨處而居하다 有女靈照하여 常鬻竹
漉籬하여 以供朝夕하다 士有偈曰, 心如境亦如하여 無實亦無虛로다
有亦不管하며 無亦不居라 不是賢聖이요 了事凡夫로다 易復易하여
卽此五蘊有眞智로다 十方世界一乘同이어니 無相法身豈有二리오
若捨煩惱入菩提하면 不知何方有佛地로다 護生須是殺이요 殺盡始
安居리라 會得箇中意면 鐵船水上浮리라

해석

　　원화년간(元和年間)에 거사는 북쪽의 양한(襄漢)의 땅에 노닐면서, 가고
싶은 곳이면 어디든 가서 살았다. 영조(靈照)라는 딸이 있어서, 언제나 대
나무 조리를 팔아 나날의 생계를 꾸렸다. 거사의 게송에 이런 것이 있다.

　　　　있는 그대로의 마음에는 경계 또한 있는 그대로

　　　　실체도 없고 공허도 없네.

　　　　있음에도 상대하지 않고

　　　　없음에도 걸리지 않네.

　　　　현인(賢人)이나 성인(聖人)이 아니고

　　　　일을 마친 범부일 뿐.

　　　　조작이 없고 조작이 없는

오온(五蘊)의 이 몸이 곧 참된 지혜의 임자.

시방세계가 일승평등(一乘平等)

어찌 무상(無相)의 법신에 둘이 있으리오.

만약 번뇌를 버리고 보리(菩提)에 들어간다고 하면

도대체 어디에 부처의 세계가 있겠는가!

삶을 보호함엔 죽임에 한한 것

죽임을 다하여야 비로소 평안하네.

이 도리를 알아차리면

철선(鐵船)이 물 위에 뜬다.

강설

거사는 원화년간(元和年間 : 806~820)에 북쪽의 양한(襄漢)의 땅에 노닐면서, 가고 싶은 곳이면 어디든 가서 살았다. 원화는 당 헌종의 연호이다. 거사는 원화 3년에 임종했다고 추정되기 때문에 양한에 머문 기간은 원화 1년에서 3년 사이라고 여겨진다. 그 2, 3년 동안 거사는 그야말로 물처럼 바람처럼 살았다. 스스로 여생이 얼마 남지 않았다는 것을 알았을 것이다. 철저한 무소유의 대자유, 대해탈의 삶의 모습을 그대로 보여주고 있다.

거사에게는 영조(靈照)라는 딸이 있어서, 언제나 대나무 조리를 팔아

나날의 생계를 꾸렸다. 거사에게는 아들과 딸이 있었지만, 본 어록에서는 아들은 등장하지 않고 영조만 몇 번 나오고 있다. 그의 생애에 딸이 집안의 생계를 꾸리고 거사를 시봉하면서 많은 역할을 한 것 같다.

본 어록은 상·중·하 3권으로 되어 있는데, 지금 강설하고 있는 것은 상권이다. 나머지 2권은 전부가 시게(詩偈)로 되어 있다. 뒤에서도 밝히고 있는 것처럼, 그가 남긴 시게는 300여 편에 이른다고 한다. 그 많은 시게 가운데 하나가 지금의 게송인데, 원문을 통해서 그 속에 담긴 의미를 음미해 보도록 하자.

심여경역여(心如境亦如) : 여(如)란 본래의 있는 그대로의 본연의 모습이고, 경(境)은 마음의 작용의 대상인 외적인 일체의 존재를 말한다. 『증도가(證道歌)』에 "마음은 뿌리요, 법은 티끌이니 둘은 거울 위의 흔적과 같음이라, 흔적인 때 다하면 빛이 비로소 나타나고 마음과 법(=境) 둘 다 없어지면 성품이 곧 참되다."라는 말이 있다.

이때 마음이 없어진다는 말은 본성청정의 무심으로 돌아가는 것이고, 있는 그대로 마음의 본성이 현현하는 것이다. 거기에 응해서 바깥 경계도 거울에 물체의 상이 비치는 것처럼, 있는 그대로 나타나는 것이다. 따라서 게송이 뜻하는 바는 있는 그대로의 마음 앞에는 배척해야 할 외적인 존재는 아무 것도 없고, 차별의 모양도 차별의 모양 나름으로, 그대로 있는 것으로 보인다는 것이다.

무실역무허(無實亦無虛) : 그 본래 있는 그대로 본연의 모습인 마음에도 그리고 경계에도 그것 자체로써 무엇인가의 실체〔自性〕가 있는 것은 아니다. 그렇다고 해서 일체가 단순한 공무(空無)로 사라진 것은 아니다.

유역불관(有亦不管) : 있음에도 관여하거나 상대하지 않는다는 것이니, 즉 머물지 않는다는 것.

무역불거(無亦不居) : '무에도 살지 않는다.' 란 유(有)가 아닌 무(無)야말로 일체의 근본이라고 생각하는 것에도 떨어지지 않는 것이다.

불시현성(不是賢聖) : 유무(有無)에 떨어지지 않는 이 사람은 그렇다고 현인(賢人)이나 성인(聖人)도 아니다.

요사범부(了事凡夫) : 인간이 해야 할 일을 다 해 마친 범부라는 말이니, 깨달음을 얻어 대자유인으로 평범하게 살아가는 것으로 자족하는 사람이다. 이러한 사람이야말로 배 고프면 밥 먹고, 목 마르면 물 마시고, 곤하면 자는 일 없는 도인이다. 대혜(大慧) 스님은 『서장(書狀)』 중 류보학(劉寶學)에게 보내는 답서를 통해서 이 부분을 인용하여 "만일 진짜로 일을 마친 범부라면 석가 달마는 이 누구입니까? 진흙으로 만든 흙덩어리입니다."라고 깊은 공감을 표시하고 있다.

역부역(易復易) : 바꾼 것을 다시 바꾼다는 것이니, 인위적인 조작이 없다는 것이다.

즉차오온유진지(卽此五蘊有眞智) : 오온이란 다섯 가지 구성요소라는 말로 색(色)·수(受)·상(想)·행(行)·식(識)을 말한다. 즉 인간을 포함해서 구체적인 낱낱의 존재를 성립시키고 있다고 생각되는 물질적 현상과 정신작용을 통칭한 말이다. 그런데 이러한 것에 의해서 만들어진 인간의 몸 그것에 본원적인 반야의 지혜가 갖추어져 있다는 것이다. 그리고 그것이야말로 조작이 없는 것이라고 말하고 있다.

시방세계일승동(十方世界一乘同) : 일승이란 『법화경』「방편품」에서

310

설하고 있는 일승법을 말하는데, 시방세계는 이승(二乘)과 삼승(三乘)이
있는 것이 아니라 일승으로 평등하다는 것이다.

무상법신기유이(無相法身豈有二) : 법신은 부처님이 설한 이법(理法) 그
자체를 부처의 불멸의 본신(本身)이라고 본 것이다. 때문에 법신은 무상
(無相)이다. 그런데 그 법신은 다섯 가지 구성요소로 이루어진 우리의 몸
과 다른 것이 아니고, 부처님의 법신과 우리 육신은 하나라는 것이다. 불
성과 중생성은 하나라는 화엄사상의 이념에 기초를 둔 말이다.

약사번뇌입보리 부지하방유불지(若捨煩惱入菩提 不知何方有佛地) :『유
마경』「제자품」에는 "앉아 있다고 그것을 좌선이라 할 수 없다. 좌선이
라고 하는 것은 삼계(三界)에 있으면서 몸과 마음이 움직이지 않는 것이
다. 마음과 그 마음의 작용을 없앤 무심한 경지에서 나오지 아니하고서
도 온갖 위의를 나타내는 것, 그것을 좌선이라 한다. 진리의 법을 버리지
않고 그러면서도 세속의 일상생활을 하는 것이 좌선이며, 마음을 안으로
닫고 있어도 고요한 그 곳에 탐닉하지 않고, 그러면서도 서른일곱 가지
수행법을 닦는 것을 좌선이라 하며, 번뇌를 끊지 않고서 열반에 드는 것
을 좌선이라 한다."고 설하고 있다. 지금의 게송은 이 경의 취지를 "만약
번뇌를 버리고 보리(菩提)에 들어간다고 하면 도대체 어디에 부처의 세계
가 있겠는가!"라고 읊고 있다.

호생수시살 살진시안거(護生須是殺 殺盡始安居) : 자기의 삶을 완수하
기 위해서는 자신의 삶을 방해하고 위협하는 일체를 죽이지 않으면 안
된다. 타협에 의한 공존은 있을 수 없다. 자기의 도를 관철하기 위해서는
자신의 도를 방해하는 일체를 단멸하지 않으면 안 된다는 말이다. 그래

야 비로소 평안하다는 것이다.

　『임제록』에는 "법다운 견해를 터득하려면 남에게 미혹을 당하지 말고 안에서나 밖에서나 마주치는 대로 곧바로 죽여라. 부처를 만나면 부처를 죽이고, 조사를 만나면 조사를 죽이고, 아라한을 만나면 아라한을 죽이고, 부모를 만나면 부모를 죽이고, 친한 권속을 만나면 친한 권속을 죽여라. 그래야 비로소 해탈하여 사물에 구애되지 않고 투철히 벗어나서 자유자재하게 된다."라고 설하고 있는데, 바로 이 도리를 말하고 있는 것이다.

　회득개중의 철선수상부(會得箇中意 鐵船水上浮) : 개중(箇中)은 '여기'라는 뜻이다. 따라서 개중의는 '이 곳의 의미' 혹은 '이 사이의 소식'을 말한다. 이 사이의 소식을 알아차리면 물에 잠겨야 하는 철로 만들어진 배가 물위에 뜬다는 것이다. 불가능이 가능이 되는, 기적이 일어나는 것을 말하고 있다.

25. 영 조(靈照)와의 대화

25-1 명명백초두(明明百草頭)

　居士가 一日에 坐次에 問靈照曰, 古人道하대 明明百草頭에 明明祖師意라하니 如何會오 照曰, 老老大大여 作這箇語話니까 士曰, 你作麼生고 照曰, 明明百草頭에 明明祖師意로다하니 士乃笑하다

해석

어느 날 거사가 집에서 쉬고 있다가 영조에게 물었다.

"옛 사람의 말에 '역력한 수많은 풀잎마다, 역력한 조사(祖師)의 마음'이라는 것이 있는데, 그 뜻이 무엇이냐?"

"나이도 많으신 어른이 그런 말씀을 하십니까?"

"너는 어떠하냐?"

"역력한 수많은 풀잎마다, 역력한 조사의 마음입니다."

그러자 거사는 웃었다.

강설

어느 날 거사가 집에서 쉬고 있다가 영조에게 "옛 사람의 말에 '역력한 수많은 풀잎마다, 역력한 조사(祖師)의 마음'이라는 것이 있는데, 그 뜻이 무엇이냐?"라고 물었다. 이에 영조는 "나이도 많으신 어른이 그런 말씀을 하십니까?"라고 대답했다. 거사가 인용한 옛 사람의 말인 '명명백초두 명명조사의(明明百草頭 明明祖師意)'는 앞에서 이미 언급했다. 분명히 보이는 풀잎 끝마다에 조사스님들이 전해준 선의 마음이 역력히 살아 있다는 뜻이다.

조사어록에 보이는 수행승들의 가장 빈번한 질문의 하나가 "무엇이 조사가 서쪽에서 온 뜻인가?"라는 물음이다. 이 말은 달마 조사가 중국에 온 이유가 무엇인가라는 말이고, 결국은 불법이란 무엇인가라는 물음으로 귀결된다. 그리고 불법(佛法), 즉 깨달음을 위하여 좌선을 한다. 그런데 그 좌선이라는 것이 앞의 『유마경』「제자품」에서 인용한 것처럼 '진리의 법을 버리지 않고 그러면서도 세속의 일상생활을 하는 것'이고, 깨달음이라는 것 역시 인간의 삶과 동떨어진 곳에 있는 것이 아니라 일상생활 속에 있다는 말이다. 풀잎 하나하나가 전부 깨달음을 보이고 있다는 뜻이다.

거사는 이제 그 의미를 영조에게 물어보는 것이다. 그러자 영조는 "나이도 많으신 어른이 그런 말씀을 하느냐?"라고 반문을 하고 있다. 영조는 부친이 말의 의미를 알면서도 짐짓 묻고 있는 것을 읽고 있다. 또한 부친이 자신이 그 뜻을 알고 있음을 확신하고 있다. 그래서 이렇게 반문을 하고 있는 것이다. 그러나 거사가 "너는 어떠하냐?"라고 물으니, 영조는 "역력한 수많은 풀잎마다, 역력한 조사의 마음입니다."라고 대답했다. 이에 거사는 웃었다. 영조의 대답은 같은 말의 반복은 아니다. 고인의 말을 인용해서 그녀 자신의 말로 한 것이다. 거사는 고인의 말로써 인용하고 있지만, 사실은 전적인 깊은 공감을 표시하고 있다. '어떻게 알고 있느냐?'라고 영조에게 물은 것도 딸을 꼭 점검하기 위한 것만이 아니고, 그 자신의 전적인 공감을 딸에게 알려주고 싶었던 것이다. 달리 말하면 딸에게 그 말의 공감을 강매하고 있는 것이다.

그러나 지금 "너의 입장에서는 어떤가?"라고 물은 것은 그 말의 공감 여부가 아니라, 그 말에 대한 영조의 경지를 알고자 한 것이다. 역시 영조는 부친의 기대를 저버리지 않고, 같은 말을 완전히 그녀의 것으로 만들어 대답한 것이다. 여기에서는 이미 고인은 흔적도 없이 사라지고 없는 것이다. 거사의 웃음은 자신의 기대를 저버리지 않은 딸에 대한 만족감일 것이다.

25-2 넘어진 사람을 일으키는 방법

居士가 因賣漉籬다가 下橋喫撲하다 靈照見하고 亦去爺邊倒하다 士
曰, 汝作什麼아 照曰, 見爺倒地하고 某甲相扶니이다 士曰, 賴是無
人見이로다

해석

거사가 조리를 팔러가는 길에 다리를 내려가다가 헛발을 디뎌 넘어
졌다. 그것을 본 영조가 아버지 곁에 가서 자기도 넘어졌다. 이에 거사가
영조에게 말했다.

"너, 무엇을 하느냐?"

"아버지께서 넘어진 것을 보고, 일으켜 드리려는 것입니다."

"아무도 본 사람이 없어서 다행이구나!"

강설

1) 몸을 던지는 자비행

거사가 조리를 팔러가는 길에 다리를 내려가다가 헛발을 디뎌 넘어
졌다. 그것을 본 영조가 아버지 곁에 가서 자기도 넘어졌다. 앞의 '24-1'

에서 '영조라는 딸이 언제나 대나무 조리를 팔아 나날의 생계를 꾸렸다.' 라는 사실을 보았다.

거사가 발을 헛디뎌 넘어질 때에 영조도 아버지처럼 시장에 팔 조리 다발을 가지고 옆에 있었을 것이다. 거사가 넘어지니 영조도 아버지 옆에 일부러 넘어졌다. 아버지를 부축하기 위하여 자신도 넘어진 것이 영조의 묘용(妙用)이다. 그러나 이 영조의 묘용은 부녀간에 흔히 있을 수 있는 혈연의 정만은 아니다. 이것은 "중생에게 병이 있기에 나도 앓는다." 라는 유마 거사의 심정이 되어야 가능한 행동이다. 단순히 아버지를 부축하기 위한 행동이었다면 구태여 자신이 넘어질 필요까지는 없다. 손만 내밀어도 가능하다.

그러나 그녀는 일부러 넘어졌다. 온 몸을 던진 자비행이다. 바로 온 몸을 던진 수행에서 얻어진 실천행이다. 이것은 깨달음을 얻은 보살이 중생을 위해서 어떻게 헌신해야 하는가를 잘 보여주고 있다. 적당하게 수행하고 적당하게 중생을 제도한다는 것은 있을 수 없는 것이다. '여기, 그리고 지금'을 깨어서 살고 있는 수행자는 이렇게 순간 순간에 최선을 다하는 삶을 사는 사람이다.

2) 영조의 경지

그리고 영조의 행동에서 또 하나 간과할 수 없는 것은 영조가 이젠 거사의 딸이기 이전에 한 사람의 훌륭한 수행자임을 보여주고 있는 점이다. 『육조단경』에는 혜능 스님이 오조 대사에게 의발(衣鉢)을 받고 구강역(九江驛)에서 강을 건널 때, 오조 스님이 노를 잡는 것을 마다하고 직접

노를 잡으면서 "미혹한 때는 스님께서 건네주셨거니와 깨친 다음에는 스스로 건너겠습니다. 건넌다는 말은 비록 하나이오나 쓰는 곳은 같지 않습니다. 혜능은 변방에 태어나서 말조차 바르지 못했는데, 스님의 법을 받아 이제는 깨쳤사오니 다만 마땅히 자성(自性)으로 스스로 건넬 뿐입니다."라고 하신 말이 있다. 영조도 마찬가지다. 이미 '명명백초두 명명조사의(明明百草頭 明明祖師意)'를 자기 것으로 한 당당한 수행자다. 그것을 거사도 인정했다. 그 수행자로서의 자유자재한 대자유인의 행동이 넘어진 아버지 옆에 바로 넘어지게 한 것이다.

이렇게 자기 옆에 넘어져 있는 영조를 보고 거사가 "너, 무엇을 하느냐?"라고 물었다. 이에 영조가 "아버지께서 넘어진 것을 보고, 일으켜 드리려는 것입니다."라고 하니, 거사는 "아무도 본 사람이 없어서 다행이구나!"라고 대답했다. 거사는 영조의 행동을 미처 읽지 못했다. 때문에 "너 무슨 짓을 하고 있는가?"라고 묻고 있다. 그러나 "아버지께서 넘어진 것을 보고, 일으켜 드리려는 것이다."라는 딸의 대답을 듣고 영조의 행동에서 나타나고 있는 한 사람의 대자유인을 보게 된 것이다.

이어지는 "본 사람이 없어서 다행이다."는 거사의 마지막 말은 부처님의 성도(成道) 직후를 연상케 한다. 부처님께서는 성도 후에 설법하시기를 주저하셨다. 그 이유는 당신이 발견한 진리의 가르침을 그것을 받아들일 사람들이 준비가 되어 있지 않다면, 그 가르침은 허사일 뿐 아니라 도리어 해로운 것이 될 수도 있기 때문이었다. 거사가 걱정한 것도 마찬가지라고 여겨진다. 부녀의 깨달음의 경지를 이해하지 못하는 사람들은 영조의 행동을 이해하지 못할 것이다. 이해하지 못하면 비난할 것이

다. 그렇다면 그들이 이해할 때까지 기다려야 한다. 그것이 중생교화의
순서이다. 부처님께서는 첫 교화의 대상자인 다섯 비구를 찾아서 700리
길을 맨발로 가셨다.

26. 거사의 입멸

26-1 온갖 있는 것들을 비우기를 원하라

居士는 將入滅하여 謂靈照曰, 視日早晚하여 及午以報하라 照遽報
하대 日已中矣이고 而有蝕也니다 士出戶觀次에 照卽登父座하여 合
掌坐亡하다 士笑曰, 我女鋒捷矣로다 于是에 更延七日하다 州牧于
頔이 問疾이어늘 士謂之曰, 但願空諸所有언정 愼勿實諸所無하라
好住世間하소서 皆如影響이니라 言訖에 枕于公膝而化하다 遺命焚
棄江하다 緇白傷悼하여 謂禪門龐居士卽毘耶淨名矣라하다 有詩偈
三百餘篇傳於世하다

해석

거사는 임종에 즈음하여 영조에게 말했다.

"해가 어디까지 와 있는지 보고, 오시(午時)가 되면 알려다오."

그러자 영조가 급히 알렸다.

"해가 벌써 중천에 왔습니다. 거기에 일식(日蝕)입니다."

318

거사가 문 밖으로 나가 해를 보고 있는 사이에, 영조는 아버지의 자리에 올라 합장한 채 앉아서 죽었다. 이에 거사가 말했다.

"딸 녀석이 꽤 민첩하구나!"

그로부터 다시 7일을 연장했다.

고을의 자사(刺史)인 우적(于頔)이 병문안을 오자, 거사가 말했다.

"다만 온갖 있는 것들을 비우기를 원하고, 결코 없는 것들을 채우지는 마십시오. 몸 성히 안녕히 계십시오. 모든 것은 그림자 같고 메아리 같은 것입니다."

말을 마치자, 우공의 무릎을 베고 천화(遷化)하였다. 유언에 따라 화장해서 재를 강물에 버렸다. 승속(僧俗)이 함께 애도하면서 '선문(禪門)의 방거사는 비야리성의 유마 거사가 다시 온 것'이라고 입을 모았다. 시게(詩偈) 300여 수가 세상에 전해지고 있다.

강설

1) 거사의 입멸 준비와 영조의 죽음

거사는 임종에 즈음하여 영조에게 "해가 어디까지 와 있는지 보고, 오시가 되면 알려다오."라고 말하니, 영조가 급히 "해가 벌써 중천에 왔습니다. 거기에 일식입니다."라고 말씀드렸다. 이와 관련하여 『조당집』 제15권에는 이렇게 기술되어 있다.

"거사의 천화의 때에 즈음하여 딸을 시켜 물을 데우게 하여 목욕을 하고, 옷을 갈아입고는 평상에서 단정히 앉아서 딸에게 뒷일을 당부한 뒤에 '네가 나가 보아서 해가 오시(午時)가 되면 바로 알려라.' 라고 말했다. 딸이 분부대로 보고 와서 '사시(巳時)나 오시가 된 것 같습니다만, 일식을 하고 있습니다.' 라고 알리었다."

즉 거사는 임종의 준비를 완벽히 하고 그 시간을 정오로 정한 후에 딸에게 시각의 확인을 부탁한 것이다. 그렇다면 그 날이 언제인가? 원화연간(806~820)에 일식이 있었던 때는 3년(808) 7월 1일과 10년(815), 그리고 13년(818)이다. 다만 우적(于頔)이 양주자사(襄州刺史)로 재임한 것은 원화 3년 8월까지이기 때문에 그 날이 원화3년 7월 1일인 것을 알 수 있다. 덧붙여서 말하자면 뒤에서 말하고 있는 것처럼 거사는 그 날로부터 7일 뒤에 입멸했다. 따라서 거사의 입멸일은 원화3년, 즉 서기 808년 7월 8일이 된다.

거사가 문 밖으로 나가 해를 보고 있는 사이에, 영조는 아버지의 자리에 올라 합장한 채 앉아서 죽었다. 이에 거사가 "딸 녀석이 꽤 민첩하구나!"라고 말했다. 그로부터 다시 7일을 연장했다. 앉은 자세로 죽는 것을 좌망(坐亡)이라 하는데, 이것은 달인(達人)의 죽는 방법이다. 영조는 달인의 경지에서 죽음을 선택한 것이다. 이에 반해 선 채로 죽는 것은 입망(立亡)이라 하는데, 본서의 무명자의 서에서 말하는 거사의 장남의 죽는 방법이 그것이다. 간혹 큰스님의 좌탈입망(坐脫入亡)이 언론에 크게 보도되는 경우가 있는데, 이것 또한 당사자가 도인의 경지에 도달된 것을 은연중에 강조하는 측면이 없지 않다. 그러나 부처님께서는 누워서 입멸하셨다.

여기서 또 하나 눈여겨 살펴봐야 할 것은 영조의 갑작스러운 죽음의 선택이다. 왜 그녀는 부친의 임종을 눈치 채고 먼저 죽었을까?『증일아함경(增一阿含經)』제18권에는 부처님의 입멸을 앞두고 사리불 존자가 세존께 말씀드린 내용이 이렇게 기술되어 있다.

"저는 여러 하늘들로부터 '지금 세존께서는 오래지 않아 열반에 드시리라.' 라는 말을 들었습니다. 저는 지금 세존께서 열반에 드시는 것을 차마 뵈올 수 없습니다. 또 저는 친히 여래로부터 이런 말씀을 들었습니다. '과거나 미래나 현재의 여러 부처님의 그 우두머리 제자가 먼저 열반에 든 뒤에 부처님도 열반에 드신다. 또 최후의 제자가 먼저 열반에 든 뒤에 오래지 않아 세존도 열반에 드실 것이다' 라고. 원컨대 세존께서는 제가 열반에 드는 것을 허락해 주소서."

마침내 부처님께서 사리불 존자의 열반을 허락하시자 사리불은 얼마 후에 열반에 들었다.

영조의 죽음도 사리불 존자의 열반과 맥락을 같이 하고 있다. 거사의 딸이면서 제자인 영조가 스승보다 먼저 죽음을 택한 것은 바로 부처님과 사리불의 열반 시기를 답습한 것이다. 거사가 "딸 녀석이 꽤 민첩하다" 라고 말한 것은 영조의 죽음을 당연한 것으로 받아들이는 증거이기도 하다. 서문에서는 거사가 직접 장작을 주워 모아 영조의 시신을 화장했다고 기록하고 있다.

2) 입멸을 7일 연장하다

그로부터 다시 7일을 연장했는데, 7일만 연장한 것은 무슨 까닭인가? 『유마경』「부사의품」에는 "중생이 길이 이승에 머물기를 바라고 제도할 능력이 있는 사람이라면, 보살은 곧 7일을 일 겁(劫)으로 늘려 그 중생으로 하여금 일 겁으로 생각하게 하고, 혹은 중생이 길이 머물기를 원하지 않고, 제도할 자가 있으면 보살은 곧 일 겁을 7일로 좁혀서 중생으로 하여금 7일이라고 생각하게 한다."는 유마 거사의 말이 있다.

또한『전등록』제15권 동산양개(洞山良价 : 807~869) 선사 편에는 "동산 선사는 함통(咸通) 10년 3월에 문인들을 시켜 머리를 깎고 옷을 갈아입은 후, 종을 치게 한 뒤에 엄연히 앉아서 세상을 떴다. 이때에 대중이 슬피 울다가 해가 기우니, 대사가 홀연히 눈을 뜨고 일어나서 "사문이란 마음이 물건에 집착되지 않아야 참된 수행이다. 살면 수고롭고 죽으면 쉬는데, 슬픔이 무슨 관계가 있으랴."라고 말했다. 그리고는 일을 보는 스님을 불러 우치재(愚痴齋)를 한바탕 지내니, 대체로 그들의 어리석은 심정을 꾸짖는 것이었다. 대중이 여전히 사모하기를 그치지 않으니, 7일을 더 있다가 공양 때가 되자 대사도 대중을 따라 공양을 마치고 "절 집안에는 일이 없어야 하는데, 대체로 떠날 때가 되면 이처럼 수선을 떤다."라고 말했다. 그리고는 8일째 되는 날 목욕을 마치고 단정히 앉아서 입적했다."고 기록되어 있다. 모두가 중생을 제도하기 위한 방편이다. 거사도 유마 거사의 말을 따라서 방편으로 7일을 연장한 것이다.

3) 거사의 임종게

고을의 자사(刺史)인 우적(于頔)이 병문안을 오자, 거사가 "다만 온갖 있는 것들을 비우기를 원하고, 결코 없는 것들을 채우지는 마십시오. 몸 성히 안녕히 계십시오. 모든 것은 그림자 같고 메아리 같은 것입니다."라고 말했는데, 말을 마치자 우공의 무릎을 베고 천화(遷化)하였다.

"다만 온갖 있는 것들을 비우기를 원하고〔但願空諸所有〕, 결코 없는 것

322

들을 채우지는 말라[愼勿實諸所無]."는 말이 거사의 임종게(臨終偈)이다.
『유교경(遺敎經)』에는 "너희들 비구야, 욕심이 적은 사람은 구하는 것도
없고 욕심도 없어서 근심이 없다는 것을 알아야 한다. 모든 고뇌에서 해
탈을 얻고자 하거든 만족함을 알도록 관하라. 만족함을 아는 법은 곧 풍
부하고 즐겁고 편안한 곳이다."라는 부처님의 유언이 있다.

필자에게는 이 부처님의 유교보다 거사의 임종게가 더 간절하게 느
껴진다. 수행이란 비움의 삶이다. 살아오면서 축적했던 재산도, 학식도,
명예도 비우는 것이 수행이다. 원망·시기·질투·아만·독선·탐욕·분노
를 마음에서 털어내는 것이 수행이다. 이렇게 모든 것을 비웠을 때 마음
에 평안이 온다. 그것이 해탈이다. 그리고 본래 공인 것을 채우지 말라는
것이다. 우리들이 생각하고 있는 좋은 것, 아름다운 것, 바람직한 것 등
등은 실체가 없는 것이다. 그러한 것들을 채우려 할 때 괴로움이 온다.

방거사의 전 생애는 온갖 것을 비우고 없는 것을 채우지 않는 삶이었
다. 마치 자기의 평생의 삶의 모습을 이 임종게에 담은 것 같다. 수만 수
레에 해당하는 가재를 강물 속에 버린 것도 그러하고 움집에서 죽세공을
하면서 살았던 것도 그러하다.

대혜 스님은 『서장』 중 증시랑(曾侍郞)에게 보내는 답서를 통해서 거
사의 이 두 구를 인용하여, "다만 이 두 글귀만 알면 일생 참선하는 일을
마치게 될 것이다. 그런데 요즈음 일종의 머리만 깎았지 불교는 모르는
사람이 있어 자기 눈도 밝히지 못하고서 다른 사람으로 하여금 쉬어가고
쉬어가라 한다."고 말하고 있고, 또 향시랑(向侍郞)에게 답한 글에서도 이
두 구를 지침으로 할 것을 권하여, "먼저 눈앞의 날로 쓰는 경계를 꿈이

라고 관하고, 그런 후에 꿈 가운데의 것을 눈앞에 옮겨 오면 꿈속의 일은 실은 꿈이 아닌 것이 알아질 것이다."고 말하고 있다.

그런데 이렇게 말하면 혹자는 일체를 버리고 채우지 않는 삶에 무슨 행복이 있겠느냐고 반문할 수도 있다. 세속적인 성공과 출세를 최고의 미덕으로 생각하는 물신교(物神教) 신자들은 분명히 그렇게 항변할 것이다. 사실 석가모니 부처님의 가르침이 사람들이 가지고 있는 다섯 가지 욕락을 근본으로 하여 대립과 갈등, 아만과 독선으로 이어지는 세간(世間)의 생활을 싫어하고, 인간이 이 지상(地上)에서 영위하는 삶을 부정하는 것이라는 점은 틀림이 없다. 그러나 이렇게 세간적 행복의 길을 가차 없이 짓밟는 말씀에도 불구하고, 부처님이 성도(成道) 후에 중생들을 위해서 45년간 전도(傳道)에 열정을 기울여서 설하신 것은 결국 보다 더 행복한 길로 인도하는 것이었다.

세간적 삶에서 보면 풍요롭게 보이지 않는 출가걸식(出家乞食)의 생활은 행복과는 등지고 있는 것처럼 보일지도 모른다. 끊임없이 떠도는 구름 같은 수행자들의 생활은 행복과는 정말 거리가 있는 것이라고 생각될지도 모른다. 그리고 고타마 싯다르타가 만약 행복을 구하는 사람이었다면, 무엇을 바라서 행복에 차있는 것처럼 보이는 그 고귀한 생활을 버릴 필요가 있었는가 하고 생각하는 것도 이유가 없는 것은 아닐 것이다. 그렇지만 그러한 것에도 불구하고 부처님은 역시 행복을 추구한 사람이었고, 부처님이 설하신 말씀은 확실히 행복한 길로 인도하는 것이었다. 마음을 기울여 경전에서 전하고 있는 부처님의 말씀을 열람하는 이는, 결국은 거기에 설해져 있는 것이 보다 더 행복한 길로 인도하는 것이었음을 알 수 있다.

『대길상경(大吉祥經)』에서 부처님은 "능히 스스로를 제어하고 청정한 행을 닦아 네 가지 성스러운 진리를 깨닫고, 마침내 열반을 실현할 수 있다면 그것보다 더한 인간의 행복은 없다. 그 때 사람은 생사(生死)로 인하여 마음을 동요하지 않고, 세상의 헐뜯음과 칭송, 칭찬과 경멸로 인하여 마음이 우울해지지도 않으며, 근심도 없고 성냄도 없어서 단지 더 없는 안온 속에 있을 수가 있을 것이다. 인간의 행복은 이것보다 더한 것이 없다."고 설하시고 있다. 즉 부처님의 법문은 결국 모든 인간으로 하여금 진정한 행복을 얻도록 하는 데 있었고, 진정한 행복이란 다름 아닌 깨달음을 실현하는 것임을 말씀하고 계시는 것이다.

'몸 성히 안녕히 계십시오.' 라는 말은 서문에서 이미 말한 것처럼, 원문인 호주(好住)는 여행을 떠나는 사람이 환송 나온 사람에게 말하는 송별의 인사말이다. 이에 반하여 환송 나온 사람이 여행을 떠나는 사람에게 하는 인사말은 호거(好去)라고 한다. 지금의 이 상황은 우적이 인간세계에 남는 사람이고, 거사는 떠나는 사람이기 때문에 "세간에 안녕히 계시라."는 인사말을 하고 있다. 거사는 다만 여행을 떠나는 사람일 뿐이고, 살아있는 사람은 전송을 하는 사람에 불과하다는 것이 거사의 생사관이다.

이어지는 '모든 것은 그림자 같고 메아리 같은 것' 이란 『금강경』의 마지막 게송인 "일체의 함이 있는 것은 꿈과 같고 환상과 같고 물거품 같고 그림자 같으며, 이슬과 같고 또한 번개 같으니, 응당 이와 같이 관하라."는 부처님 말씀에 근거한 말이다.

『전등록』 8권 분주무업(汾州無業 : 762~823) 선사도 임종을 앞두고 제자들에게 "그대들은 잘 알아야 한다. 심성은 본래부터 있는 것이어서 조작을 인하지 않은 것이니, 마치 금강을 깨뜨릴 수 없는 것 같다. 온갖 법은 그림자 메아리 따위와 같아서 진실함이 없다."고 말하고 있다.

거사는 유언의 말을 마치자, 우공의 무릎을 베고 천화(遷化)하였다. 무명자의 서문에서는 "말을 마치자 말할 수 없는 향기가 방에 가득했는데, 거사는 단정히 앉은 그대로 침사(沈思)의 모습이었다. 공은 되돌리기 위해 급히 불렀지만, 이미 이 세상을 하직해 있었다."라고 기록하고 있다. 왜 입멸의 자세에 본문과 서문의 기록에 차이가 나는지는 알 수가 없다. 딸과 아들의 죽는 자세를 생각해 보면 거사도 좌망을 했다는 서문의 기록에 신빙성을 더 둘 수도 있겠지만, 필자는 '우공의 무릎을 베고 임종했다.'는 지금의 기록을 더 신뢰하고 싶다. 거사는 '신통과 묘용이 나무하고 물 운반하는 것'이라고 말하고 있다. 좌망을 통하여 신비한 모습을 보여준다면 그것은 거사답지 않기 때문이다. 여행을 떠나는 사람이 이상한 행동을 남기고 갈 필요가 없기 때문이다. 거사는 부처님처럼 그렇게 편안하게 누운 자세로 세상을 하직했다고 여겨진다.

4) 방거사는 유마 거사의 후신

유언에 따라 화장해서 재를 강물에 버렸다. 승속(僧俗)이 함께 애도하면서 '선문(禪門)의 방거사는 비야리 성(毘耶離城)의 유마 거사가 다시 온 것'이라고 입을 모았다. 시게(詩偈) 300여 수가 세상에 전해지고 있다. 화장을 하는 것 역시 부처님의 장례법을 따른 것이다. 장례에서뿐만 아니라, 그 후에도 사람들은 거사를 유마 거사가 다시 온 것이라고 말했다.

326

왜 거사를 유마 거사의 후신이라고 했을까? 조금 긴 인용문이긴 하지만, 『유마경』「방편품」에 설시되어 있는 내용을 통하여 유마 거사에 관하여 살펴보자.

"그 때 비야리 큰 성 안에 유마힐(維摩詰)이라고 하는 장자가 있었다. 그는 오래 전부터 헤아릴 수 없이 많은 부처님께 공양을 하고, 선근을 깊이 심어 진리를 깨달은 평온함[無生忍]을 얻고 있었다. 뛰어난 말솜씨는 거침이 없고 신통력을 구사하며, 모든 것을 기억하는 힘[總持]을 숙달하고 두려움이 없는 자신을 얻어 악마의 재앙을 물리쳤으며, 심원한 법문 속에 들어 지혜에 의하여 깨달음의 기슭에 이르렀고 방편에 통달해 있었다. 큰 서원을 성취하였고 중생들이 마음속으로 바라는 바를 분명하게 알고 있었다. 또한 중생들이 지니고 있는 능력의 날카로움과 무딤을 잘 분별하였다.

오래도록 불도를 닦았으므로 마음은 이미 맑고 순수하여 대승의 가르침에 나아갔고 온갖 것을 행함에 있어서는 바르게 생각하고 헤아렸으며, 부처님과 같은 위의에 머물러 마음의 크기가 바다와 같았으므로 여러 부처님들이 칭찬하고 부처님의 제자와 제석천과 범천 사천왕들이 존경하였다.

그는 사람을 제도하고자 원하는 까닭에 그 좋은 방편으로 비야리에 살고 있었다. 즉 무량한 재산으로 수많은 가난한 사람을 돕고, 계를 깨끗하게 지킴으로써 계를 범하는 많은 사람들을 구하며, 마음을 가누어 인내함으로 해서 사람들의 분노를 가라앉히고, 마음을 다하여 노력함으로 해서 게으른 사람들을 이끌며, 마음을 통일하여 선정에 들어감으로 해서 마음이 혼란한 사람들을 이끌고, 명확한 지혜로써 무지한 사람들을 제도하고 있었다.

　재가의 신도〔白衣〕라 하여도 사문(沙門)의 청정한 계행을 받들어 행하고, 비록 세속에 살지만 삼계(三界)에 집착하지 않았다. 처자가 있지만 항상 범행(梵行)을 닦고, 권속이 있지만 항상 멀리 떨어져 있기를 좋아하였다. 보석 등으로 몸을 치장하고는 있지만 그보다 뛰어난 신체적 특징이 몸을 꾸미고 있고, 또한 음식을 먹기는 하지만 그보다는 선(禪)의 기쁨으로써 맛을 삼았다."

　방거사의 생애는 재산의 유무를 빼고는 『유마경』에 보이는 유마 거사의 모습을 많이 닮아 있다. 그러나 방거사가 재산을 강 속에 버린 것을 생각하면 이것 역시 문제가 되지는 않는다고 여겨진다. 세상에 전해지고 있다는 시게(詩偈) 300여 수 중 일부가 본 어록 중권과 하권에 기록되어 있는데, 『조당집』 제15권에는 "그 게송 모두가 말씀이 지극한 진리에 부합되고 글귀마다 현현한 도를 밝혔으므로 유생들이 주옥같이 여기는 바이며, 스님들이 보배로 여겼다."고 기록하고 있다. 여기서 『조당집』에 있는 게송 한 수를 소개하면서 본 강설을 마치고자 한다.

　　탐욕이 없는 것이 훌륭한 보시요〔無貪勝布施〕
　　어리석음 없는 것이 훌륭한 좌선이요〔無癡勝坐禪〕
　　성냄이 없는 것이 훌륭한 지계요〔無瞋勝持戒〕
　　잡념이 없는 것이 훌륭한 구도이다.〔無念勝求緣〕

방거사어록 강설

초판발행 2006년 8월 7일
초판2쇄 2011년 12월 5일

지은이 혜담지상(慧潭至常) 스님
펴낸이 박상근(至弘)

펴낸곳 불광출판사
110-140 서울 종로구 수송동 46-21 3층

등록번호 제 1-183호(1979. 10. 10)

대표전화 420·3200
편 집 부 420·3300
전   송 420·3400

ISBN 89-7479-163-3
http://www.bulkwang.co.kr